中等职业教育"十二五"规划教材

中职中专国际商务类教材系列

国际商贸法律与案例

王继新　主编

科学出版社

北　京

内 容 简 介

本书是根据教育部颁布的《国际商贸法律与案例教学大纲》的要求,结合国际商贸活动的发展形势及国际商贸法律、法规的最新变化,本着深入浅出、注重能力培养的原则编写而成。对国际商贸活动涉及的商贸组织法、国际货物买卖合同法、代理法、国际结算法、知识产权法、国际货物运输法、国际货物运输保险法、国际商贸纠纷解决途径等内容进行了有针对性的论述。

本书适合中等职业教育国际商务专业师生教学使用,也可供相关工作者参考。

图书在版编目(CIP)数据

国际商贸法律与案例/王继新主编. —北京:科学出版社,2007
(中等职业教育"十二五"规划教材·中职中专文秘类教材系列)
ISBN 978-7-03-019678-1

I.国… II.王… III.国际商法 - 专业学校 - 教材 IV. D966.1

中国版本图书馆 CIP 数据核字(2007)第 127699 号

责任编辑:田悦红 殷晓梅 /责任校对:耿 耘
责任印制:吕春珉/封面设计:山鹰工作室

科 学 出 版 社 出版
北京东黄城根北街 16 号
邮政编码:100717
http://www.sciencep.com

铭洁彩色印装有限公司 印刷
科学出版社发行 各地新华书店经销
*
2007 年 8 月第 一 版 开本:16(787×1092)
2014 年 7 月第六次印刷 印张:19 1/4
字数:447 000
定价:35.00 元
(如有印装质量问题,我社负责调换〈新欣〉)
销售部电话 010-62133075 编辑部电话 010-62138978-8007(SF02)

中职中专国际商务类教材系列
编 委 会

丛 书 序

    20 多年来的改革开放已经使我国成为经济全球化的受益者,我国已经成为对外贸易增长最快的国家之一。自 2002 年以来,我国的对外贸易连续 5 年保持两成以上的高速增长态势。2006 年我国对外贸易进出口总额达到 17 607 亿美元,稳居全球第三位。2007年,世界经济贸易仍处于扩张周期,中国经济将在结构优化、效益提高和节能降耗的基础上继续保持平稳较快增长,对我国对外贸易发展的总体环境仍然较为有利,全年有望保持较快的增长。

    对外贸易的快速增长必然对国际商务人才产生巨大的需求。因此,人才的匮乏与该行业的蓬勃发展极不相称。为了适应国际商务专业的教学改革以及以就业为导向的培养目标,我们在科学出版社的组织下编写了中职中专国际商务类教材系列。这套教材完全适合国际商务专业核心骨干课程的教学需要,同时兼顾了外贸行业的外销员、货代员、单证员、报关员、报检员、跟单员等职业资格考试的要求,既可以作为广大中职中专院校学生的教材,还可供从事外贸业务人员作为专业培训的参考用书,对参加有关职业资格考试的人员也大有裨益。

    本套教材的编写有如下特点:

    1. 力求把职业岗位能力要求与专业的学科要求融入教材,以能力为本,体现对学生应用能力培养的目标。

    2. 注重技能的训练,在基本原理的基础上将技能实训引进来,让学生通过实训学会解决实际问题。

    3. 与行业职业资格考试相衔接,在内容和练习等方面紧扣相关考试要求。

    4. 注重对新知识的讲解,适应不断变化的国际贸易环境,以提高学生的适应力。

中职中专国际商务类教材系列编委会

2007 年 6 月

前　言

　　国际商贸法是调整国际商务活动的法律准则，在世界经济发展中发挥着十分重要的作用。为了适应中等职业学校国际商务专业国际商贸法律与案例教学的需要，我们编写了《国际商贸法律与案例》一书。

　　本书将理论讲授与案例分析结合起来，以案说法，帮助学生加强对重点知识的理解和掌握，培养学生解决商务活动中遇到的实际问题的能力。本书除第一章外，其他各章均设课前案例思考、小结、课后阅读资料、思考与练习等。课前案例思考部分通过浅显的案例及通俗的语言，阐述本章内容所涉及的商贸活动环节，导出本章的相关法律规定。小结部分是对本章内容的简单回顾，着重指出教育部相关课程大纲要求学生必须了解和掌握的知识点。课后阅读资料部分是对正文内容的补充和扩展，方便学生了解与本章内容相关的知识，以拓宽学生的知识面。思考与练习部分结合本章内容的重点和难点，有针对性地设置练习题，以巩固、加深学生对课程内容的理解。

　　本书针对中等职业教育的特点，力求语言通俗、凝练，理论联系实际，注重学生能力的培养，强调实用性和应用性，并注意紧紧抓住法律制度变化的脉搏，把最新的立法内容介绍给读者。

　　参加编写的人员有王继新、王亚琴、沈生、周志珍、栾毅、肖蕊、范娜、东力力等。王继新负责总篡定稿，姚大伟审定了书稿。肖蕊、林丽参与了校对工作。

　　在本书编写过程中，参考了相关专家、学者的著作及研究成果，在此向相关作者深表谢意！本书的顺利出版还得到了上海思博学院姚大伟院长、符海菁副院长、山东外贸学院周树玲校长、汕头外语外贸学校丛凤英校长等的大力支持，在此也一并致以诚挚的谢意。

　　限于编者水平有限，不足之处在所难免，恳请读者批评指正。

前 言

目　录

目录

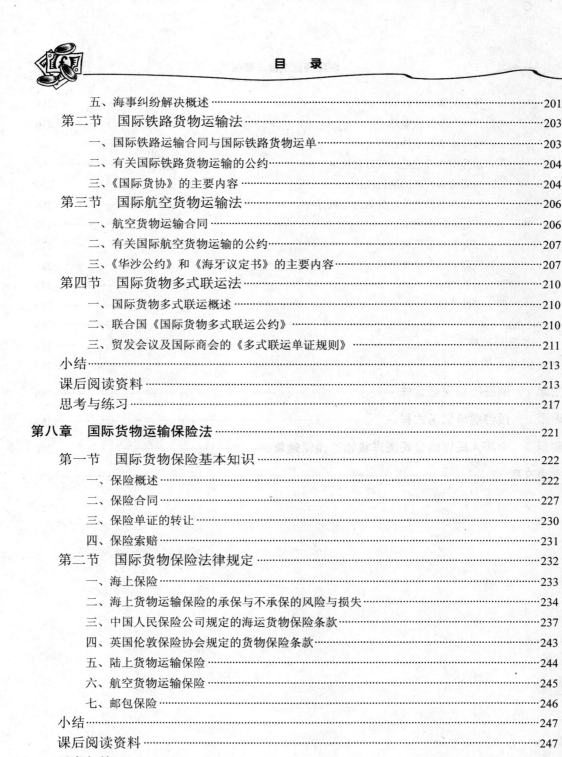

第一章　国际商贸法律概述

　　在国际商贸活动中，当事人要按照相关的法规进行商事交往，规范自己及他人的业务活动。这些法律、法规不仅包括当事人所在国的商贸法律，还包括相关的国际条约、国际惯例、对方当事人所属国的法律。正是这些法律的相互作用，保障了国际商贸活动的正常、有序进行。

第一节　法律基础知识

一、法的概念及特征

（一）法的概念

关于法的概念的表述，不同的学者有不同的见解，不同的意识形态对法的理解也不尽相同。综合起来，法，又可称为法律，是指由国家制订或认可的，反映统治阶级的意志，以规范人们的权利和义务关系为调整机制，由国家强制力保证实施，对全体社会成员具有普遍约束力的社会行为规范。

（二）法的特征

1. 法是规范人们行为的社会规范

法律区别于道德规范、宗教规范等其他社会规范的最主要之处在于，道德规范、宗教规范等其他社会规范主要是通过控制人们的思想来调整社会关系，而法律却是通过直接调整人们的外部行为来调整社会关系，规范社会秩序。

2. 法是由国家制定或认可的社会行为规范

制定法律、认可法律是法律产生的两种有效形式。制定法律是享有国家立法权的国家机关依照特定的程序，根据掌握政权的统治阶级的意志，创制出具有不同效力的法律。通过制定方式形成的法律一般具有条文化的逻辑形式，属于制定法或成文法。认可法律是国家对社会中已有的社会习惯、道德规范等社会规范赋予法律的效力。国家认可法律一般有两种情况：一种是国家立法者在制定法律时，将已有的不成文的零散的社会规范系统化、条文化，使其上升为法律；另一种是立法者在法律中承认已有的社会规范具有法律效力，但未将其转化为具体的法律规定，而是交由司法机关在判案时灵活把握，如有关"从习惯"的规定。

3. 法是反映掌握国家政权的统治阶级意志的社会行为规范

法是阶级社会的产物。在阶级对立的社会，法所体现的国家意志实际上是统治阶级的意志，国家意志就是法律化的统治阶级意志。统治阶级通过把阶级意志上升为国家意志，将其极大的权威化，并随着法律的实施，起到将全体社会成员的行为纳入统治阶级可以接纳的范围内的作用，通过要求全体社会成员遵守法律达到维护本阶级利益的目的。

4. 法是以规范人们的权利和义务关系为调整机制的社会行为规范

法是通过设定以权利义务为内容的行为模式的方式来规范人们的行为，将人的行为纳入统一的秩序之中。法所规定的权利义务，不仅是针对公民而言，同时也针对一切国家机关、社会组织。法不仅通过规定可以做什么、不可以做什么来设定人们的义务，而且赋予社会成员相应的权利，使得人们谋求自己的正当利益具有了保障。

5. 法是由国家强制力保证实施的社会行为规范

任何社会规范都具有保护自己实施的力量。不同的社会规范，其强制措施的方式、范围、程度、性质是不同的。法律的实施是依靠法院、监狱、军队、警察等国家机器来加以保障的，是一种国家强制力。

6. 法是对全体社会成员具有普遍约束力的社会行为规范

法律体现的是一种国家意志，对全体社会成员有普遍的约束力，全体社会成员都必须严格遵守，以保证社会秩序的正常有序地进行。

二、法的分类

法的一般分类主要有以下几种。

（一）成文法与不成文法

按照法的创制和表达形式的不同，法可以分为成文法和不成文法。成文法是指由特定国家机关制定和公布，以文字形式表现出来的法律，又称制定法。不成文法是指由国家认可的不具有文字表现形式的法律。不成文法主要是习惯法，也包括同制定法相对应的由法院通过判决所确定的判例法。随着法的发展，各国越来越重视成文法的制定，成文法正在日益增多，而不成文法正在逐渐减少。

（二）一般法与特别法

按照法的效力范围的不同，法可以分为一般法和特别法。一般法是指在一国范围内，对一般的人和事具有普遍效力的法律。特别法是指在一国的特定区域、在特定时间对特定的事件、特定主体有效的法律。一般情况下，在同一领域的法律适用问题，遵循特别法优于一般法的原则。

（三）实体法与程序法

按照法所规定的具体内容的不同，法可以分为实体法和程序法。实体法是指具体规定人们在不同的社会关系中的权利与义务（或职权与职责）的法律。程序法是指为保证权利和义务的实现而必须通过的程序的法律，诉讼法就是程序法。

（四）根本法与普通法

按照法的效力、内容和制定程序的不同，法可以分为根本法和普通法。根本法是成文宪法制国家中宪法的别称，它规定了一个国家根本的政治制度和经济制度、国家机构的组成形式、公民的基本权利和义务的内容，在一个国家中占据最高的法律地位，是其他法律规范的立法基础。普通法是指宪法以外的其它法，它规定国家的某项制度或调整某一方面的社会关系。在制定和修改的程序上，根本法比普通法更为严格。但这里所说的普通法与英美法系的"普通法"是不同的概念。

（五）国内法与国际法

按照法的创制与适用主体的不同，法可以分为国内法和国际法。国内法是指由特定的国家创制并适用于该国主权管辖范围内的法律。国际法是指在国际交往中，由不同的主权国家通过协议制定或公认的、适用于国家之间的法律。国内法的主体一般是公民、社会组织和国家机关，国家只有在特定的情况下才有可能成为国内法的主体；国际法的主体一般是国家，在一定条件下，国际组织也可成为国际法的主体。

三、法律规范的构成及种类

（一）法律规范的构成

法律规范的构成是指从逻辑的角度看法律规范是由哪些部分或要素组成的，以及这些部分或要素之间是如何联结在一起的。

对于法律规范的构成，目前学术界有"两要素说"和"三要素说"两种观点。"两要素说"认为，法律规范是由行为模式和法律后果两部分组成的；"三要素说"认为，法律规范是由假定、处理和制裁三个部分组成。"三要素说"是传统的学术理论，"两要素说"是近年来才发展起来的学术观点。

假定又称前提条件，是指法律规范中有关适用该规范的条件和情况的那部分；处理又称行为模式，是指法律规范中具体规定要求人们可以做什么，不可以做什么的那部分；制裁又称法律后果，是指法律规范中人们的行为应承担的法律后果的那部分。

（二）法律规范的种类

1. 授权性规范与义务性规范

根据法律规范的内容规定不同，法律规范可分为授权性规范和义务性规范。授权性规范是指规定人们有权做一定的行为或不做一定的行为的法律规范。义务性规范是指规定人们应当作出或不作出某种行为的法律规范。

2. 确定性规范、委任性规范与准用性规范

根据法律规范内容的确定性程度不同，法律规范可分为确定性规范、委任性规范和准用性规范。确定性规范是指自身内容明确肯定，无须再援引或参照其他规范来确定其

内容的法律规范。委任性规范是指内容尚未确定，只规定某种概括性指示，规定由国家相应机关通过一定的途径或程序对其加以确定的法律规范。准用性规范是指内容本身没有规定人们具体的行为模式，而是可以援引或参照其他法律的相应内容规定予以执行的法律规范。

3. 强行性规范与任意性规范

根据法律规范对人们行为的规定与限定范围和程度不同，法律规范可分为强行性规范和任意性规范。强行性规范是指内容规定具有强制性质，不允许人们随便加以更改的法律规范。义务性规范属于强行性规范。任意性规范是指规定在一定范围内，允许人们自行选择或协商确定作为或不作为、以什么方式行为以及如何确定当事人之间的权利义务关系的法律规范。

四、法律关系

（一）法律关系的概念

法律关系是在法律规范调整社会关系的过程中形成的人们之间的权利、义务关系。

（二）法律关系的构成要素

法律关系是由主体、内容和客体三个要素构成的。

1. 法律关系的主体

法律关系的主体是指法律关系的参加者，即在法律关系中享有权利和承担义务的当事人。

在我国，法律关系的主体主要包括公民、法人和其他社会组织，国家在特定情况下也可成为法律关系的主体。

2. 法律关系的内容

法律关系的内容就是法律关系主体之间的法律权利和法律义务。

3. 法律关系的客体

法律关系的客体是指法律关系主体之间的权利义务所指向的对象或目标。法律关系的客体主要包括物、行为、人身、智力成果等。

（三）法律关系的运行

法律关系与其他社会关系一样，处于不断产生、变更和消灭的运行过程之中。法律关系的产生是指在法律关系主体之间形成某种权利与义务关系；法律关系变更是指法律

关系主体、内容和客体中某一要素的改变；法律关系的消灭是指法律关系主体之间权利义务关系的终止。

法律关系的运行是由法律事实引起的。法律事实是指能够引起法律关系产生、变更和消灭的客观情况，包括法律事件和法律行为。

五、法律责任

（一）法律责任的概念

法律责任是指由特定法律事实所引起的对损害予以赔偿、补偿或接受惩罚的特殊义务。它是行为人由于违法行为、违约行为或由于法律规定而应承受的某种不利的法律后果。

（二）法律责任的特征

1. 法律责任的法定性

承担法律责任的具体原因可能有多种，但最终的依据是法律，必须依据法律来确定当事人应承担的责任及应受到的惩罚。

2. 法律责任的强制性

法律责任的履行具有国家强制性。在责任人不能主动履行其法定责任时，由国家强制力来保证其履行。

3. 法律责任追究的特定性

法律责任的追究是由国家司法机关或其他授权机关依法行使的，其他任何社会组织和个人都无权行使这一职权。

（三）法律责任的种类

依据引起责任的行为性质不同，法律责任可分为以下几种。

1. 刑事责任

刑事责任是指行为人因其犯罪行为所必须承受的，由司法机关代表国家所确定的否定性的法律后果。

2. 民事责任

民事责任是指由于违反民事法律、违约或由于民法规定所应承担的一种法律责任。

3. 行政责任

行政责任是指因违反行政法或因行政法规定而应承担的法律责任。

4. 违宪责任

违宪责任是指由于有关国家机关制定的某种法律、法规或规章，或者有关国家机关、社会组织或公民从事的与宪法规定相抵触的活动而产生的法律责任。

5. 国家赔偿责任

国家赔偿责任是指国家对于国家机关及其工作人员在执行职务、行使公共权力的过程中损害公民、法人和其他组织的法定权利与合法利益所应承担的赔偿责任。

（四）法律责任的归责原则

法律责任的归结，又称归责，是指由特定的国家机关或国家授权机关依法对行为人的法律责任进行判断和确认。我国法律所规定的归责原则主要包括：

1. 合法原则

合法原则又称责任法定原则，是指法律责任由法律规范事先规定，当行为人出现了违法行为或法定事由的时候，按照事先规定的责任性质、责任范围、责任方式追究行为人的责任。

2. 公正原则

公正原则要求在确定法律责任时要做到有责必究、罪责自负、罪责相当。

3. 有效原则

有效原则又称效益原则，是指在追究行为人的法律责任时，应当进行成本收益分析，讲求法律责任的效益。

4. 合理原则

合理原则是指在设定及追究行为人的法律责任时，应当考虑当事人的心智情况与感情因素，以期真正实现法律责任的功能。

（五）法律责任的免除

法律责任的免除，又称免责，是指由于出现特定的法律情况，部分或全部免除行为人的法律责任。我国法律所规定免责条件主要包括以下几种。

1. 时效免责

时效免责是指法律责任由于经过一定的时期后而免除。

2. 不诉及协议免责

不诉及协议免责是指如果受害人或有关当事人不向法院起诉要求追究行为人的法

律责任，行为人的法律责任就实际被免除，或受害人与加害人在法律允许的范围内协商同意的免责。

3. 自首、立功免责

自首、立功免责是指对那些违反法律之后有立功表现的人，免除其部分或全部的法律责任。

4. 因履行不能免责

因履行不能免责是指在财产责任中，在责任人确实没有能力履行或没有能力全部履行的情况下，免除其全部或部分法律责任。

第二节　法　系

一、法系的概念

法系是在对各国法律制度的现状和历史渊源进行比较研究的过程中形成的概念。法系是指根据法的历史传统、外部特征的不同，将法律体系所作的分类。

当代世界主要法系有三个：大陆法系、英美法系、以前苏联和东欧国家的法律为代表的社会主义法系。其他的法系还有伊斯兰法系、印度法系、中华法系、犹太法系、非洲法系等。对资本主义法影响最大的是大陆法系和英美法系。

二、资本主义社会的两大法系

（一）大陆法系

1. 大陆法系的含义

大陆法系，又称民法法系、罗马法系、法典法系、罗马-德意志法系，是以罗马法为基础而发展起来的法律的总称。大陆法系最先产生于欧洲大陆，以罗马法为历史渊源，以民法为典型，以法典化的成文法为主要形式。大陆法系包括两个支系，即法国法系和德国法系。法国法系是以1804年《法国民法典》为蓝本建立起来的，它以强调个人权利为主导思想，反映了自由资本主义时期社会经济的特点。德国法系是以1896年《德国民法典》为基础建立起来的，强调国家干预和社会利益，是垄断资本主义时期法的典型。

2. 大陆法系所包括的国家

属于大陆法系的国家和地区除了法国、德国外，还包括意大利、西班牙等欧洲大陆国家，也包括曾是法国、西班牙、荷兰、葡萄牙四国殖民地的国家和地区，如阿尔及利亚、埃塞俄比亚等以及中美洲的一些国家，国民党统治时期的旧中国也属于这一法系。由于历史的原因，我国的澳门地区也属于大陆法系。

3. 大陆法系的特点

（1）全面继承罗马法。吸收了许多罗马私法的原则、制度，如赋予某些人的集合体以特定的权利能力和行为能力，侵权行为与契约制度等；还接受了罗马法学家的整套技术方法，如公法与私法的划分，人法、物法、诉讼法的私法体系，物权与债权的分类，所有与占有、使用收益权地役权以及思维、推理的方式。

（2）实行法典化，法律规范抽象化、概括化。

（3）明确立法与司法的分工，强调制定法的权威，一般不承认法官的造法功能。

（4）法学在推动法律发展中起着重要作用。创立了法典编纂和立法的理论基础，如自然法理论、分权学说、民族国家理论等，使法律适应社会发展需要的任务由法学家来完成。

（二）英美法系

1. 英美法系的含义

英美法系，又称普通法法系、英国法系，是以英国自中世纪以来的法律，特别是它的普通法为基础而发展起来的法律的总称。

2. 英美法系所包括的国家

属于英美法系的国家和地区，除英国（不包括苏格兰）、美国外，主要是曾是英国殖民地、附属国的国家和地区，如印度、巴基斯坦、新加坡、缅甸、加拿大、澳大利亚、新西兰、马来西亚等。中国香港地区也属于英美法系。

3. 英美法系特点

（1）以英国为中心，英国普通法为基础。

（2）以判例法为主要表现形式，遵循先例。

（3）变革相对缓慢，具有保守性，属"向后看"的思维习惯。

（4）在法律发展中，法官具有突出作用。

（5）体系庞杂，缺乏系统性。

（6）注重程序的"诉讼中心主义"。

（三）两大法系的区别

1. 法的渊源不同

大陆法系的主要渊源是成文法；英美法系的主要渊源是判例法。

2. 法的分类不同

大陆法系将法律分为公法与私法；英美法系将法律分为普通法与衡平法。

3. 法典编纂的不同

大陆法系的成文法主要是以编纂法典的形式出现；英美法系的成文法相对判例法来说数量较少，且不以法典的形式出现。

4. 诉讼程序和判决程式不同

大陆法系的诉讼以法官为中心，突出法官的职能，一般由法官与陪审员共同组成法庭来审判案件；英美法系的诉讼以原告、被告及其辩护人和代理人为中心，陪审团负责做出事实上的结论及是否有罪的结论，法官在陪审团作出有罪的结论的基础上对当事人进行判决。

5. 法官的权限不同

大陆法系的法官只能援引成文法中的规定来审判案件，法官只能运用法律而不能创制法律；英美法系的法官既可以援引成文法中的规定来审判案件，又可以在一定条件下创制新的法律，形成新的判例法。

两大法系在法律术语、概念上以及司法体系等方面也有许多差别。

三、我国的主要法律制度

（一）我国法律的渊源

当代中国法律的主要渊源是以宪法为核心的各种制定法（成文法），包括宪法、法律、行政法规、地方性法规、经济特区的规范性文件、特别行政区的法律法规、规章、国际条约、国际惯例等。

（二）我国的法律体系构成

当代中国法律体系通常包括宪法、行政法、民法、商法、经济法、劳动法与社会保障法、自然资源与环境保护法、刑法、诉讼法等法律部门。

（三）我国的法院组织

当代中国的法院组织主要包括设在不同行政区划的审理普通案件的基层人民法院、中级人民法院、高级人民法院和最高人民法院以及具有特殊管辖权能的铁路法院、海事法院等。

（四）我国的审判制度

当代中国的法院审判制度是两审终审制。在普通的民事、刑事、行政案件审理过程中，当事人对最初审理的法院（一审法院）所作出的判决、裁定不服的，可以在法定期限内向原审法院的上一级法院提出诉讼请求，上级法院（二审法院）接受当事人的上诉请求后，根据事实与法律对该案件进行重新审理，在此基础上作出判决，二审法院所作出的判决、裁定是终审的判决、裁定，当事人必须执行。

第三节　调整国际商贸活动的主要法律

调整国际商贸活动的法律主要包括国际商贸条约、国际商贸惯例以及各国关于商贸活动的国内法。

一、国际商贸条约

（一）国际商贸条约的概念

国际商贸条约是国际条约中的一种，是指国家之间依照国际法准则，为设立、变更、终止他们之间在进行商贸活动时所形成的权利、义务关系而达成的协议。

（二）国际商贸条约的效力

根据"条约必须信守"的国际法准则，国际商贸条约对缔约国具有法的约束力，各缔约国的当事人在从事相关的商贸活动时，除缔约国声明保留的条款外，必须按照本国所缔结的国际条约行事。同时，在国内法与该国所缔结的国际条约有不同规定时，应依据"国际条约效力优先原则"，优先适用国际条约。

（三）对调整国际商贸活动有重大影响的国际条约

在国际商贸活动的不同领域，有很多国际条约从不同角度规范着当事人之间的商贸行为，其中影响较为巨大的是在国际货物买卖领域的 1980 年的《联合国国际货物销售合同公约》。

1. 《联合国国际货物销售合同公约》的产生背景

为了统一国际货物买卖行为，从 1969 年起，联合国国际贸易法委员会开始对 1964 年的《国际货物买卖统一法公约》和《国际货物买卖合同成立统一法公约》进行修改，并于 1978 年完成了修改工作，决定将前两个国际公约合并为一个公约，并正式定名为《联合国国际货物销售合同公约》。1980 年 3 月该公约在维也纳外交会议上正式通过，于 1988 年 1 月 1 日起正式生效。我国于 1986 年 12 月 11 日向联合国秘书长递交了核准书，该公约已于 1988 年 1 月 1 日起对我国生效。现已有 60 余个国家加入了该公约。

2. 《联合国国际货物销售合同公约》的主要内容

《联合国国际货物买卖合同公约》全文共 101 条。分为以下四个部分。

（1）《联合国国际货物销售合同公约》的适用范围。《联合国国际货物销售合同公约》适用范围不仅包括营业地在不同缔约国的当事人之间所订立的货物买卖合同，而且包括营业地在不同非缔约国的当事人之间所订立的货物买卖合同，只要该合同可依据国际私法规则导致适用某一缔约国的法律。

《联合国国际货物销售合同公约》以排除的方法规定了其不适用的对象：第一，供私人、家属或家庭使用而购买的货物的销售，除非卖方在订立合同前任何时候或订立合同时，不知道而且没有理由知道购买这些货物是作这种使用的；第二，经由拍卖的销售；第三，根据法律执行令状或其他令状的销售；第四，公债、股票、投资证券、流通票据或货币的销售；第五，船舶、气垫船或飞机的销售；第六，电力的销售。

《联合国国际货物销售合同公约》规定确定了合同的解释原则为：首先，依照双方当事人的主观意思来解释合同；其次，在双方意见不一致的情况下，可以找与合同当事人同等资格的一个通情达理的合同以外的第三人在同等情况下应有的理解来解释。

《联合国国际货物销售合同公约》规定的国际货物买卖合同的形式：《联合国国际货物销售合同公约》对国际货物买卖合同的形式未加任何限制，当事人可以采取口头形式、书面形式或双方所认可的任何其他形式。

（2）合同的成立。《联合国国际货物销售合同公约》在这一部分主要对要约与承诺作了详细的规定。

（3）货物买卖。《联合国国际货物销售合同公约》在这一部分主要对买卖双方的权利与义务、违约及其补救措施等作了详细的规定。

（4）最后条款。《联合国国际货物销售合同公约》在这一部分主要对加入该公约一些程序性和技术性的问题作了详细的规定。

3. 《联合国国际货物销售合同公约》未作规定的事项

《联合国国际货物销售合同公约》虽然对国际货物买卖的很多问题作了较为详尽的规定，但关于国际货物买卖合同条款的有效性、国际货物买卖中货物的所有权转移问题以及由于所销售货物引起的人身伤亡问题未作明文规定。

4. 我国对《联合国国际货物销售合同公约》的两点保留

我国在加入《联合国国际货物销售合同公约》时提出了两点保留：第一，关于适用范围的保留，我国不同意扩大《联合国国际货物销售合同公约》的适用范围，只同意《联合国国际货物销售合同公约》适用于缔约国的当事人之间签订的合同；第二，关于书面形式的保留，我国不同意用书面以外的其他形式订立、修改和终止国际货物买卖合同。

二、国际商贸惯例

（一）国际商贸惯例的概念

国际商贸惯例是国际惯例中的一种，是指国际商贸关系主体在多次反复的商贸活动中所形成的、并被普遍认可的、具有约束力的习惯性规范或做法。

（二）国际商贸惯例的效力

国际商贸惯例是任意性的，不具有强制性和普遍的约束力，只有在当事人选择适用某一惯例时，该惯例才对选择适用的当事人有约束力。而且，当事人可以依据自身的需要协商对该惯例进行修改。

（三）对调整国际商贸活动有重大影响的国际惯例

在国际商贸活动的不同领域，同样有很多国际惯例从不同角度规范着当事人之间的商贸行为，其中影响较为巨大的是在国际货物买卖领域的 1936 年的《国际贸易术语解释通则》。该通则在公布之后进行了多次修改，最有影响力的是 2000 年的修订本（以下简称为《INCOTERMS 2000》），它是国际商贸活动中最重要的成文化的国际惯例。

1. 《INCOTERMS 2000》的产生背景

《国际贸易术语解释通则》（International Rules for the Interpretation of Trade Terms）是国际商会为统一各种贸易术语的不同解释于 1936 年制订的，命名为《1936 年国际贸易术语解释通则》（《INCOTERMS 1936》）。随后，为适应国际贸易实践发展的需要，国际商会先后于 1953 年、1967 年、1976 年、1980 年和 1990 年进行过多次修订和补充，其中，1990 年国际商会为使贸易术语能适应日益广泛使用的电子数据交换（EDI）和不断革新的运输技术变化的需要对该通则作了全面的修订。

为使贸易术语更进一步适应世界上无关税区的发展和交易中使用电子讯息的增多以及运输方式的变化，国际商会再次对《国际贸易术语解释通则》进行修订，并于 1999 年 9 月公布《2000 年国际贸易术语解释通则》，简称《INCOTERMS 2000》，于 2000 年 1 月 1 日起生效。

2. 《INCOTERMS 2000》的主要内容

（1）《INCOTERMS 2000》的适用范围。《INCOTERMS 2000》明确了适用范围，该《国际贸易术语解释通则》只限于销售合同当事人的权利、义务中与交货有关的事项。其货物是指"有形的"货物，不包括"无形的"货物，如电脑软件等。《国际贸易术语解释通则》只涉及与交货有关的事项，如货物的进口和出口清关，货物的包装，买方受领货物的义务以及提供履行各项义务的凭证等，不涉及货物所有权和其它产权的转移、违约、违约行为的后果以及某些情况的免责等。有关违约的后果或负责事项，可通过销售合同中其他条款和适用的法律来解决。

《INCOTERMS 2000》指出，该通则是一套国际商业术语，适用跨国境的货物销售，也可用于国内市场的货物销售合同，在此情况下，通则中有关术语的 A_2，B_2 条款及任何与进出口有关条款的规定则无作用。该通则还明确规定，如合同的当事人在签订销售合同时，表示按《国际贸易术语解释通则》规定办理，为避免引起不必要的纠纷，应在合同中明确使用的版本，即应在合同中规定：按《INCOTERMS 2000》的规定办理。

（2）《INCOTERMS 2000》的主要变化。《INCOTERMS 2000》与《1990 年通则》相比变化不大。《INCOTERMS 2000》仍采用《1990 年通则》的结构，共有 13 种贸易术语，分为 4 个基本不同类型。第一组为"E 组"（EXW）；第二组为"F 组"（FCA、FAS、FOB）；第三组为"C 组"（CFR、CIF、CPT 和 CIP）；第四组为"D 组"（DAF、DES、DEQ、DDU 和 DDP）。与《1990 年通则》相同，在《INCOTERMS 2000》中，13 种术语项下买卖双方的义务均采用 10 个项目列出，但不采用原来卖方和买方的义务分别列出的规定，而是采用买卖双方义务合在同一标题下，即在卖方义务的每一个项目中"对应"买方在同一项目中的义务，这种规定使术语查阅更加方便，一目了然。

《INCOTERMS 2000》在以下两个方面做了实质性的变更。

① 在 FAS 和 DEQ 术语下，办理清关手续和交纳关税的义务。《INCOTERMS 2000》指出，清关手续由所在国的一方或其他代表办理，通常是可取的。因此，出口商应办理出口清关手续，进口商应办理进口清关手续。而《1990 年通则》中的 FAS 术语要求买方办理货物的出口清关手续，DEQ 术语要求卖方办理货物的进口清关手续，这种办理进出口清关手续的规定与上述原则不一致。因此，《INCOTERMS 2000》中的 FAS 和 DEQ 术语将办理出口和进口清关手续的义务分别改变为由卖方或买方办理。这种改变更为合理、办理更加方便。而表示卖方承担最小和最大义务的 EXW 和 DDP 两种术语未做改动，EXW 术语仍规定由买方办理出口清关手续的义务，DDP 术语的字面含义为完税交货（delivered duty paid），采用该术语即表示由卖方办理进口清关手续并交纳全部相关费用。

在《INCOTERMS 2000》中明确了"清关"的概念。"清关"是指无论何时，当卖方或买方承担将货物通过出口国或进口国海关时，不仅包括交纳关税或其它费用，而且还包括履行一切与货物通过海关办理有关的行政事务的手续以及向当局提供必要的信息并交纳相关费用。该《国际贸易术语解释通则》还指出，现在有些地区，如欧盟内部或其它自由贸易区规定，对进出口货物不必办理报关手续，并全部或部分免征关税。为此，《国际贸易术语解释通则》在相关的 A2 和 B2（许可证、其它许可和手续）以及 A6 和 B6（费用划分）条款都加入"在需要办理海关手续时（where applicable）"的用语，据此，明确了对这些无关税区的进出口货物，在无需办理海关手续的情况下，即可免除买卖双方办理进、出口清关手续，交纳有关的关税、捐款和其它费用的义务。

② 在 FCA 术语下，装货与卸货的义务。《INCOTERMS 2000》中的 FCA 术语删去了有关运输方式的区别以及集装箱货和非集装箱货的区别，规定 FCA 术语可适用于各种运输方式，包括多式联运。《国际贸易术语解释通则》并指出，FCA 术语卖方对交货地点的选择，会影响在该地点装货和卸货的义务。如卖方在其货物所在地交货，卖方应负责装货，如卖方在任何其它地点交货，卖方不负责卸货，即当货物在卖方运输工具上，尚未卸货，而将货物交给买方指定或卖方选定的承运人或其它人支配，交货即算完成。

此外，《INCOTERMS 2000》还对"承运人"的含义作了解释。"承运人"是指在运输合同中，通过铁路、公路、空运、海运、内河运输或上述运输的联合方式承担履行运输或承担办理运输业务的任何人。可见，FCA 术语适用的范围很广，在国际贸易中将发挥越来越大的作用。

三、各国关于国际商贸活动的国内法

（一）调整国际商贸活动的国内法的范围

1. 冲突法

冲突法又称法律适用法，是指不直接规定当事人之间的权利义务关系，而是指出某种涉外民事关系应适用哪一个国家的法律的法律规范。在国际商贸活动中，涉及到位于不同国家的当事人之间的各种关系，这就势必涉及不同国家的法律适用的问题，需要由冲突规范指明应适用的准据法，进而确定当事人之间的权利与义务。英美法系国家的冲突法主要以判例法的形式出现，其他国家的冲突法则是以成文法的形式出现。

2. 民商法

民商法是调整国际商贸活动的最重要的国内法。民法是调整商贸活动的一般法，商法是调整商贸活动的特别法。大陆法系一般以编纂法典的形式来规范商贸行为，在法国、德国等国家既有独立的民法典，又有独立的商法典，我们将其称为民商分立的国家；在大陆法系的一些国家中没有独立的商法典，商法的内容是通过民法典体现的，我们将其称为民商合一的国家。英美法系一般不以编纂法典的形式来规范商贸行为，原则上也不存在民法和商法之分。

（二）国内法在调整国际商贸活动中的效力

国内法是一国当事人从事商贸活动必须遵守的行为规范，对本国的当事人具有强制性和普遍的约束力。

（三）对调整国际商贸活动有重大影响的西方国家国内法

在国际商贸活动中，各国的国内法从不同角度规范着本国当事人的商贸行为，它们与国际商贸条约、国际商贸惯例互为补充，成为国际商贸法律的有机组成部分。其中影响较大的是《法国商法典》、《德国商法典》、《美国统一商法典》、《英国货物买卖法》。

1. 《法国商法典》

《法国商法典》是 1804 年由拿破仑一世在 1673 年的《商事条例》和 1681 年的《海事条例》的基础上制定颁布的。共有四篇 648 条，涉及一般商事交易、海商交易、破产、商事裁判等内容。它被称为"近代资本主义商事立法的蓝本"。荷兰、希腊、比利时、西班牙、葡萄牙及拉丁美洲国家的商法受其影响较深，进而形成了"法国商法体系"。

2.《德国商法典》

《德国商法典》于1897年颁布实施，它集中反映了垄断资本主义时期的商事关系，因而有许多规定不同于《法国商法典》。该法典共有四篇，31章905条，涉及商事、商事公司与隐名合伙、商行为、海商等内容。《德国商法典》对奥地利、日本、斯堪的纳维亚国家的商法典影响很大，它们构成了"德国商法体系"。

3.《美国统一商法典》

《美国统一商法典》不是通常意义上的法典性规范，它是一个由美国统一州法委员会和美国法学会共同起草的非正式性的立法文件，于1952年以商法典样本的形式正式公布，推荐各州议会参照适用，后经多次修订。现已被除路易斯安娜州以外的美国其他各州所采纳。

4.《英国货物买卖法》

《英国货物买卖法》是英国在总结法院数年来有关货物买卖案件所作出的判例的基础上制定的，自公布以来经过多次修改，现在生效的是1979年的修订本，它为英美法系国家制定各自的货物买卖法提供了样本。美国1906年的《统一货物买卖法》就是以原《英国货物买卖法》为依据制定的。

（四）我国调整国际商贸活动的法律

在我国的法律体系中，很多的法律部门都在从不同的方面对当事人的国际商贸活动起调整作用，其中较为重要的法律部门主要是《中华人民共和国合同法》（以下简称《合同法》）和《中华人民共和国对外贸易法》（以下简称《中华人民共和国对外贸易法》）。

1. 我国《合同法》简介

（1）《合同法》的产生背景。长期以来，在我国法律体系中主要由《经济合同法》、《涉外经济合同法》和《技术合同法》调整和规范当事人之间的合同关系。但由于这三部法律之间有很多矛盾之处，所以在商贸活动和司法实践中造成很多不便。为了统一我国的合同立法，更好地规范和调整我国的商贸活动当事人的合同行为，我国于1993年开始进行合同法的起草工作。经过多次修改，第九届人大常委会第二次会议于1999年3月15日讨论通过了《中华人民共和国合同法》，该法于1999年10月1日起生效。根据该法的规定，原有的《经济合同法》、《涉外经济合同法》和《技术合同法》同时废止。

（2）《合同法》的主要内容。我国《合同法》分为总则和分则两大部分，共23章428条。我国《合同法》对合同的基本概念、合同法的基本原则、合同订立的形式、合同的主要内容、合同成立的时间与地点、合同的效力、合同的履行、合同的变更和转让、合同的权利义务终止、违约责任等作了明确的规定，同时还对买卖合同等15种典型合同作了较为详尽的规定。

2. 我国《中华人民共和国对外贸易法》简介

（1）《中华人民共和国对外贸易法》的产生背景。为了保障市场经济的健康发展，促进和发展同其他国家和地区的贸易关系，牢牢把握国际贸易的发展趋势，1994 年 5 月 12 日，第八届全国人大常委会第七次会议通过《中华人民共和国对外贸易法》，并于同年 7 月 1 日正式实施。我国的《中华人民共和国对外贸易法》将法律的涵盖面扩展到整个对外贸易，该法第 2 条明确规定："本法所称对外贸易，是指货物进出口、技术进出口和国际服务贸易。"《中华人民共和国对外贸易法》是我国对外贸易领域的基本法，该法与国际规则、国际惯例接轨，在许多方面与 WTO 体制的基本原则及其有关规定是一致的。我国 1994 年的《中华人民共和国对外贸易法》，共 8 章 42 条。包括总则、对外贸易经营者、货物进出口与技术进出口、国际服务贸易、对外贸易秩序、对外贸易促进和法律责任等内容。适用范围涉及我国境内除单独关税区以外的领域。

为了适应外贸发展面临的新环境，适应世贸组织规则的要求，2004 年 4 月 6 日，第十届全国人民代表大会常务委员会第八次会议表决通过了修订后的《中华人民共和国对外贸易法》。修订后的《中华人民共和国对外贸易法》于 2004 年 7 月 1 日起施行。新外贸法共 11 章 70 条，比原来的法律新增加了 3 章内容。

（2）《中华人民共和国对外贸易法》的主要内容。2004 年修订后的《中华人民共和国对外贸易法》修改幅度较大，主要包括以下内容。

① 放开了对外贸易经营者资格的要求，规定个人可以从事外贸经营活动。《中华人民共和国对外贸易法》第 8 条规定：本法所称对外贸易经营者，是指依法办理工商登记或者其他执业手续，依照本法和其他有关法律、行政法规的规定从事对外贸易经营活动的法人、其他组织或者个人。

② 将原来针对对外贸易资格的行政审批程序，改为备案登记制度。《中华人民共和国对外贸易法》第 9 条规定：从事货物进出口或者技术进出口的对外贸易经营者，应当向国务院对外贸易主管部门或者其委托的机构办理备案登记。

③ 准许货物与技术的自由进出口。《中华人民共和国对外贸易法》规定：自动许可的进出口货物，收货人、发货人在办理海关报关手续前应提出自动许可申请；进出口属于自由进出口的技术，应当向国务院对外贸易主管部门或者其委托的机构办理合同备案登记。国家对部分货物、技术的进出口实行限制。限制进口或者出口的货物，实行配额、许可证等方式管理；对限制进口或者出口的技术，实行许可证管理。国家对部分进口货物可以实行关税配额管理，按照公开、公平、公正和效益的原则进行分配。

④ 保护与外贸有关的知识产权。《中华人民共和国对外贸易法》规定：国家依照有关知识产权的法律、行政法规，保护与对外贸易有关的知识产权。进口货物侵犯知识产权，并危害对外贸易秩序的，国务院对外贸易主管部门可以采取在一定期限内禁止侵权人生产、销售的有关货物进口等措施。知识产权权利人有阻止被许可人对许可合同中的知识产权的有效性提出质疑、进行强制性一揽子许可、在许可合同中规定排他性返授

条件等行为之一，对危害对外贸易公平竞争秩序的，国务院对外贸易主管部门可以采取必要的措施消除危害。其他国家或者地区在知识产权保护方面未给予中华人民共和国的法人、其他组织或者个人国民待遇，或者不能对来源于中华人民共和国的货物、技术或者服务提供充分有效的知识产权保护的，国务院对外贸易主管部门可以依相应的法律、行政法规的规定，并根据中华人民共和国缔结或者参加的国际条约、协定，对与该国家或者该地区的贸易采取必要的措施。

⑤ 规范了对外贸易中的垄断或其他不正当行为。修订后的外贸法针对垄断行为、不正当行为等进行了规定，填补了外贸法中缺乏竞争规则的空白。

⑥ 增加了对外贸易调查的制度。《中华人民共和国对外贸易法》规定：为了维护对外贸易秩序，国务院对外贸易主管部门可以自行或者会同国务院其他有关部门，依照法律、行政法规的规定对涉及货物进出口、技术进出口、国际服务贸易对国内产业及其竞争力的影响的事项；有关国家或者地区的贸易壁垒的事项；为确定是否应当依法采取反倾销、反补贴或者保障措施等对外贸易救济措施，需要调查的事项；规避对外贸易救济措施的行为；对外贸易中有关国家安全利益的事项进行调查。调查可以采取书面问卷、召开听证会、实地调查、委托调查等方式进行。并规定国家根据对外贸易调查结果，可以采取适当的对外贸易救济措施。

⑦ 规定了一系列行之有效的对外贸易促进措施。《中华人民共和国对外贸易法》规定：国家制定对外贸易发展战略，建立和完善对外贸易促进机制。国家根据对外贸易发展的需要，建立和完善为对外贸易服务的金融机构，设立对外贸易发展基金、风险基金。国家通过进出口信贷、出口信用保险、出口退税及其他促进对外贸易的方式，发展对外贸易。国家建立对外贸易公共信息服务体系，向对外贸易经营者和其他社会公众提供信息服务。国家采取措施鼓励对外贸易经营者开拓国际市场，采取对外投资、对外工程承包和对外劳务合作等多种形式，发展对外贸易。对外贸易经营者可以依法成立和参加有关协会、商会。国家扶持和促进中小企业、民族自治地方和经济不发达地区开展对外贸易。

⑧ 加大了对违法行为的处罚力度。修订后的外贸法扩大了适用范围，规范了管理措施，进一步明确中介机构的作用，完善了外贸促进措施，健全了贸易救济措施，既体现了现阶段我国外贸管理的理念，也勾勒出 21 世纪中国对外贸易法律制度的蓝图。

小　结

本章内容主要涉及商贸法律的基础知识。通过本章的学习，使学生掌握法律的概念和特征、法律规范的要素和种类、法律责任的概念和特征，了解法律的分类、两大法系的含义和基本特点、我国《中华人民共和国对外贸易法》的主要内容以及《联合国国际货物销售合同公约》、我国《合同法》和《INCOTERMS2000》的产生背景，为本书其它教学内容的学习奠定基础。

课后阅读资料

 资料一

《INCOTERMS 2000》中的贸易术语

在《INCOTERMS 2000》中，根据卖方承担义务的不同，将 13 种贸易术语划分为下列四组。

E 组（启运）：本组仅包括 EXW（工厂交货）一种贸易术语。当卖方在其所在地或其它指定的地点（如工厂、工场或仓库等）将货物交给买方处置时，即完成交货。卖方不负责办理货物出口的清关手续或将货物装上任何运输工具。EXW 术语是卖方承担责任最小的术语。

F 组（主要运费未付）：本组包括 FCA（货交承运人）、FAS（装运港船边交货）和 FOB（装运港船上交货）三种贸易术语。在采用装运地或装运港交货条件成交而主要运费未付的情况下，即要求卖方将货物交至买方指定的承运人时，应采用 F 组术语。

按 F 组术语签订的销售合同是属于装运合同。在 F 组术语中，FOB 术语的风险划分与 C 组中的 CFR 和 CIF 术语是相同的，均以装运港船舷为界。"船舷为界"是一种历史遗留的规则，由于其界限分明，易于理解与接受，故一直在沿用。但随着运输技术的变化，在使用集装箱运输、多式联运和滚装运输方式时，再使用以"船舷为界"已没有实际意义。对此问题过去曾引起国际贸易的有关人士多次争议，建议取消这种不切实际的规定。但也有人认为，这种规定已为从事国际贸易的商人们所深知，坚持要保留这种传统的规定。对此，《2000 年通则》采取了折衷的规定，即对以"船舷为界"的规定未做改动，对 FOB、CFR 和 CIF 术语仍规定买卖双方承担货物灭失或损坏的一切风险，以货物在指定的装运港超过船舷为界。但同时又规定，如合同当事人无意采用越过船舷交货，可相应的采用 FCA、CPT 和 CIP 术语。

C 组（主要运费已付）：本组包括 CFR（成本加运费）、CIF（成本、保险费加运费）、CPT（运费付至目的地）和 CIP（运费/保险费付至目的地）四种贸易术语。

在采用装运地或装运港交货条件而主要运费已付的情况下，采用 C 组贸易术语。按此类术语成交，卖方必须订立运输合同，并支付运费，但对货物发生灭失或损坏的风险以及货物发运后发生事件所产生的费用，卖方不承担责任。C 组术语包括两个"分界点"，即风险划分点与费用划分点，二者是分离的。按 C 组术语签订的销售合同属于装运合同。从上述可以看出，C 组术语和 F 组术语具有相同的性质，即卖方都是在装运国或发货国完成交货义务。因此，按 C 组术语和 F 组术语订立的销售合同都是属于装运合同。《INCOTERMS 2000》指出，装运合同的特点是卖方要支付将货物按照惯常航线和习惯

方式运至约定地点所需的通常运输费用，而货物灭失或损坏的风险以及货物以适当方式交付运输之后所产生的额外费用则应由买方承担。

D组（到达）：本组包括 DAF（边境交货）、DES（目的港船上交货）、DEQ（目的港码头交货）、DDU（未完税交货）和 DDP（完税后交货）五种贸易术语。

采用 D组术语，卖方应负责将货物运至边境或目的港（port）或进口国内约定目的地（place）或点（point），并承担货物运至该地以前的全部风险和费用。按 D组术语订立的销售合同是属于到货合同。

在《INCOTERMS 2000》中，对各种贸易术语采用上述分类排列方法，更为科学和合理，使人一目了然，便于理解和使用。

 资料二

《中华人民共和国对外贸易法》关于限制或者禁止有关货物、技术的进口或者出口的规定

第十六条　国家基于下列原因，可以限制或者禁止有关货物、技术的进口或者出口：

（一）为维护国家安全、社会公共利益或者公共道德，需要限制或者禁止进口或者出口的；

（二）为保护人的健康或者安全，保护动物、植物的生命或者健康，保护环境，需要限制或者禁止进口或者出口的；

（三）为实施与黄金或者白银进出口有关的措施，需要限制或者禁止进口或者出口的；

（四）国内供应短缺或者为有效保护可能用竭的自然资源，需要限制或者禁止出口的；

（五）输往国家或者地区的市场容量有限，需要限制出口的；

（六）出口经营秩序出现严重混乱，需要限制出口的；

（七）为建立或者加快建立国内特定产业，需要限制进口的；

（八）对任何形式的农业、牧业、渔业产品有必要限制进口的；

（九）为保障国家国际金融地位和国际收支平衡，需要限制进口的；

（十）依照法律、行政法规的规定，其他需要限制或者禁止进口或者出口的；

（十一）根据我国缔结或者参加的国际条约、协定的规定，其他需要限制或者禁止进口或者出口的。

 资料三

《中华人民共和国对外贸易法》关于限制或者禁止有关国际服务贸易的规定

第二十六条　国家基于下列原因，可以限制或者禁止有关的国际服务贸易：

（一）为维护国家安全、社会公共利益或者公共道德，需要限制或者禁止的；

（二）为保护人的健康或者安全，保护动物、植物的生命或者健康，保护环境，需要限制或者禁止的；

（三）为建立或者加快建立国内特定服务产业，需要限制的；

（四）为保障国家外汇收支平衡，需要限制的；

（五）依照法律、行政法规的规定，其他需要限制或者禁止的；

（六）根据我国缔结或者参加的国际条约、协定的规定，其他需要限制或者禁止的。

资料四

《中华人民共和国对外贸易法》关于违法行为处罚的规定

第十章　法律责任

第六十条　违反本法第十一条规定，未经授权擅自进出口实行国营贸易管理的货物的，国务院对外贸易主管部门或者国务院其他有关部门可以处五万元以下罚款；情节严重的，可以自行政处罚决定生效之日起三年内，不受理违法行为人从事国营贸易管理货物进出口业务的申请，或者撤销已给予其从事其他国营贸易管理货物进出口的授权。

第六十一条　进出口属于禁止进出口的货物的，或者未经许可擅自进出口属于限制进出口的货物的，由海关依照有关法律、行政法规的规定处理、处罚；构成犯罪的，依法追究刑事责任。

进出口属于禁止进出口的技术的，或者未经许可擅自进出口属于限制进出口的技术的，依照有关法律、行政法规的规定处理、处罚；法律、行政法规没有规定的，由国务院对外贸易主管部门责令改正，没收违法所得，并处违法所得一倍以上五倍以下罚款，没有违法所得或者违法所得不足一万元的，处一万元以上五万元以下罚款；构成犯罪的，依法追究刑事责任。

自前两款规定的行政处罚决定生效之日或者刑事处罚判决生效之日起，国务院对外贸易主管部门或者国务院其他有关部门可以在三年内不受理违法行为人提出的进出口配额或者许可证的申请，或者禁止违法行为人在一年以上三年以下的期限内从事有关货物或者技术的进出口经营活动。

第六十二条　从事属于禁止的国际服务贸易的，或者未经许可擅自从事属于限制的国际服务贸易的，依照有关法律、行政法规的规定处罚；法律、行政法规没有规定的，由国务院对外贸易主管部门责令改正，没收违法所得，并处违法所得一倍以上五倍以下罚款，没有违法所得或者违法所得不足一万元的，处一万元以上五万元以下罚款；构成犯罪的，依法追究刑事责任。

国务院对外贸易主管部门可以禁止违法行为人自前款规定的行政处罚决定生效之日或者刑事处罚判决生效之日起一年以上三年以下的期限内从事有关的国际服务贸易

经营活动。

第六十三条 违反本法第三十四条规定，依照有关法律、行政法规的规定处罚；构成犯罪的，依法追究刑事责任。

国务院对外贸易主管部门可以禁止违法行为人自前款规定的行政处罚决定生效之日或者刑事处罚判决生效之日起一年以上三年以下的期限内从事有关的对外贸易经营活动。

第六十四条 依照本法第六十一条至第六十三条规定被禁止从事有关对外贸易经营活动的，在禁止期限内，海关根据国务院对外贸易主管部门依法作出的禁止决定，对该对外贸易经营者的有关进出口货物不予办理报关验放手续，外汇管理部门或者外汇指定银行不予办理有关结汇、售汇手续。

第六十五条 依照本法负责对外贸易管理工作的部门的工作人员玩忽职守、徇私舞弊或者滥用职权，构成犯罪的，依法追究刑事责任；尚不构成犯罪的，依法给予行政处分。

依照本法负责对外贸易管理工作的部门的工作人员利用职务上的便利，索取他人财物，或者非法收受他人财物为他人谋取利益，构成犯罪的，依法追究刑事责任；尚不构成犯罪的，依法给予行政处分。

第六十六条 对外贸易经营活动当事人对依照本法负责对外贸易管理工作的部门作出的具体行政行为不服的，可以依法申请行政复议或者向人民法院提起行政诉讼。

思考与练习

一、名词解释

1. 法律　　　　2. 法律责任　　　　3. 大陆法系　　　　4. 英美法系

二、判断题

1. 法律具有阶级性，是统治阶级意志的体现，而根本不顾及被统治阶级的利益要求。
（　　）

2. 协议免责和意定免责均属法律责任的减轻和免除的条件 。（　　）

3. 商法相对于民法来说是特别法。（　　）

4. 法律一般由国家强制力直接保证实施。（　　）

5. 英美法系的衡平法是成文法。（　　）

6. 出口补贴是我国对外贸易促进措施的一种。（　　）

7. 我国商务部依法对征收反倾销税、反补贴税作出决定。（　　）

8. 法律规范由假定、处理和行为模式三要素构成。（　　）

9. 英美法系也以法典的编纂作为制定法律的主要形式，《美国统一商法典》就是一

个很有力的证明。　　　　　　　　　　　　　　　　　　　　　　　　（　　）

10. 我国《合同法》明确规定了包括买卖合同在内的 12 种典型合同。　（　　）

三、单项选择题

1. 下列关于法律分类的表述，哪一项是正确的。（　　　）

A. 按照法律的创制与适用主体的不同，法律可分为成文法和不成文法。

B. 《中华人民共和国婚姻法》是特别法。

C. 公法和私法的划分在普通法系国家被普遍采用。

D. 实体法和程序法的划分不是绝对的，实体法中也可能有少数程序问题。

2. 我国《烟花爆竹安全管理条例》规定："不得使用国家标准规定禁止使用或禁忌配伍的物质生产烟花爆竹。"这一规定属下列哪一种法律规范？（　　　）

A. 准用性规范　　　　　　　　　　　B. 任意性规范

C. 义务性规范　　　　　　　　　　　D. 委任性规范

3. 以下关于法律责任的说法，正确的是（　　　）。

A. 某个体商户暴力抗拒工商执法人员的检查，并将执法人员打成重伤。他除了要承担行政责任外，还将承担刑事责任。

B. 甲乙双方签订了一个买卖合同，按照合同规定，甲应在合同签订后 3 日内将 1000kg 优质大豆交给乙方。在履行期内，乙方享有民事权利，甲方承担民事义务。

C. 宪法为国家根本大法，其他所有基本法都据此制定。所以，触犯了民法中的强制性规定的行为都是违宪行为，要承担违宪责任。

D. 民事责任是法定责任，不允许当事人协商免除。

4. 张某因打架斗殴被公安机关依据《治安管理处罚条例》的规定罚款 50 元，这种处罚属于（　　　）。

A. 刑事制裁　　　　　　　　　　　　B. 行政制裁

C. 违宪制裁　　　　　　　　　　　　D. 民事制裁

5. 我国《公司法》规定，经国务院证券管理部门批准，公司股票可以在境外上市，具体办法由国务院作出特别规定，该规范属于（　　　）。

A. 义务性规范　　　　　　　　　　　B. 准用性规范

C. 确定性规范　　　　　　　　　　　D. 委任性规范

6. 我国《婚姻法》规定：夫妻之间有相互继承遗产的权利，这一条文规定了法律规范的（　　　）。

A. 行为模式　　　　　　　　　　　　B. 假定条件和行为模式

C. 假定条件、行为模式和法律后果　　D. 以上均不对

7. 根据我国 2004 年修订的《中华人民共和国对外贸易法》的规定，以下表述不正确的是（　　　）。

A．该法不适用于香港、澳门地区

B．对外贸易经营者是指依法从事对外贸易经营活动的法人和其他组织

C．取消了对货物和技术进出口经营权的审批制度，而代之以备案登记制

D．该法适用于货物进出口、技术进出口、国际服务贸易以及与贸易相关的知识产权的保护

8．根据我国 2004 年修订的《中华人民共和国对外贸易法》的规定，我国反倾销调查案件的受理机关是（　　　）。

    A．财政部   B．国家发展与改革委员会

    C．商务部   D．海关总署

9．《联合国国际货物销售合同公约》是由（　　　）组织制定的。

    A．国际商会   B．罗马统一私法国际协会

    C．国际法学会   D．国际贸易法委员会

10．以下属于英美法系的是（　　　）。

    A．英国的爱尔兰   B．日本

    C．法国   D．美国的路易斯安娜州

四、简答题

1．法律的特征是什么？

2．法律是怎样分类的？

3．法律规范的要素和种类有哪些？

4．法律责任的特征是什么？

5．两大法系的特点及区别是什么？

6．《联合国国际货物销售合同公约》的产生背景是什么？

7．我国《合同法》的产生背景的是什么？

8．《INCOTERMS2000》的产生背景及主要内容是什么？

五、讨论分析

马克思曾指出："对于法律来说，除了我的行为以外，我是根本不存在的，我根本不是法律的对象。"

请分析马克思这段论述的含义。

第二章　商贸组织法

　　商贸组织又称商事组织、商事企业，是指能够以自己的名义从事营利性商业活动并具有一定规模的经济组织。根据世界大多数国家商事立法的规定，商贸组织的形式一般有三种：个人企业、合伙企业、公司企业。其中个人企业是西方国家中数量最多的企业形式；合伙企业原则上不具有独立的法人资格，不属于企业法人，但有些国家，如法国、荷兰等大陆法系国家规定合伙企业可具有法人资格；公司是所有企业形式中最为普遍而且影响力最大的组织，特别是现代社会，以股份有限公司为代表的公司企业已成为国民经济的主要支柱，对社会经济生活具有重要的影响。

　　我国商贸组织法主要借鉴两大法系国家的规定，特别是 2005 年新修订的《公司法》更是借鉴了两大法系的优点，完善了我国的商贸组织法体系。本章主要以我国商贸组织法的规定为准，分别介绍个人企业法、合伙企业法和公司法。

课前案例思考

谭某、杨某、李某于 2000 年 9 月 1 日，分别出资 1 万元、2 万元、3 万元，设立合伙企业通达商社，约定按出资比例分担亏损。2000 年 10 月，三人共分约 6000 元，3 个月后三人发生矛盾，杨某要退出合伙企业，抽走了自己的 2 万元资金。谭、李二人经清查账目，发现此时已亏损 3000 元。到 2001 年 4 月份共亏损 6000 元，谭、李二人宣告合伙企业解散，二人分别得到 4000 元和 2000 元的商品，对债务未做处理。合伙企业的债权人甲公司得知合伙企业已解散的消息，便找到杨某索取 6000 元债款，杨说早已退出合伙企业，对债务不承担责任。甲公司又找到谭某，谭说我们是按比例分担债务的，我仅占 1/6 股，我只负责赔偿 1000 元。甲公司又找到李某，李认为还债三个人都有份，他们不还，我也不还。甲无奈只好向法院起诉。

本案中杨某、谭某、李某的观点是否正确？通达商社的债务应如何处理？甲公司应如何追偿其债务？

第一节 个人企业法

一、个人企业的概念和特征

（一）个人企业的概念

个人企业，又称独资企业，是指由一个自然人单独投资，财产为投资人所有，投资人以其个人财产对企业债务承担无限责任的商事组织。

（二）个人企业的法律特征

1. 投资主体只有一个

个人企业的投资主体只有一个，且必须为自然人。

2. 不具有独立的法人资格

个人企业不具有独立的法律人格，投资者以个人的名义对企业的经营行为负责。

3. 投资者对企业债务承担无限责任

个人企业的债务由投资者一个人承担无限责任。投资者以其全部个人财产对企业债务负责，而不是仅以其出资额为限，当企业财产不足以清偿债务时，投资者必须用个人的全部财产承担清偿责任。

案例分析 2-1

刘明 1998 年投资 30 万元创建了某独资企业,后因企业经营不善,2005 年决定关闭该企业,经过清算该企业现有资产为 35 万元,负债为 79 万元。

[问题思考]

根据该案分析独资企业的概念及其法律特征。

[分析提示]

首先刘明个人投资创建某企业为独资企业,该企业的所有财产为刘明个人所有,独资企业所获收益归刘明独资享有,所负债务由刘明以其个人所有财产(包括独资企业的资产)承担。其次,本案中企业资不抵债,由于独资企业的非法人性,刘明必须对企业的负债行为负责。即以企业资产 35 万元偿还负债后,不足部分的 44 万元由刘明以个人财产进行清偿。

二、个人企业的设立及事务管理

(一)个人企业的设立

个人企业的设立相对其他商贸组织更容易,更简捷。

我国《独资企业法》第 8 条规定,设立个人独资企业应当具备下列条件:

(1)投资人为一个自然人。

(2)有合法的企业名称。

(3)有投资人申报的出资。

(4)有固定的生产经营场所和必要的生产经营条件。

(5)有必要的从业人员。

设立个人企业,须经商事登记。

(二)个人企业的事务管理

个人企业的投资者可以自行管理企业事务,也可以委托或者聘用其他具有民事行为能力的人负责企业的事务管理。投资人委托或聘用他人管理个人独资企业事务,应当与受托人或受聘人签订书面合同,明确委托的具体内容和授予的权利范围。受托人或受聘人应当履行诚信、勤勉义务,按照与投资人签订的合同负责个人企业的事务管理。投资人对受托人或受聘人职权的限制,不得对抗善意第三人。

案例分析 2-2

甲成立一个人独资企业，独自经营，后因忙于其他事务，便委托其弟乙经营管理该独资企业。由于乙不熟悉市场行情，不善经营，导致企业连年亏损，企业负债 50 万元，无奈，只好解散该独资企业。

[问题思考]

（1）个人独资企业的事务管理是怎样的？

（2）该个人独资企业的负债如何清偿？

[分析提示]

独资企业的投资者可以自行经营管理，也可以委托或聘用其他具有民事行为能力的人负责管理。本案中，甲是独资企业的投资人，乙受委托管理企业事务，因此独资企业的债务应由甲独自承担。即由甲以个人独资企业财产清偿，不足部分再以其个人财产清偿。

三、个人企业的解散

（一）个人企业解散的情况

根据我国《个人独资企业法》规定，个人企业有下列情形之一时，应当解散。

（1）投资人决定解散。

（2）投资人死亡或者被宣告死亡，无继承人或者继承人决定放弃继承。

（3）被依法吊销营业执照。

（4）法律、行政法规规定的其他情形。

（二）个人企业解散的财产清算

个人企业解散，由投资人自行清算或者由债权人申请人民法院指定清算。投资人自行清算的，应当在清算前十五日内书面通知债权人，无法通知的，应当予以公告。债权人应当在接到通知之日起三十日内，未接到通知的应当在公告之日起六十日内，向投资人申报其债权。个人独资企业解散的，财产应当按照下列顺序清偿：①所欠职工工资和社会保险费用；②所欠税款；③其他债务。

（三）个人企业解散的债务偿还

个人独资企业解散后，原投资人对个人独资企业存续期间的债务仍应承担偿还责任，但债权人在五年内未向债务人提出偿债请求的，该责任消灭。如果个人独资企业财产不足以清偿债务的，投资人则应当以其个人的其他财产予以清偿。

第二节　合伙企业法

一、合伙企业的概念与特征

（一）合伙企业的概念

合伙企业是指由两个或两个以上的合伙人订立合伙协议，共同出资、共同经营、共享收益、共担风险，合伙人对合伙企业债务承担无限连带责任的企业组织形式。

（二）合伙企业的法律特征

1. 合伙企业的基础是合伙合同

合伙人之间订立合伙协议是合伙企业设立的基础。

2. 合伙企业是"人合企业"

合伙企业是人的组合，而不是资金的组合。

3. 合伙人对合伙企业债务承担无限连带责任

合伙企业中各合伙人对合伙企业债务承担无限连带责任。

4. 合伙人的权利平等

合伙人均享有平等地参与管理合伙企业事务的权利。

根据我国 2006 年新修订的《合伙企业法》规定，合伙企业是指自然人、法人和其他组织依照本法在中国境内设立的普通合伙企业和有限合伙企业。普通合伙企业由普通合伙人组成，合伙人对合伙企业债务承担无限连带责任。本法对普通合伙人承担责任的形式有特别规定的，从其规定。有限合伙企业由普通合伙人和有限合伙人组成，普通合伙人对合伙企业债务承担无限连带责任，有限合伙人以其认缴的出资额为限对合伙企业债务承担责任。可见，有限合伙借鉴了公司的有限责任制度。在我国合伙企业中，并不是每个合伙人对企业债务都承担无限连带责任，只有普通合伙人才对合伙企业承担无限连带责任。

案例分析 2-3

甲、乙成立一合伙企业，并在经营过程中为解决资金周转问题向乙的弟弟丙借款3 万元，并约定丙参与合伙企业利润的分配，并由丙执行合伙企业的经营活动。后因甲

在一次意外事故中丧生，乙也不知去向，这时合伙企业已负债 10 万元。债务人丁找丙要求偿还债务，丙称，我只是借款并受聘于合伙企业，并不是合伙人。于是丁起诉至法院，要求偿还债务。

[问题思考]

（1）合伙企业的法律特征如何？

（2）丙是否属于合伙企业的合伙人？为什么？

[分析提示]

根据合伙企业的特点及其合伙企业法的规定，合伙企业中各合伙人应对合伙企业债务承担无限连带责任。

丙虽然没有与其他合伙人签订合伙协议，但其构成了一种事实合伙，故丁的债务可以要求丙承担。理由是丙的借款实质是对合伙企业的出资。因为丙不仅参与合伙企业利润的分配，而且参与执行合伙企业的经营活动。而不是像一般的债权人一样固定的收取利息和约定具体的还款时间，所以丙实质上是合伙人之一，属于一种事实上的合伙。因此应对合伙企业债务承担无限连带责任。

二、合伙企业的设立条件

同其他商事组织的设立相比，合伙企业设立的条件一般包括以下几方面。

（一）有两个或两个以上的合伙人且各合伙人都承担无限连带责任

如果仅是一人的出资经营，则不能成为合伙，而为独资企业。根据我国《合伙企业法》规定，普通合伙人对合伙企业债务承担无限连带责任，而有限合伙企业中的有限合伙人仅以其认缴的出资额为限对合伙企业债务承担责任。

（二）订立书面合伙协议

合伙协议是合伙企业设立的基础，是确定合伙人在出资、利润分配、风险及责任的分担、企业的宗旨及经营管理方式等方面的基本依据。

（三）有各合伙人缴付的出资

合伙企业有自己的财产，是合伙人从事生产经营活动的物质基础。由于各合伙人承担的是无限责任，因此，合伙企业的出资不同于股份有限责任公司股东的出资，合伙人的出资不要求必须采用货币形式，也不要求合伙人的出资总额必须达到一定的最低资本额，合伙人的出资方式可以采用货币、实物、工业产权、土地使用权及劳务等。

（四）注册登记

英美法系国家一般对合伙企业不要求有政府的批准登记，但要求所有的合伙组织都必须有合法的目的。大陆法系国家都要求设立合伙企业时必须履行登记手续。我国则规定设立合伙企业必须向企业登记机关办理登记，领取营业执照后方能开业。如果法律、行政法规规定须经有关部门审批的，还应当在申请设立登记时提交批准文件。

三、合伙企业事务的执行

合伙企业事务的管理较为灵活。合伙人执行合伙事务，可以由全体合伙人共同执行，也可以委托一名或数名合伙人负责执行。

执行合伙事务的合伙人对外代表合伙企业，其他合伙人有权监督执行合伙事务的合伙人，执行合伙人在执行合伙事务中不得损害合伙企业与全体合伙人的利益，否则全体合伙人可以撤销委托。对造成合伙企业的损失，其他合伙人有权要求赔偿。执行合伙人执行合伙企业事务所产生的收益归合伙企业，所产生的亏损及其他民事责任，由全体合伙人共同承担。

根据我国《合伙企业法》规定，有限合伙企业中由普通合伙人执行合伙事务。有限合伙人不执行合伙事务，不得对外代表有限合伙企业。

四、合伙企业与第三人的关系

（一）合伙企业与第三人的关系

任一合伙人执行合伙企业事务的行为，对合伙企业和其他合伙人都具有约束力。

合伙企业对合伙人执行合伙企业事务以及对外代表合伙企业权利的限制，不得对抗不知情的善意第三人。

合伙企业对其债务，应首先用合伙企业的全部财产进行清偿，合伙企业财产不足清偿到期债务的，对外由全体合伙人承担无限连带责任，即由全体合伙人用其个人财产进行清偿。对内由合伙人依合伙协议约定的比例分担；合伙协议未约定分担比例的，由各合伙人平均分担。合伙人由于承担无限连带责任，所清偿数额超过其应承担的数额的，有权向其他合伙人追偿。合伙人发生与合伙企业无关的债务，相关债权人不得以其债权抵销其对合伙企业的债务；也不得代位行使合伙人在合伙企业中的权利。合伙人的自有财产不足清偿其与合伙企业无关的债务的，该合伙人可以以其从合伙企业中分取的收益用于清偿；债权人也可以依法请求人民法院强制执行该合伙人在合伙企业中的财产份额用于清偿。

（二）合伙企业中合伙人与第三人的关系

合伙企业中某一合伙人的债权人，不得以该债权抵销其对合伙企业的债务。合伙人个人负有债务的，其债权人不得代位行使合伙人在合伙企业中的权利。

合伙人个人财产不足清偿其个人所负债务的，该合伙人只能以其从合伙企业中分取的收益用于清偿；债权人可以依法请求法院强制执行该合伙人在合伙企业中的份额用于清偿。对该合伙人的财产份额，其他合伙人有优先受偿的权利。

五、入伙与退伙

（一）入伙

各国合伙法律一般规定，接纳一个新的合伙人必须经全体合伙人的同意，并依法签订书面入伙协议。我国《合伙企业法》第43、44条规定，新合伙人入伙时，应当经全体合伙人的同意，并依法订立书面入伙协议，原合伙人应当向新合伙人如实告知原合伙企业的经营状况和财务状况，新合伙人对入伙前的合伙企业债务承担无限连带责任。

（二）退伙

退伙一般分为法定退伙、任意退伙和除名退伙三种。

法定退伙是指基于法律的规定以及法定事由而当然退伙。有下列情形之一的，合伙人发生法定退伙的效力：①死亡或者被依法宣告死亡；②被依法宣告为无民事行为能力人；③个人丧失偿债能力；④被人民法院强制执行在合伙企业中的全部财产份额。

任意退伙是指依合伙人单方的意思表示而决定并告知其他合伙人而发生的退伙行为。我国《合伙企业法》规定，合伙协议约定合伙企业的经营期限的，有下列情形之一时，合伙人可以退伙：①合伙协议约定的退伙事由出现；②经全体合伙人一致同意退伙；③发生合伙人难于继续参加合伙企业的事由；④其他合伙人严重违反合伙协议约定的义务。合伙协议未约定合伙企业的经营期限的，合伙人在不给合伙企业事务执行造成不利影响的情况下，可以退伙，但应当提前30日通知其他合伙人。合伙人违反前述规定，擅自退伙的，应当赔偿由此给其他合伙人造成的损失。

除名退伙是指合伙人因有严重违反合伙协议规定或其他损害合伙企业利益的重大不当行为，而被其他合伙人一致决定开除的行为。我国《合伙企业法》规定，合伙人有下列情形之一的，经其他合伙人一致同意，可以决议将其除名：①未履行出资义务；②因故意或者重大过失给合伙企业造成损失的；③执行合伙企业事务时有不正当行为的；④合伙协议约定的其他事由。

我国《合伙企业法》第二章普通合伙企业中第53条规定，退伙人对其退伙前已发生的合伙企业债务，与其他合伙人承担无限连带责任。

<h3 style="text-align:center">案例分析 2-4</h3>

2000 年 5 月甲、乙、丙 3 人共同出资成立一普通合伙企业。合伙协议约定：甲出资 5 万元，乙出资 3 万元，丙以劳务出资；各合伙人按出资比例分配盈利、分担亏损。2000 年 11 月企业为扩大规模，又向银行借款 5 万元。2001 年 1 月，甲退伙。同年 3 月，丁入伙。2002 年 1 月，因经营不善，企业发生严重亏损。乙、丙、丁决定解散合伙企业。2002 年 2 月，银行货款到期，银行找合伙企业清偿债务，发现该企业已经解散，便找到甲要求其偿还全部贷款，甲称自己已经退伙，不负责清偿债务。银行向丁要求偿还全部贷款，丁称该笔贷款是在自己入伙前发生的，不负责清偿。银行向乙要求偿还全部贷款，乙表示只按照合伙协议约定的比例清偿相应数额。银行向丙要求偿还全部贷款，丙则表示自己是以劳务出资的，不承担偿还贷款义务。

[问题思考]

（1）甲、乙、丙、丁各自的主张能否成立？
（2）合伙企业所欠银行贷款如何清偿？
（3）在银行贷款清偿后，甲、乙、丙、丁内部之间应如何分担清偿责任？

[分析提示]

甲于 2001 年 1 月退伙，而银行的借款是 2000 年 11 月发生的，因此甲以其已退伙不承担偿还债务责任的主张是不成立的；丁 2001 年 3 月入伙，同样要对入伙前合伙企业的债务负清偿责任；乙只以协议约定的比例清偿相应数额的主张，更是忽视了合伙人应对合伙企业的债务承担无限连带责任的规定；而丙称自己以劳务出资不承担偿还贷款义务的理由也不成立，因为合伙企业的出资方式承认劳务出资。因此，合伙人甲、乙、丙、丁均对银行贷款承担无限连带责任。在清偿银行贷款后，超过其应承担的部分，再按合伙协议约定的出资比例向其他合伙人进行追偿。

六、合伙企业的解散与清算

合伙企业的解散一般有两种情况：协议解散和法定解散。所谓协议解散是指合伙企业依合伙人之间的协议而解散。例如依合伙协议约定的经营期限届满而解散。所谓法定解散是指合伙企业依照法定事由而解散。主要有以下几种情形：①合伙人之一死亡或退出合伙企业；②合伙企业或合伙人之一破产；③合伙企业从事违法活动而解散；④战争爆发；⑤合伙人之一丧失民事行为能力长期不能履行其职责，或因其行为使企业遭到重大损失，或因企业经营失败难以继续维持，任一合伙人均有权向法院申请，要求法院下令解散合伙企业。

解散合伙企业，合伙人应当对合伙企业的财产进行清算。合伙企业的财产不足以清偿合伙企业债务的，合伙人必须以其个人财产负无限连带清偿责任。合伙企业解散，在清偿企业债务后如有剩余，所有合伙人都有权按照投资比例或合伙协议约定的比例参加企业剩余财产的分配。

第三节　公　司　法

一、公司概述

（一）公司的概念与特征

1. 公司的概念

公司是依照法定条件和程序设立的，以营利为目的的企业法人。

2. 公司具有以下法律特征

（1）法定性。公司是依照法律规定的设立条件和程序设立的。各国立法都对公司的设立、登记等做了特别的规定。

（2）营利性。公司是以营利为目的，其经营活动是为了实现公司的利益，这是公司作为商事组织的本质特征。

（3）法人性。公司是法人的典型形态，公司的法人特征是区别于合伙企业的主要特征。公司依法成立，拥有独立的财产，以自己的名义享受权利与承担义务，独立承担民事责任。

（二）公司的分类

1. 根据公司中股东责任承担的不同，可分为无限责任公司、两合公司、有限责任公司和股份有限公司

（1）无限责任公司是指由两个以上的股东共同出资，全体股东对公司债务承担无限连带责任的公司。无限责任公司的股东承担责任的形式与合伙较为类似，但无限责任公司具有独立的法人地位。

（2）两合公司是指由承担有限责任的股东和承担无限责任的股东联合组织成立的公司，其中承担无限责任的股东对公司债务负无限连带责任。由于公司中有限责任股东和无限责任股东所负的责任不同，因此，他们在公司中的地位和权利也有差异。有限责任股东不得代表公司对外执行公司的业务，公司的业务只能由无限责任股东负责。

（3）有限责任公司是指股东人数较少，公司不发行股票，股东仅以其出资额为限对公司债务承担有限责任的公司。股东可以直接参加公司的管理，公司具有封闭性，且公司的账目一般也不对外公开。在有些国家公司法中还规定了一人有限责任公司制度。比

如我国《公司法》也承认一人公司。所谓一人公司是指只有一个自然人股东或一个法人股东的有限公司。股东应当一次足额缴纳公司章程规定的出资额。一个自然人只能投资设立一个一人有限公司。该一人有限公司不能投资设立新的一人有限公司。

（4）股份有限公司是指公司资本分成等额股份，股东以其所持股份为限对公司债务承担有限责任的公司。股份有限公司的股东人数较多，公司的资本分为均等股份，表现为股票形式。股票一般可以自由转让，股东一般不参加公司的管理，公司具有公开性，其账目及重大事务应向股东及公众公开。股东以其所持有的股份为限对公司债务负责。

2. 根据公司之间的相互控制与依附关系，可分为母公司和子公司

（1）母公司也成为控股公司，指一个公司拥有另一个公司的股份并已达到控股程度时，该公司即为母公司。

（2）子公司是指凡公司有一定比例以上的股份被另一公司所拥有，并因此受到该公司控制的公司即为子公司。

3. 根据公司分支机构的设置和管辖，可分为总公司和分公司

（1）总公司也称本公司，是指依法首先设立，并掌管公司全部组织的总机构。其在法律上具有法人资格。公司的经营方针、财产配置及资金调度、人事安排、财务核算等完全由总公司决定。

（2）分公司是指受总公司管辖的分支机构。其没有独立法人资格，可以有自己的名称，但本身没有独立的财产，不能独立承担财产责任，其业务活动的一切后果由总公司承担。

4. 根据公司股票是否在证券交易所上市交易，可分为上市公司和非上市公司

（1）上市公司是指发行的股票经过国务院或者国务院授权的证券管理部门批准在证券交易所上市交易的股份有限公司。

（2）非上市公司是指其股票没有上市和没有在证券交易所交易的股份有限公司。

上市公司是股份有限公司的一种，这种公司到证券交易所上市交易，除了必须经过批准外，还必须符合一定的条件：①上市公司是股份有限公司。股份有限公司可为不上市公司，但上市公司必须是股份有限公司；②上市公司要经过政府主管部门的批准。按照我国《公司法》的规定，股份有限公司要上市必须经过国务院或者国务院授权的证券管理部门批准，未经批准，不得上市；③上市公司发行的股票在证券交易所交易。发行的股票不在证券交易所交易的不是上市公司。

二、有限责任公司

（一）有限责任公司的概念

有限责任公司是指由股东出资，股东以其认缴的出资额对公司承担责任，公司以其

全部资产对其债务承担责任的公司企业。

（二）有限责任公司的特征

1. 股东责任的有限性

我国《公司法》第 3 条规定，有限责任公司的股东仅以其认缴的出资额为限对公司承担责任。公司以其全部资产为限对公司的债务承担责任。

2. 公司具有封闭性

有限责任公司不能发行股票，其财务状况和重大事务也不用向公众公开。

3. 公司设立程序比较简单

有限责任公司设立只能采取发起设立，而不能像股份有限公司一样可以采取募集设立。设立程序也比股份有限公司简单得多。

4. 有限责任公司具有人资两合性

有限责任公司股东不能以信用出资，具有资合性；同时股东出资转让受到限制，而且不公开募集资本，股东之间关系相对密切，具有一定的人合性。

（三）有限责任公司的设立

1. 有限责任公司设立的条件

根据我国《公司法》第 23 条的规定，设立有限责任公司应具备下列条件：

（1）股东符合法定人数。有限责任公司有 50 个以下的股东出资设立；一人有限责任公司可以是一个自然人股东或者是一个法人股东出资设立。

（2）股东出资达到法定资本最低限额。有限责任公司注册资本的最低限额为人民币 3 万元；一人有限责任公司注册资本最低限额为人民币 10 万元。

（3）股东共同制定公司章程。公司章程是规定公司的宗旨、资本、组织机构和经营管理方式等对内对外事务的法律文件。

（4）有公司名称，建立符合有限责任公司要求的组织机构。根据《公司法》的规定，公司只能使用一个名称，并且必须在名称中标明"有限责任"字样。公司组织机构是依照公司法的规定建立，对内行使管理职能，对外从事经营活动的机关。

（5）有公司住所。

2. 有限责任公司设立的程序

（1）制定公司的章程。我国《公司法》第 25 条规定了公司章程应当载明的事项。制定公司章程不仅是公司设立的法定条件，也是公司设立的必经程序，公司章程由全体股东共同制定，并由股东在公司章程上签名盖章。

（2）审批。根据各国公司设立原则的不同，审批不是有限责任公司设立的必经程序。我国《公司法》规定，设立有限责任公司一般无须审批程序。

（3）缴纳出资。有限责任公司的注册资本为在公司登记机关登记的全体股东认缴的出资额。公司全体股东的首次出资额不得低于注册资本的20%，也不得低于法定的注册资本最低限额，其余部分由股东自公司成立之日起2年内缴足。一人有限责任公司股东出资应当一次性足额缴纳。股东可以货币出资，并将货币出资足额存入有限责任公司在银行开设的账户；也可以用实物、知识产权、土地使用权等可以用货币估价并可以依法转让的非货币财产作价出资，并办理财产权的转移手续。

（4）办理设立登记手续并领取营业执照。股东缴纳出资后，必须经依法设立的验资机构验资并出具证明，由全体股东指定的代表或者共同委托的代理人向公司登记机关申请设立登记，并提交相关的法律文件。经公司登记机关审查，符合设立有限责任公司法定条件的，予以登记并发给营业执照。

案例分析 2-5

甲、乙、丙3家企业与公民丁协商，决定共同投资设立A有限责任公司。甲、乙、丙分别出资1万元、8000元、6000元，丁以劳务出资，公司注册资本为3万元。甲、乙、丙、丁均对公司承担无限责任。公司还设股东会、董事会和监事会，并以董事会为公司权力机构，丁任公司的董事并兼任公司监事。

[问题思考]

（1）根据中国《公司法》规定，该公司能否成立？

（2）该公司在成立过程中有哪些违法事项？

[分析提示]

设立有限责任公司其注册资本最低限额为人民币3万元，而该案中各股东出资总额不足，不满足公司的设立条件，因此该公司不能成立。

该有限责任公司在成立过程中也有诸多错误：股东出资不符合有限责任公司规定的最低注册资本3万元的规定；有限责任公司股东不允许以劳务出资，而丁以劳务出资；各股东应以其出资为限对公司承担有限责任，而不能约定甲、乙、丙、丁对公司承担无限责任；有限责任公司的权力机构应为股东会，而不是董事会；有限责任公司董事不能兼任监事，丁作为公司董事，又兼任公司监事属违法。

（四）有限责任公司的组织机构

1. 股东会

股东会是公司的权力机构，由全体股东组成，负责决定公司的重大事项。我国《公司法》第38条就规定了股东会的职权。一人有限责任公司不设股东会，由出资的股东行使第 38 条规定的股东会职权。

股东会议分为定期会议和临时会议。代表 1/10 以上表决权的股东, 1/3 以上的董事, 监事会或者不设监事会的公司监事提议召开临时会议的, 应当召开临时会议。召开股东会会议, 应当于会议召开 15 日以前通知全体股东。股东会会议由股东按照出资比例行使表决权, 股东会会议作出修改公司章程、增加或者减少注册资本的决议, 以及公司合并、分立、解散或者变更公司形式的决议, 必须经过代表 2/3 以上表决权的股东通过。

2. 董事会

有限责任公司设立董事会, 是公司的执行机构。董事会成员为 3～13 人。股东人数较少或者规模较小的有限责任公司, 可以设一名执行董事, 不设董事会。我国《公司法》第 47 条规定董事会应当行使的职权。

董事任期由公司章程规定, 但每届任期不得超过 3 年。董事任期届满, 连选可以连任。董事会会议由董事长召集和主持, 董事会决议的表决, 实行一人一票。

3. 监事会

监事会是公司的内部监督机构, 股东人数较少或者规模较小的有限责任公司, 可以设 1～2 名监事, 不设立监事会。监事会应当包括股东代表和适当比例的公司职工代表, 其中职工代表的比例不得低于 1/3, 董事、高级管理人员不得兼任监事。监事的任期每届为 3 年, 监事任期届满, 连选可以连任。我国《公司法》第 54 条规定了监事会或者监事应当行使的职权。

案例 2-5 中有限责任公司将董事会作为公司的权力机构是错误的, 股东会是公司的权力机构, 董事会应为公司的执行机构, 且董事不能兼任监事, 丁作为董事兼任监事的作法也是错误的。

案例分析 2-6

A 有限责任公司成立于 1998 年, 注册资本为 2000 万元, 为扩大生产经营规模, 部分股东提出增加注册资本 1000 万元, 使公司的注册资本达到 3000 万元, 并拟在召开的临时股东会上表决通过。表决时, 有 4 名股东同意, 3 名股东反对, 其中的 4 名股东持有出资 1240 万元, 占公司注册资本的 62%, 3 名反对股东持有出资 760 万元, 占公司注册资本的 38%。依决议, 4 名同意的股东共分配新增认购出资 600 万元, 3 名反对的股东分配新增认购出资 400 万元, 4 名股东出资后, 又以公司的名义要求另外 3 名股东出资, 这 3 名股东拒绝缴纳, 遭到 4 名股东的威胁, 无奈, 3 名股东起诉到法院, 要求确认关于增资的股东会决议无效。

[问题思考]

（1）有限责任公司股东的表决权如何行使？

（2）股东会的普通决议和特别决议有何不同？

[分析提示]

有限责任公司股东的表决权应为一股一权。对于股东会的普通决议只需代表过半数以上表决权的股东通过即可。而对于修改公司章程、增加或者减少注册资本的决议，以及公司合并、分立、解散或者变更公司形式的决议，必须经过代表 2/3 以上表决权的股东通过，即为特别决议。而本案中赞成增资的股东占公司注册资本的 62%，不符合《公司法》规定的 2/3 以上表决权，故此决议无效。

三、股份有限公司

（一）股份有限公司的概念和特征

股份有限公司是指依法设立的，其全部资本分为等额股份，股东以其所持股份为限对公司承担责任，公司以其全部资产为限对公司的债务承担责任的公司企业。

股份有限公司具有以下特征：

1. 股东人数较为广泛

大多数国家的公司法对股东数额一般仅有最低限额，没有最高限额。而我国公司法规定，设立股份有限公司，应当有 2～200 人以下为发起人，其中须有半数以上的发起人在中国境内有住所。

2. 公司股份均等性

公司资本划分为均等股份，股东以持有的股份行使权利承担义务。

3. 典型的资合性

股份有限公司的信用基础在于公司资本，与公司成员的个人信用无关，股份可以自由转让。

4. 具有公开性

股份有限公司可以公开发行股票，广泛向社会募集资本，向社会公开其账目，报告公司的财务报告及经营状况。

（二）股份有限公司的设立

1. 股份有限公司设立的条件

同有限责任公司相比，股份有限责任公司的设立条件、程序都相对复杂。根据我国《公司法》规定，设立股份有限公司，应当具备下列条件：

（1）发起人应当有 2～200 人，其中须有半数以上的发起人在中国境内有住所。

（2）发起人认购和募集的股份达到法定资本最低限额 500 万元。

（3）股份发行、筹办事项符合法律规定。

（4）发起人制订公司章程，采用募集设立方式的经创立大会通过。

（5）有公司名称，建立符合股份有限公司要求的组织机构。

（6）有公司住所。

2. 股份有限公司设立的方式

股份有限公司的设立可以采取发起设立或者募集设立的方式。发起设立是指由发起人认购公司应发行的全部股份而设立公司。募集设立是指由发起人认购公司应发行股份的一部分，其余股份向社会公开募集或者向特定对象募集而设立公司。以发起设立的，发起人的首次出资额不得低于注册资本的 20%，其余部分由发起人自公司成立之日起 2 年内缴足。以募集设立的，发起人认购的股份不得少于公司股份总数的 35%。

3. 股份有限公司设立的程序

（1）制订公司章程。股份有限公司的章程由发起人共同制订，经全体发起人同意后生效。

（2）认足股份并缴纳股款。以发起设立的，发起人应当书面认足公司章程规定其认购的股份；可以一次缴纳，也可以分期缴纳。以募集设立的，发起人认购的股份不得少于公司股份总数的 35%，其余的向社会公开募集，并同银行签订代收股款协议。

（3）召开创立大会。发起人应当在 30 日内主持召开公司创立大会。创立大会由认股人组成。发起人在 30 日内未召开创立大会的，认股人可以按照所缴股款并加算银行同期存款利息，要求发起人返还。发起人应当在创立大会召开 15 日前将会议日期通知各认股人或者予以公告。创立大会应有代表股份总数过半数的认股人出席，方可举行。

（4）申请设立登记。由董事会向公司登记机关报送公司章程、由依法设定的验资机构出具的验资证明以及法律、行政法规规定的其他文件，申请设立登记。

（三）股份有限公司的组织机构

1. 股东大会

股东大会由全体股东组成。股东大会与有限责任公司股东会行使的职权基本相同。股东大会每年召开一次年会。有下列情形之一的，应当在 2 个月内召开临时股东大会：董事人数不足《公司法》规定的人数或者公司章程所定人数的 2/3 时；公司未弥补亏损达实收股本总额 1/3 时；单独或者合计持有公司 10%以上股份的股东请求时；董事会认为必要时；监事会提议召开时。

股东出席股东大会会议，所持每一股份有一表决权。股东大会作出决议，必须经出席会议的股东所持表决权过半数通过。但是，股东大会作出修改公司章程、增加或者减少注册资本的决议，以及公司合并、分立、解散或者变更公司形式的决议，必须经出席会议的股东所持表决权的 2/3 以上通过。

2. 董事会

股份有限公司设董事会，其成员为 5～19 人。董事会每年度至少召开两次会议，每次会议应当于会议召开 10 日前通知全体董事和监事。代表 1/10 以上表决权的股东，1/3 以上董事或者监事会，可以提议召开董事会临时会议。董事长应当自接到提议后 10 日内，召集和主持董事会会议。董事会会议应有过半数的董事出席方可举行。董事会作出决议，必须经全体董事的过半数通过。董事应当对董事会的决议承担责任。董事会的决议违反法律、行政法规或者公司章程、股东大会决议，致使公司遭受严重损失的，参与决议的董事对公司负赔偿责任。但经证明在表决时曾表明异议并记载于会议记录的，该董事免责。

3. 监事会

股份有限公司设立监事会，其成员不得少于 3 人。监事会应当包括股东代表和适当比例的公司职工代表，其中职工代表的比例不得低于 1/3。监事会每 6 个月至少召开一次会议。监事会的职权与有限责任公司监事会的职权基本相同。公司董事、高级管理人员不得兼任监事。

股份有限公司组织机构的职权与有限责任公司组织机构的职权大体一致，在此不多加赘述。

（四）股份有限公司资本

1. 公司资本的概念

广义的公司资本，是指公司用以从事经营、开展业务的所有资金和财产，包括公司自有资本和借贷资本两部分。狭义的公司资本则指公司自有资本。本书中所指的公司资本，一般是指狭义资本。

公司资本是公司对第三人的最低财产保障。股份有限公司以自己的全部财产对其债务承担责任，股东以其所持有的股份为限对公司承担有限责任。公司的财产独立于股东的个人财产。因此，股份有限公司的资本对股东、债权人以及公司自身的发展均有重要的意义。为了保护公司股东及债权人的利益，各国公司法对公司资本都作了具体的规定。主要是：第一，公司注册资本不得低于法定资本最低限额；第二，公司资本额在公司章程中予以载明，公司增减资本必须经股东大会特别决议同意，修改公司章程；第三，公司必须经常维持与公司资本额相当的实际财产，不得以公司的资本进行分红。

2. 股份和股票

股份是股份有限公司资本构成的最小单位，将公司全部资本分为均等的股份，每一股份代表一定的金额，每股的金额相等。

股票是公司签发的证明股东所持股份的凭证，是股份的表现形式。具有以下法律特征。

　　（1）股票是一种有价证券。拥有股票的股东享有股权，是一种财产权利的表现，股权的转让即通过转让股票来实现。

　　（2）股票是一种证权证券。股票是仅仅是证明股东权利的凭证，起着一种权利证书的作用。

　　（3）股票是一种要式证券。证券的制作及记载事项必须按照法律的规定进行。

　　（4）股票是一种流通证券。股票可以在证券市场上自由地流通，即股票可以通过证券交易所或柜台自由地交易。

　　3. 股票和债券

　　债券是指政府、金融机构、工商企业等机构直接向社会借债筹措资金时，向投资者发行的，承诺按一定利率支付利息并按约定条件偿还本金的债权债务凭证。股票与债券都是有价证券，是证券市场上的两大主要金融工具。两者同在一级市场上发行，又同在二级市场上转让流通。对投资者来说，两者都是可以通过公开发行募集资本的融资手段。由此可见，两者实质上都是资本证券。从动态上看，股票的收益率和价格与债券的利率和价格互相影响，往往在证券市场上发生同向运动，即一个上升另一个也上升，反之亦然，但升降幅度不见得一致。

　　股票和债券虽然都是有价证券，都可以作为筹资的手段和投资工具，但两者也有明显的区别。

　　（1）发行主体不同。作为筹资手段，无论是国家、地方公共团体还是企业，都可以发行债券，而股票则只能是股份制企业才可以发行。

　　（2）收益稳定性不同。从收益方面看，债券在购买之前，利率已定，到期就可以获得固定利息，而不管发行债券的公司经营获利与否。股票一般在购买之前不定股息率，股息收入随股份公司的盈利情况变动而变动，盈利多就多得，盈利少就少得，无盈利不得。

　　（3）保本能力不同。从本金方面看，债券到期可回收本金，也就是说连本带利都能得到，如同放债一样。股票则无到期之说。股票本金一旦交给公司，就不能再收回，只要公司存在，就永远归公司支配。公司一旦破产，还要看公司剩余资产清盘状况，那时甚至连本金都会蚀尽，小股东特别有此可能。

　　（4）经济利益关系不同。上述本利情况表明，债券和股票实质上是两种性质不同的有价证券。二者反映着不同的经济利益关系。债券所表示的只是对公司的一种债权，而股票所表示的则是对公司的所有权。权属关系不同，就决定了债券持有者无权过问公司的经营管理，而股票持有者，则有权直接或间接地参与公司的经营管理。

　　（5）风险性不同。债券只是一般的投资对象，其交易转让的周转率比股票低；股票不仅是投资对象，更是金融市场上的主要投资对象，其交易转让的周转率高，市场价格变动幅度大，可以暴涨暴跌，安全性低，风险大，但却又能获得很高的预期收入，因而能够吸引不少人投进股票交易中来。

另外，在公司交纳所得税时，公司债券的利息已作为费用从收益中减除，在所得税前列支。而公司股票的股息属于净收益的分配，不属于费用，在所得税后列支。这一点对公司的筹资决策影响较大，在决定要发行股票或发行债券时，常以此作为选择的决定性因素。

（五）股份有限公司股份的发行与转让

1. 股份的发行

股份的发行是指以筹集公司资本为目的，由发行人或股票承销机构分配或销售股票的行为。股份的发行包括设立发行和新股发行两种。

根据我国《公司法》规定，股份发行实行公平、公正的原则，同种类的每一股份应当具有同等权利。股票发行价格可以按票面金额，也可以超过票面金额，但不得低于票面金额。公司公开发行新股，应当符合下列条件：具备健全且运行良好的组织机构；具有持续盈利能力，财务状况良好；最近 3 年财务会计文件无虚假记载，无其他重大违法行为；经国务院批准的国务院证券监督管理机构规定的其他条件。

2. 股份的转让

股份有限公司的股份一般可以自由地转让。但有些国家的立法也有所限制。比如我国《公司法》规定，发起人持有的本公司股份，自公司成立之日起 1 年内不得转让。公司公开发行股份前已发行的股份，自公司股票在证券交易所上市交易之日起 1 年内不得转让。公司董事、监事、高级管理人员在任职期间每年转让的股份不得超过其所持有本公司股份总数的 25%，所持本公司股份自公司股票上市交易之日起 1 年内不得转让。上述人员离职后半年内，不得转让其所持有的本公司股份。同时，公司章程可以对公司董事、监事、高级管理人员转让其所持有的本公司股份作出其他限制性规定。

四、公司的变更、解散与清算

（一）公司的变更

公司的变更包括公司名称、住所、法定代表人、注册资本、经营范围等一般事项的变更和公司合并、分立等重大事项的变更。

1. 公司合并

公司的合并可以分为吸收合并和新设合并。根据我国《公司法》规定，所谓吸收合并是指一个公司吸收其他的公司，吸收的公司继续存在，被吸收的公司解散；所谓新设公司是指两个以上的合并为一个新的公司，合并各方解散。

公司合并，应当由合并各方签订合并协议，并编制资产负债表及财产清单。公司应当自作出合并决议之日起 10 日内通知债权人，并于 30 日内在报纸上公告。债权人自接到通知书之日起 30 日内，未接到通知书的自公告之日起 45 日内，可以要求公司清偿债务或者提供相应的担保。公司合并时，合并各方的债权、债务，应当由合并后存续的公司或者新设的公司承继。

2. 公司分立

所谓公司分立是指一个公司依法分成两个或两个以上的公司的法律行为。根据我国《公司法》规定，公司分立其财产作相应的分割。公司应当自作出分立决议之日起 10 日内通知债权人，并于 30 日内在报纸上公告。公司分立前的债务由分立后的公司承担连带责任。

（二）公司解散

公司解散是指公司由于法律或公司章程中规定的事由发生而丧失其法人资格的过程。根据我国《公司法》的规定，公司因下列原因解散：公司章程规定的营业期限届满或者公司章程规定的其他解散事由出现；股东会或股东大会决议解散；因公司合并或者分立需要解散；依法被吊销营业执照、责令关闭或者被撤销；公司经营管理发生严重困难，继续存续会使股东利益受到重大损失，通过其他途径不能解决的，持有公司全部股东表决权 10%以上的股东，可以请求法院解散公司。

（三）公司的清算

清算是公司终止的法定程序，公司无论是因解散而终止还是因破产而终止，都必须依法进行清算。根据我国《公司法》规定，除因公司合并或分立而解散公司外，公司应当在解散事由出现之日起 15 日内成立清算组。有限责任公司的清算组由股东组成，股份有限公司的清算组由董事会或股东大会确定的人员组成。

清算组应当自成立之日起 10 日内通知债权人，并于 60 日内在报纸上公告。

清算组在清算期间行使下列职权：清理公司财产，分别编制资产负债表和财产清单；通知、公告债权人；处理与清算有关的公司未了结的业务；清缴所欠税款以及清算过程中产生的税款；清理债权、债务；处理公司清偿债务后的剩余财产；代表公司参与民事诉讼活动。

公司清算结束后，清算组应当制作清算报告，报董事会、股东大会或者人民法院确认，并报送公司登记机关申请注销公司登记，公告公司终止。

案例分析 2-7

甲、乙有限责任公司合并为丙有限责任公司，合并前甲、乙公司分别负有债务，后丙公司因经营不善，股东会决议解散，并由股东组成清算组对公司资产进行清算。

[问题思考]

（1）甲、乙公司的债务如何清偿？

（2）公司解散后，如何成立清算组？

（3）公司解散清算的程序是什么？

[分析提示]

公司合并时，合并各方的债权、债务，应当由合并后存续的公司或者新设的公司承继。本案中甲、乙公司合并为丙公司，公司合并时，甲、乙的债务应由丙来承继。

根据我国《公司法》规定，除因公司合并或分立而解散公司外，公司应当在解散事由出现之日起 15 日内成立清算组。有限责任公司的清算组由股东组成，股份有限公司的清算组由董事或股东大会确定的人员组成。本案中丙公司因经营不善而解散，应进行清算。由于丙是一个有限责任公司，所以应由股东组成清算组进行清算。

清算组应当自成立之日起 10 日内通知债权人，并于 60 日内在报纸上公告。清算组在清算期间代表丙公司行使职权。丙公司清算结束后，清算组应当制作清算报告，报董事会、股东大会或者人民法院确认，并报送公司登记机关申请注销公司登记，公告丙公司终止。

五、三资企业法

（一）中外合资经营企业法

1. 中外合资经营企业的概念

中外合资经营企业（以下简称合营企业）是指外国合营者与中国合营者依中国法律规定，在中国境内共同投资，共同经营，并按注册资本比例分享利润、分担风险及亏损的企业。在合营企业的注册资本中，外国合营者的投资比例一般不低于 25%。合营各方按注册资本比例分享利润和分担风险及亏损。

2. 中外合资经营企业的特征

合营企业的形式为有限责任公司，属中国法人。但与一般的有限责任公司制度相比又有其独特之处，具体表现如下。

（1）合营企业的投资人有特殊要求。如合营者一方必须是中国企业组织，而不能是中国公民，另一方是外国合营者。

（2）合营企业的设立程序较为复杂。除有中国合营者的企业主管部门和合营企业所在地的省级人民政府的审批意见外，还必须取得中国对外经济贸易主管部门的批准方可注册登记。而一般有限责任公司的设立则不需要这些审批手续。

（3）合营企业的组织机构较为简化。合营企业不设股东会，董事会为最高的权力机构。董事的任期也与一般有限责任公司不同，董事的任期为4年。合营企业章程的修改、注册资本的增加与转让、合营企业的合并、中止、解散等事项须由出席董事会会议的董事一致通过方可做出决议。

《中外合资经营企业法》属于特别法，《公司法》属于普通法，根据"特别法优于普通法"的原则，合营企业主要适用《中外合资经营企业法》，只有在该法没有规定时，才适用《公司法》。

（二）中外合作经营企业法

1. 中外合作经营企业的概念

中外合作经营企业（以下简称合作企业）是指由外国公司、企业和其他经济组织或个人同中国的公司、企业或其他经济组织在中国境内共同投资或提供合作条件举办的企业。合作各方按合作企业合同的约定分配收益或者产品、分担风险和亏损。合作企业符合中国法律关于法人条件的规定的，依法取得中国法人资格。也就是说，合作企业不一定具有法人资格，属于契约式企业。

2. 中外合作经营企业的特征

合作企业与合营企业最大的不同在于中外各方的投资一般不折算成出资比例，利润也不按出资比例分配。各方的权利和义务，包括投资或者提供合作条件、利润或者产品的分配、风险和亏损的分担、经营管理的方式和合同终止时财产的归属等事项，都在各方签订的合同中确定。举办合作企业一般由外国合作者提供全部或大部分资金，中方提供土地、厂房、可利用的设备、设施、有的也提供一定量的资金。中外合作者在合同中约定合作期满时企业的全部资产归中国合作者所有，外国合作者可以在合作期限内先行回收投资。这一做法，一方面可以解决国内企业缺乏投资来源问题，另一方面对许多急于回收投资的外国投资者具有很大的吸引力。

（三）外资企业法

1. 外资企业的概念

外资企业是指依据中国法律在中国境内设立的，全部资本由一个或多个外国投资者投资的企业。

2. 外资企业的特征

外资企业不同于外国企业在中国境内设立的分支机构，而是具有独立法律地位的经济实体。外资企业可以是有限责任公司形式，也可以是经批准的其他企业形式。

小　结

本章介绍的主要内容为关于现代商贸活动的主体——商贸组织的相关法律规定。其中本章重点从公司的设立条件、组织机构、公司变更、解散、清算等方面介绍有限责任公司和股份有限公司。要求学生着重掌握商贸组织的分类、相关概念及其法律地位。

课后阅读资料

 资料一

合伙企业的解散清算程序

按《合伙企业法》规定，合伙企业解散后应当进行清算，并通知和公告债权人，清算人由全体合伙人担任；未能由全体合伙人担任清算人的，经全体合伙人过半数同意，可以自合伙企业解散后 15 日内指定一名或者数名合伙人，或者委托第三人，担任清算人。15 日内未确定清算人的，合伙人或者其他利害关系人可以申请人民法院指定清算人。

清算人在清算期间执行下列事务：①清理合伙企业财产，分别编制资产负债表和财产清单；②处理与清算有关的合伙企业未了结的事务；③清缴所欠税款；④清理债权、债务；⑤处理合伙企业清偿债务后的剩余财产；⑥代表合伙企业参与民事诉讼活动。

合伙企业财产在支付清算费用后，按下列顺序清偿；①合伙企业所欠招用职工的工资和劳动保险费用；②合伙企业所欠税款；③合伙企业的债务；④返还合伙人的出资。

合伙企业财产按上述顺序清偿后仍有剩余的，由合伙人依照合伙协议约定的比例分配和分担；合伙协议未约定利润分配和亏损分担比例的，由各合伙人平均分配和分担。

合伙企业清算时，其全部财产不足清偿债务的，由合伙人依照合伙协议约定的比例分担。合伙协议未约定亏损分担比例的，由各合伙人按平均分担的办法，用其在合伙企业出资以外的财产承担清偿责任。合伙人由于承担连带责任，所清偿数额超过其应当承担的数额时，有权向其他合伙人追偿。

合伙企业解散后，原合伙人对合伙企业存续期间的债务仍应承担连带责任，但债权人在五年内未向债务人提出偿债请求的，该责任消灭。

清算结束，应当编制清算报告，经全体合伙人签名、盖章后，在十五日内向企业登记机关报送清算报告，办理合伙企业注销登记。

资料二

我国《公司法》关于有限责任公司股东会、董事会和监事会的职权规定

第三十八条　股东会行使下列职权：
（一）决定公司的经营方针和投资计划；
（二）选举和更换非由职工代表担任的董事、监事，决定有关董事、监事的报酬事项；
（三）审议批准董事会的报告；
（四）审议批准监事会或者监事的报告；
（五）审议批准公司的年度财务预算方案、决算方案；
（六）审议批准公司的利润分配方案和弥补亏损方案；
（七）对公司增加或者减少注册资本作出决议；
（八）对发行公司债券作出决议；
（九）对公司合并、分立、解散、清算或者变更公司形式作出决议；
（十）修改公司章程；
（十一）公司章程规定的其他职权。
对前款所列事项股东以书面形式一致表示同意的，可以不召开股东会会议，直接作出决定，并由全体股东在决定文件上签名、盖章。
第四十七条　董事会对股东会负责，行使下列职权：
（一）召集股东会会议，并向股东会报告工作；
（二）执行股东会的决议；
（三）决定公司的经营计划和投资方案；
（四）制订公司的年度财务预算方案、决算方案；
（五）制订公司的利润分配方案和弥补亏损方案；
（六）制订公司增加或者减少注册资本以及发行公司债券的方案；
（七）制订公司合并、分立、解散或者变更公司形式的方案；
（八）决定公司内部管理机构的设置；
（九）决定聘任或者解聘公司经理及其报酬事项，并根据经理的提名决定聘任或者解聘公司副经理、财务负责人及其报酬事项；
（十）制定公司的基本管理制度；
（十一）公司章程规定的其他职权。
第五十四条　监事会、不设监事会的公司的监事行使下列职权：
（一）检查公司财务；
（二）对董事、高级管理人员执行公司职务的行为进行监督，对违反法律、行政法规、公司章程或者股东会决议的董事、高级管理人员提出罢免的建议；
（三）当董事、高级管理人员的行为损害公司的利益时，要求董事、高级管理人员予以纠正；

（四）提议召开临时股东会会议，在董事会不履行本法规定的召集和主持股东会会议职责时召集和主持股东会会议；

（五）向股东会会议提出提案；

（六）依照本法第一百五十二条的规定，对董事、高级管理人员提起诉讼；

（七）公司章程规定的其他职权。

资料三

我国《公司法》关于董事、监事、高级管理人员的资格和义务的规定

《公司法》第一百四十七条规定，有下列情形之一的，不得担任公司的董事、监事、高级管理人员：①无民事行为能力或者限制民事行为能力；②因贪污、贿赂、侵占财产、挪用财产或者破坏社会主义市场经济秩序，被判处刑罚，执行期满未逾五年，或者因犯罪被剥夺政治权利，执行期满未逾五年；③担任破产清算的公司、企业的董事或者厂长、经理，对该公司、企业的破产负有个人责任的，自该公司、企业破产清算完结之日起未逾三年；④担任因违法被吊销营业执照、责令关闭的公司、企业的法定代表人，并负有个人责任的，自该公司、企业被吊销营业执照之日起未逾三年；⑤个人所负数额较大的债务到期未清偿。公司违反前款规定选举、委派董事、监事或者聘任高级管理人员的，该选举、委派或者聘任无效。董事、监事、高级管理人员在任职期间出现本条第一款所列情形的，公司应当解除其职务。

第一百四十八条 董事、监事、高级管理人员应当遵守法律、行政法规和公司章程，对公司负有忠实义务和勤勉义务。

董事、监事、高级管理人员不得利用职权收受贿赂或者其他非法收入，不得侵占公司的财产。

第一百四十九条 董事、高级管理人员不得有下列行为：

（一）挪用公司资金；

（二）将公司资金以其个人名义或者以其他个人名义开立账户存储；

（三）违反公司章程的规定，未经股东会、股东大会或者董事会同意，将公司资金借贷给他人或者以公司财产为他人提供担保；

（四）违反公司章程的规定或者未经股东会、股东大会同意，与本公司订立合同或者进行交易；

（五）未经股东会或者股东大会同意，利用职务便利为自己或者他人谋取属于公司的商业机会，自营或者为他人经营与所任职公司同类的业务；

（六）接受他人与公司交易的佣金归为己有；

（七）擅自披露公司秘密；

（八）违反对公司忠实义务的其他行为。

董事、高级管理人员违反前款规定所得的收入应当归公司所有。

一百五十条　董事、监事、高级管理人员执行公司职务时违反法律、行政法规或者公司章程的规定，给公司造成损失的，应当承担赔偿责任。

第一百五十一条　股东会或者股东大会要求董事、监事、高级管理人员列席会议的，董事、监事、高级管理人员应当列席并接受股东的质询。

董事、高级管理人员应当如实向监事会或者不设监事会的有限责任公司的监事提供有关情况和资料，不得妨碍监事会或者监事行使职权。

第一百五十二条　董事、高级管理人员有本法第一百五十条规定的情形的，有限责任公司的股东、股份有限公司连续180日以上单独或者合计持有公司百分之一以上股份的股东，可以书面请求监事会或者不设监事会的有限责任公司的监事向人民法院提起诉讼；监事有本法第一百五十条规定的情形的，前述股东可以书面请求董事会或者不设董事会的有限责任公司的执行董事向人民法院提起诉讼。

监事会、不设监事会的有限责任公司的监事，或者董事会、执行董事收到前款规定的股东书面请求后拒绝提起诉讼，或者自收到请求之日起30日内未提起诉讼，或者情况紧急、不立即提起诉讼将会使公司利益受到难以弥补的损害的，前款规定的股东有权为了公司的利益以自己的名义直接向人民法院提起诉讼。

他人侵犯公司合法权益，给公司造成损失的，本条第一款规定的股东可以依照前两款的规定向人民法院提起诉讼。

第一百五十三条　董事、高级管理人员违反法律、行政法规或者公司章程的规定，损害股东利益的，股东可以向人民法院提起诉讼。

 资料四

股份的种类

根据不同的标准，股份可以分为以下不同的种类。

（1）依据股东权限的不同分为普通股和优先股。普通股是股份中最基本最重要的一种。优先股的股东在某些方面享有比普通股有更优先的权利。具体表现在：优先分得股息，在公司解散时可优先分得剩余财产。但优先股的股息是固定的，与公司的经营状况无关，一般没有表决权。而普通股的股息与公司盈利多少直接相关，当公司盈利多时，获得股息多，当公司盈利少或亏损时，获得股息就少，甚至没有。但是普通股的股东对公司的重大问题享有表决权。

（2）依据股东是否记名分为记名股和不记名股。凡在股票上记载股东姓名或名称的为记名股；未记载股东姓名或名称的为无记名股。

（3）依据股票面上是否记载金额分为有票面金额股和无票面金额股。凡在股票上标明其价值的股份为有票面金额股；未标明价值的股份为无票面金额股。

思考与练习

一、填空题

1. 商事组织的形式主要有三种：_____、_____和_____。
2. 个人企业的名称中不能出现_____和_____字样。
3. 我国《合伙企业法》规定，有限合伙企业由_____和_____组成。
4. 根据股东对公司所负责任的不同，可将公司划分为_____、_____、_____和_____。
5. 广义上的公司资本是指_____和_____。
6. 一人有限责任公司不设_____。
7. 我国《公司法》规定，有限责任公司的股东人数应为_____。
8. 股东会的普通决议事项由出席会议的股东所持表决权的_____通过，对于特别决议事项，须由出席会议的股东所持表决权的_____通过。
9. 特别决议事项包括_____、_____或者_____和_____等。
10. 我国的三资企业是指_____、_____、_____。

二、判断题

1. 独资企业的投资主体可以是一个自然人或一个法人。 （   ）
2. 独资企业的出资人对企业债务承担无限清偿责任。 （   ）
3. 合伙企业不具有法人资格。 （   ）
4. 有限合伙企业的有限合伙人可以劳务出资。 （   ）
5. 入伙、退伙必须经全体合伙人同意。 （   ）
6. 退伙以后，退伙人就无需再对合伙企业的债务承担清偿责任。 （   ）
7. 我国公司法规定，有限责任公司的注册资金为 3 万元人民币。 （   ）
8. 股份有限公司的设立可以采取发起设立或募集设立的方式。 （   ）

三、选择题

1. 依一般法理，个人独资企业的投资者要对企业债务承担（   ）。
   A．有限责任　　　　B．无限责任　　　C．连带责任　　　D．无限连带责任
2. 下列事项中，按照《合伙企业法》规定，不必经合伙企业全体合伙人一致同意的（   ）。
   A．处分合伙企业的不动产
   B．改变合伙企业名称
   C．合伙人之间转让在合伙企业中的财产份额
   D．合伙人以其在合伙企业中的财产份额出资

3. 在普通合伙中，未经全体合伙人协商一致，合伙人不可以用（　　）出资。

    A. 现金　　　　　　　B. 银行存款　　　　　　C. 实物　　　　　　D. 劳务

4. 依大陆法，合伙人之间如对任何一个合伙人的权利有所限制，不得用以对抗（　　）。

    A. 不知情的第三人　　　　　　　　　B. 知情第三人

    C. 恶意第三人　　　　　　　　　　　D. 知情第三人的代理人

5. 下列企业中，出资人对企业债务承担无限责任的是（　　）。

    A. 普通合伙企业　　　　　　　　　　B. 有限责任公司

    C. 股份有限公司　　　　　　　　　　D. 国有工业企业

6. 根据《公司法》规定，规模较小，不设董事会的有限责任公司，其法定代表人为（　　）。

    A. 总经理　　　　　　B. 执行董事　　　　　C. 监事　　　　　D. 财务负责人

7. 股东大会对公司合并、分立或者解散作出决议及修改公司章程，必须经出席股东大会的股东所持表决权的（　　）以上通过。

    A. 1/2　　　　　　　B. 1/3　　　　　　C. 2/3　　　　　D. 3/4

8. 根据公司法的规定，下列人员中，可以担任有限责任公司监事的是（　　）。

    A. 本公司董事　　　　　　　　　　　B. 本公司经理

    C. 本公司财务负责人　　　　　　　　D. 本公司股东

9. 甲、乙、丙、丁为某合伙企业的合伙人。现有如下情况：①甲死亡，戊为其继承人；②乙因吸毒，已耗尽家财；③丙在执行事务中有贪污企业财产的行为。依据法律规定，以下判断中，哪一个是正确的？（　　）

    A. 乙当然退伙

    B. 在乙退伙后，经丙、丁同意，戊可以成为合伙人

    C. 戊若成为合伙人，丁、戊可劝丙退伙，但无权将其除名

    D. 戊若为合伙人，可以和丁一起决定将丙除名

10. 股份有限公司以其（　　）为限，对公司承担责任；公司以其全部资产，对公司的债务承担责任。

    A. 自有资产　　　　　B. 全部资产　　　　　C. 流动资金　　　　D. 持有股份

四、简答题

1. 简述个人企业的概念与法律特征。

2. 简述合伙企业的概念及其设立条件。

3. 简述公司的法律特征。

4. 比较有限责任公司与股份有限公司组织机构的异同。

五、案例分析

1. 甲个人投资 10 万元经营 A 服装企业，后因忙于其他事业，于是聘请乙为其管理，

并约定 2 万元内的业务由乙自行处理，后乙未经甲同意以 A 企业的名义与丙签订了一份 3 万元购买服装的合同。由于经营不善，A 企业连年亏损，负债累累，企业很难继续维持，于是甲准备解散并清算。丙听说 A 企业要解散的消息后，找到甲要求偿还所欠的服装货款 3 万元，但甲认为合同是乙超过其授权范围签订的，未经过甲的同意，且企业已经资不抵债，拒绝偿还。丙又找乙，乙认为他只是受聘于 A 企业，所以 A 企业的债务与他无关。

问：（1）甲的观点是否正确？为什么？

（2）丙如何追偿其债务？

2. 2000 年 1 月，甲、乙、丙三人开办了合伙企业，甲出资 3 万元、乙出资 2 万元，丙以劳务出资，合伙协议订立得比较简单，未约定利润分配和亏损分担比例，只约定三人共同管理企业。2000 年 6 月，甲想把自己的一部分财产份额转让给丁，乙同意但丙不同意，因多数合伙人同意丁入伙成为新的合伙人，丙便提出退伙，甲、乙表示同意丙退伙，丁入伙。此时，该合伙企业欠长城公司货款 3 万元一直未还。2000 年 10 月，甲私自以合伙企业的名义为其朋友的 4 万元贷款提供担保，银行对甲的私自行为并不知情。2001 年 4 月，由于经营不善，该合伙企业宣告解散，企业又负债 9 万元无法清偿。

根据案情，请回答下列问题：

（1）丁认为长城公司的欠款是其入伙之前发生的，与自己无关，自己不应该对该笔债务承担责任，丁的看法是否正确？

（2）丙认为其早已于 2000 年 6 月退伙，该合伙企业的债务与其无关，丙的看法是否正确？

（3）若甲的朋友到期不能清偿贷款，银行是否有权要求合伙企业承担担保责任？

（4）若其他合伙人在得知甲私自以合伙企业的财产提供担保后一致同意将其除名，该决议是否有效？

（5）在合伙企业清算后，长城公司、贷款银行和该合伙企业的债权人认为乙个人资金雄厚，要求其做全部的清偿，这些债权人的要求是否可以得到支持？

（6）乙满足了合伙企业债权人的要求后，甲的朋友向乙支付了 4 万元，乙应如何向其他合伙人进行追偿？

3. 甲和乙共同出资 20 万元设立兴达有限责任公司。由于公司股东人数较少，于是决定任命甲为执行董事，乙为财务负责人，并兼任监事。因公司开拓市场需要，决定聘请在人事局工作的好友丙兼任公司经理。此时丙正好与丁做一笔生意，准备赊购一批男士西服贩卖，于是欣然同意任该公司的经理。上任后，正巧丁要求丙提供担保，于是，丙便用兴达有限责任公司的资产提供了担保。货到后，未经任何人同意，丙便与兴达有限责任公司签订合同，用公司名义将他所贩卖的男士西服全部买下，从中获利 5 万元。由于库存货物的大量积压，使兴达有限责任公司的流动资金严重短缺，执行董事甲才了解真实情况。

问：（1）该案中董事、监事及高级管理人员的任职上有何不妥？

（2）该案中董事、监事及高级管理人员有哪些违反法律规定的行为？应如何处理？

第三章　国际货物买卖合同法

　　在国际商贸活动中，最频繁的就是国际货物的买卖行为，而所有的国际货物买卖行为都必须借助于国际货物买卖合同来加以规范和约束。在国际货物买卖活动的当事人之间产生矛盾的时候，也需要借助于他们之间所签订的合同来确定对相应的权利、义务及责任。为了更好地规范国际货物买卖的当事人的行为，使他们依据合同所确立起来的权利义务关系得到有效的实现，长期以来，各国及很多国际组织都加紧了国际货物买卖方面的立法，从而使国际货物买卖活动得以顺利进行。

课前案例思考

　　香港 A 商行于 2006 年 10 月 20 日来电向上海 B 公司发盘出售木材一批，发盘中列明各项必要条件，但未规定有效期。B 公司于当天（20 日）收到来电，经研究后，于 22 日上午 11 日时整向上海电报局交发对上述发盘表示接受的电报，该电报于 22 日下午 1 时整送达香港 A 商行。在此期间，因木材价格上涨，香港 A 商行于 22 日上午 9 时 15 分向香港电报局交发电报，其电文如下："由于木材价格上涨，我 10 月 20 日发盘撤销。" A 商行的电报于 22 日上午 11 时 20 分送达 B 公司。试问：①根据有关国际贸易法律，A 商行是否已成功地撤销了 10 月 20 日的发盘？为什么？②A 商行与 B 公司之间是否已成立了合同？为什么？

第一节　合同法知识简介

一、合同的概念

　　依据我国《合同法》的规定：合同是平等主体的自然人、法人、其他组织之间设立、变更、终止民事权利义务关系的协议。

　　自然人包括中国人、外国人和无国籍人；法人是指依法成立，能够独立享有民事权利和承担民事义务的组织，包括公司、企业事业单位、机关、团体等；其他组织是指不具备法人资格的合伙企业以及个人独资企业等。大陆法系认为意思表示一致即成立合同；英美法系认为合同是双方一个或一系列的许诺而构成的。

　　合同所涉及的民事权利义务关系主要指财产关系。婚姻、收养、监护等有关身份关系的协议，不适用我国《合同法》的规定。

二、合同的分类

（一）合同按法律、法规是否对其名称做出规定分成

　　按照法律、法规是否对其名称做出规定为标准，分为有名合同和无名合同。

（二）合同按是否以交付标的物为成立标准分成

　　按照法律规定是否交付标的物才能成立为标准，分为诺成合同和实践合同。

（三）合同按是否要求具备特定形式和手续为标准分成

　　按照法律法规是否要求具备特定形式和手续为标准，分为要式合同和不要式合同。

（四）合同按双方是否互负义务分成

按照双方是否互负义务，分为双务合同和单务合同等。

例如：进出口买卖货物的合同是有名合同，因为《合同法》分则中有关于买卖合同的规定；刘某与李某约定将电视交李某保管，刘某外出匆忙未将电视交给李某，双方之间的保管合同不成立，因为他们的合同是实践合同，只有交付标的物时，合同才成立；贾某到银行贷款，让谢某做他的保证人，谢某口头答应，但这个担保无效，因担保合同是要式合同，必须采用书面形式；赵某将自行车送给周某，周某不需要承担什么义务，因为他们的合同是赠与合同，属单务合同。

（五）合同依据其有无法律约束力分成

根据我国合同法的规定，合同可以分成以下效力类型：有效合同（包括附条件的合同、附期限的合同）；无效合同；可撤销、可变更合同；效力未定合同。《联合国国际货物销售合同公约》对合同的效力问题没有涉及。

1. 有效合同

有效合同是指依法订立，对双方当事人甚至第三方具有法律的约束力的合同。一个有效合同应当具备法律规定的条件，才会产生约束力。具体内容参看后面合同的生效条件。

2. 无效合同

无效合同是指严重欠缺合同的合法性而自始、绝对不能发生法律效力的合同。不具备法律规定生效条件的合同，不能发生有效合同的效力，而会发生另外的法律后果。

3. 可撤销合同

可撤销合同是指因合同当事人订立合同时意思表示不真实，经有撤销权的当事人行使撤销权，使已经生效的意思表示归于无效的合同。

（1）撤销权的期限。撤销权的行使是有一定限制的。有下列情形之一的，撤销权消灭：①具有撤销权的当事人自知道或者应当知道撤销事由之日起一年内没有行使撤销权；②具有撤销权的当事人知道撤销事由后明确表示或者以自己的行为放弃撤销权。

（2）撤销的法定事由。依《合同法》，下列合同当事人一方有权请求人民法院或者仲裁机构变更或者撤销：①重大误解；②显失公平；③乘人之危；④欺诈；⑤胁迫。

（3）撤销的后果。无效的合同或者被撤销的合同自始没有法律约束力。合同部分无效，不影响其他部分效力的，其他部分仍然有效。合同无效、被撤销或者终止的，不影响合同中独立存在的有关解决争议方法的条款的效力。如仲裁条款的效力，不因合同的变更、解除、无效受影响。

合同无效或者被撤销后，因该合同取得的财产，应当予以返还；不能返还或者没有必要返还的，应当折价补偿。有过错的一方应当赔偿对方因此所受到的损失，双方都有过错的，应当各自承担相应的责任。当事人恶意串通，损害国家、集体或者第三人利益而取得的财产，收归国家所有或者返还集体、第三人。

4. 效力未定合同

效力未定的合同是指已成立的合同因欠缺一定的生效要件，其生效与否，尚未确定，须经过补正方可生效，在一定的期限内不予补正则为无效的合同。导致合同效力未定的原因主要是因为合同主体资格的欠缺所致，如限制民事行为能力人、无权代理人、无处分权人处分他人财产所订立的合同，需要经过法定代理人、被代理人、有处分权人的追认。

效力未定合同、可撤销合同与无效合同的区别在于：从效力状态上，效力未定合同的效力在追认前处在不确定的状况；可撤销合同在撤销前合同仍有效，撤销后合同自始无效；无效合同从一开始就没有法律约束力，无须行使撤销权。从导致的原因上，效力未定合同一般是因当事人不具有订约的行为能力；可撤销合同一般是当事人的意思表示不真实而致，撤销权由因意思表示不真实而受损的一方当事人享有；无效合同则是当事人的行为违反法律或公共利益。

案例分析 3-1

中国甲方与俄罗斯乙方约定，甲方向乙方购买带有放射性的军事旧物品。货款为240万元，交款提货，并约定乙方须出具一般废旧物品的文件，以便甲方可以办理进口手续。在合同履行时，甲方借口手头一时紧，只付了150万元即提走了全部货物。乙方一再催讨无效，遂向人民法院起诉，要求甲方如数支付拖欠的货款。

[问题思考]

（1）该购销合同是否有效？理由何在？
（2）双方各自返还财物给对方，是否可以？为什么？
（3）该购销合同若为无效，其无效应从何时开始？

[分析提示]

（1）合同无效，因为交易的标的物违法。
（2）不可以，因为他们是恶意串通的、损害国家利益的行为，应收归国家。
（3）无效合同从订立起就没有法律约束力。

三、合同法的概念及基本原则

合同法是指调整平等主体的自然人、法人、其他组织之间设立、变更、终止合同关系的法律规范的总称。

合同法的基本原则，是适用于合同行为、合同关系以及合同司法等活动的基本准则。

（一）合同自由原则

合同自由原则是指当事人可以依法自主自愿地选择对方当事人，就某一交易活动或合同标的平等协商，以约定方式缔结合同的权利或自由。在合同法上又称为契约自由。

（二）平等、公平原则

平等原则是指合同当事人在交易活动中的法律地位平等的原则。公平原则是指合同当事人在交易活动中，以公正平等为交易准则，协议和确定双方的合同权利和合同义务。

（三）诚实信用原则

诚实信用原则是指合同当事人按照社会生活中具有普遍意义的公平、真诚与恪守信用的规则进行交易活动，订立和履行合同的原则。

（四）守法与合同受保护原则

守法原则是指合同的订立、履行、变更和解除、终止，其内容和形式应当符合法律规定的原则。合同受保护原则是指依法成立的合同，对当事人具有法律约束力，当事人非于双方协商一致或依法不得变更或者解除合同，以及合同外第三人非依法律规定不得阻碍合同义务履行的原则。举例如下：

某市煤气公司更换煤气表，要求用户购买指定品牌的煤气表，这行为违反了合同自由的原则；小李找工作，用人单位给他看的合同上有出现伤亡不负责的条款，这是不公平的合同；刘某到手机店买手机，店方告诉他为新手机，用了几天后出故障，修理时才知是二手机，这违反了诚信原则；张某从王某处购买手枪一把，他们的合同违反了法律的强制性规定。

第二节　合同的订立及生效

合同的订立就是双方当事人意思表示一致的过程，这个过程往往是通过一方当事人发出要约，另一方表示承诺进行的。合同订立的过程及形式合法是合同成立、有效的基础。合同的订立是一个动态的过程，合同的成立则是静态的结果，合同的效力是法律对合同的认可。有了合同订立过程才会有成立的结果，有合同成立才可能有法律约束力。

一、合同的形式

合同的形式是指当事人之间就明确权利义务所达成协议的外在表现形式，是合同内容的外在载体。具体有书面形式、口头形式和其他形式。书面形式是指合同书（包括销售确认书、订单、协议书）、信件和数据电文（包括电报、电传、传真、电子数据交换和电子邮件）等可以有形地表现所载内容的形式。口头合同指当事人之间通过对话方式达成协议的形式，包括当面洽谈和电话协商。其他形式指当事人之间通过行为推定合同成立的形式。

我国《合同法》对合同的形式主要采用不要式，即除了法律规定的（如国际货物买卖合同、技术进出口合同、技术合同、建设工程合同等）应当采用书面形式外，其他合同的形式由当事人自己约定。《联合国国际货物销售合同公约》规定：国际货物买卖合同无需以书面形式订立或以书面形式来证明，在形式方面不受任何其他条件的限制。大陆法系国家中，德国、法国对大多数商事合同采用不要式，少数合同以特定的形式（如书面、公证）为合同成立的证据或有效的依据，所涉及的合同主要在土地买卖、赠与、抵押等方面。英美法系中，把合同分为签字蜡封合同和简式合同，前者为要式合同即法律对合同的形式有规定，后者为不要式即法律对此没有形式要求。英国、美国对大多数商事合同采用不要式，只是在土地转让、汇票、海上保险合同、保证、金钱借贷等应采用书面形式，否则无效或不能强制执行。

二、要约

要约，又称发价或发盘，是指希望和他人订立合同的意思表示（我国《合同法》的规定）。《联合国国际货物销售合同公约》规定：向一个或一个以上特定的人提出的订立合同的建议，如果内容十分确定，并且表明发价人有当其发价一旦被接受就将受其约束的意思，即构成发价。这种意思可以用书面方式、口头方式或其他方式来表示。

（一）要约生效的条件

1. 内容具体、肯定

要约（即发价）一般应包括合同的主要条件，如商品的名称、价格、数量、品质或规格、交货日期和地点以及付款的条件，对方一旦接受，合同即成立。这并不表示，发价人需把合同中的所有内容详尽无遗的列在发价中。《美国统一商法典》规定：发价主要应确定货物的数量或确定数量的方法即为有效。《联合国国际货物销售合同公约》规定：发价内容必须十分确定。所谓"十分确定"是指必须符合《联合国国际货物销售合同公约》的最低限度要求。这个要求包含以下三个内容。

（1）应当载明货物的名称。如新疆库尔勒香梨、河南中牟大蒜。

（2）应当明示或默示地规定货物的数量或如何确定数量的方法。如某型号铝锭500公吨，或某区域某时段的所有产量。

（3）应当明示或默示地规定货物的价格或如何确定价格的方法。如 USD1.8/公斤小麦，此为固定价或板价，以某时的某交易所的平均价来确定的价格叫活价或开口价。

2. 要约对要约人有约束力

表明一经受要约人承诺，要约人即受该意思表示的约束，不能随意取消或改变要约的内容。如果发价人在其发价中附有某种保留条件，表明即使"发价"被接受，他也不受任何约束的，这不是要约，而是要约邀请。如：以我公司确认为准；或以我方或未售出为准；或仅供参考；或以我方取得出口许可证为准等字样。

要约邀请，又称要约引诱，俗称虚盘，即没有约束力的发盘。与要约不同的是：要约的目的在于订立合同，其作用是得到受要约人的承诺，而一经受要约人承诺，合同即告成立；要约邀请没有约束力，目的在于希望他人向自己发出要约，由自己取得承诺的资格。一般来说，商品价目表、拍卖公告、招股说明书、商业广告等为要约邀请。各国对商业广告一般都认为不是要约，因为它是向公众发出的，而不是向特定人发出的。但英美法国家的有些判例则认为：如果广告的内容十分明确、肯定，在某些情况下，也可视为发价。《联合国国际货物销售合同公约》、我国《合同法》在商业广告上，也有与英美法类似的规定：如果广告中的建议符合发价的要求，则这项建议视为发价。另外，虽有订约的意思表示，但不具备要约的生效条件的，也视为是要约邀请。现举以下几个例子来说明：

甲向乙提出：愿意出售自己的某型号的 MP3，售价大约在 USD140～150 元之间，因价格不明确、肯定，所以此为要约邀请；张某在互联网上贴出一张告示，说本公司有 10 台旧电脑要卖，价格面谈。此告示为广告，所为为要约邀请。

3. 要约到达受要约人时生效

根据《合同法》第十六条规定，要约到达受要约人时生效。各国法律及《联合国国际货物销售合同公约》对要约生效的时间没有分歧，因为只有受要约人收到要约并了解要约的内容后，才有可能接受它。

（二）要约的撤回、撤销与失效

1. 要约的撤回

要约的撤回是指要约未生效前，要约人取消或修改其要约。撤回要约的通知应当在要约到达受要约人之前或者与要约同时到达受要约人。此时要约尚未发生法律效力，撤回要约不会对受要约人产生任何影响。例如：要约于 2007 年 1 月 5 日发出，应于 1 月 10 日到达，撤回要约的通知于 1 月 7 日发出，当日到达。通知比要约先到受要约人处，该要约被撤回。各国法律及《联合国国际货物销售合同公约》均规定要约未生效前可取消或修改，即任何要约生效前都可撤回，只要撤回通知在要约到达受要约人前或与要约同时到达受要约人。《联合国国际货物销售合同公约》规定：即使发价是不可撤销的，也可以撤回。《国际货物买卖合同成立统一法公约》第 5 条规定：未送达到受盘人的发盘，对发盘人没有约束力。如果撤回发盘的通知先于发盘或同时到达受盘人，发盘可以撤回。

2. 要约的撤销

要约到达受要约人后即生效，要约人此时取消或修改要约的，叫要约的撤销。我国《合同法》、《联合国国际货物销售合同公约》原则上允许撤销要约，但撤销要约的通知应当在受要约人发出承诺通知之前到达受要约人；大陆法系的德国等（法国除外）国家，认为要约生效后即有法律约束力，不能撤销；英美法系则认为要约即使已生效，只要在受要约人未作出接受前均可撤销，即使发价人表明该发价为不可撤销或在发价中规定了有效期。为保护受要约人的利益，我国《合同法》规定有下列情形之一的，要约不得撤销：①要约人确定了承诺期限或者以其他形式明示要约不可撤销；如"本发价于 2 月 8 日前接受有效"、"本发价为不可撤销"等字样。②受要约人有理由认为该要约是不可撤销的，并已经为履行合同做出准备工作。

3. 要约失效

我国《合同法》第 20 条规定，有下列情形之一的，要约失效。

（1）拒绝要约的通知到达要约人。

（2）要约人依法撤销要约。

（3）承诺期限届满，受要约人未作出承诺。

（4）受要约人对要约的内容作出实质性变更。

案例分析 3-2

美国 A 公司于 7 月 2 日向中国 B 公司发出书面要约："购买芦笋罐头 1 000 箱，每箱 10 罐，圆形铁罐装，每罐 0.5 公斤，US$1.5/罐，有效期至 7 月 8 日"。该要约于 7 月 3 日送达 B 公司后，因行情发生变化，A 公司于 7 月 4 日以传真形式发出撤销要约的通知。B 公司于 7 月 6 日作出承诺："同意出售 1 000 箱芦笋罐头，每箱 10 罐，圆形铁罐装，每罐 0.5 公斤"。A 公司于当天收到后未做任何表示。

[问题思考]

（1）根据《联合国国际货物销售合同公约》的规定，A 公司撤销要约是否有效？为什么？

（2）合同是否成立？为什么？

[分析提示]

要约没有撤销。因为该要约规定了承诺的期限，依《联合国国际货物销售合同公约》规定，要约不能撤销。要约没有被撤销，受要约人表示接受，合同成立。

案例分析 3-3

我国 A 公司拟参加某宾馆室内装修投标，为更准确地估算投标标底，向美国 B 公

司询价购买 300 套卫浴设备，并说明："这一询价是为了更准确地估算投标的价格，投标日期为 8 月 8 日，开标日期为 8 月 25 日。" B 公司于 8 月 1 日向 A 公司发出出售 300 套卫浴设备的要约。A 公司认为价格合理，据此计算标底，并于 8 月 8 日递交了投标书。但 B 公司发出要约后，因货源紧张，价格上涨，遂于 8 月 15 日发出撤销要约的通知。A 公司收到后当即表示不同意撤销要约。8 月 25 日开标时，A 公司中标。A 公司于 8 月 26 日对 B 公司 8 月 1 日的要约做出承诺。B 公司回电称其要约已经撤销，合同不成立，而 A 公司则坚持合同成立。

[问题思考]

请根据《联合国国际货物销售合同公约》分析 A，B 公司之间的合同是否成立？为什么？

[分析提示]

合同成立。理由是 A 公司在询盘中已经说明 B 公司的发价的目的，B 公司在已知此目的的情况下，仍向 A 公司发价，A 公司有理由相信 B 公司的发价不会撤销，并本着信任，将发价中的报价计算到投标书中。因此，B 公司的发价是不可撤销的。

三、承诺

承诺即接受，是指受要约人同意要约的意思表示。该意思可以用书面方式、口头方式或其他方式表示，如发货、开立信用证的行为等。通常缄默不能视为承诺，但双方当事人事先有约定或依照交易习惯做法时，可以作为承诺的方式。如合同双方为长期客户关系，一方每次发盘，另一方只需发货接受即可，如果某次发盘后，另一方虽未答复，但也视为承诺。一般承诺一经生效，合同就成立。

（一）承诺应当具备的条件

1. 承诺必须由受要约人作出

受要约人是指要约发出的对象，其他人对要约的完全同意不是承诺。受要约人收到要约后，便有权做出接受与否的决定，同时受要约人的承诺必须向要约人作出。

2. 承诺的内容必须与要约的内容一致

据两大法系传统理论，承诺的内容应与要约完全一致，这是传统的镜像原则，既像镜子一样反映出要约的内容。这个原则已经不适应经济的发展。所以以《美国统一商法典》对镜像原则作了适当修改，根据该法典第 207 条规定，在商人之间，如果受要约人在承诺中附加了某些条款，承诺仍可有效，这些附加条款得视为合同的一个组成部分，除非：①要约中已明确规定承诺时不得附加任何条件；②这些附加条件对要约的内容作了重大修改；③要约人在接到承诺通知后已在合理时间内作出拒绝这些附加条件的通知。

我国《合同法》规定：承诺的内容应当与要约的内容一致。受要约人对要约的内容作出实质性变更的，为新要约。有关合同标的、数量、质量、价款或者报酬、履行期限、履行地点和方式、违约责任和解决争议方法等的变更，是对要约内容的实质性变更。承诺对要约的内容作出非实质性变更的，除要约人及时表示反对或者要约表明承诺不得对要约的内容作出任何变更的以外，该承诺有效，合同的内容以承诺的内容为准。《联合国国际货物销售合同公约》、《国际货物买卖合同成立统一法公约》规定：①凡是对发盘包含有附加条件或修改的接受，均视为是对发盘的拒绝，并构成还盘；②但是，对发盘表示接受，但载有添加或不同条件的接受，如所载的添加或不同条件，在实质上并不变更该项发盘的条件，仍构成接受，除非发盘人迅速表示反对外。如果发盘人不表示反对，合同的条件就以该项发盘的条件以及接受通知内所载更改为准。

3. 承诺应在规定的期限内作出

受要约人应在要约规定的时间内，或要约无规定时间时在合理的时间作出接受。如果承诺超过要约规定的有效期则为"迟到的承诺"，"迟到的承诺"不是有效的承诺，而是一项新的要约，须经原要约人承诺后，合同方可成立。除非承诺逾期是由于受要约人之外的原因造成的接受迟到。《国际货物买卖合同成立统一法公约》规定：如果载有逾期接受的信件或其他书面文件表明它是在传递正常能及时送达发盘人的情况下发出的，则该项逾期接受具有接受的效力，除非发盘人毫不迟延地用口头或书面通知了受盘人，认为他的发盘已经失效。《国际商事合同通则》、中国《合同法》均规定，受要约人在要约的有效期内发出承诺，按照通常情形能够及时到达要约人，但因其他原因承诺到达要约人时超过要约期限的，要约人及时通知受要约人因承诺超过期限不接受该承诺的以外，该承诺有效。

承诺的期限：承诺应当在要约规定的期限内到达要约人。要约没有确定承诺期限的，承诺应依照下列规定到达：①要约以口头方式作出的，应当即时作出承诺，但当事人另有约定的除外；②要约以书面或其他方式作出的，承诺应当在合理期限内到达或作出。

4. 承诺应按要约要求的形式作出

如果要约人在要约中对承诺的方式有具体规定，则承诺应按规定的方式作出，否则承诺无效；如果要约人在要约中对承诺的方式没有规定，则受要约人可以按照要约采用的方式或比其更为快捷的通讯方式作出；根据交易习惯，受要约人还可以通过一定行为作出承诺。

案例分析 3-4

2002 年 7 月 17 日，中国某进出口公司 A 欲出售一批农产品 C512，于是向美国某公司 B 发出要约："报 C512，300 公吨，即期装船。不可撤销即期信用证付款，每公

吨 CIF 纽约 US$900，7月25日前电复有效。"美国公司 B 于 7 月 22 日复电如下："接受你方 7 月 17 日要约（条件如上，略），除通常的装运单据以外，要求提供产地证、植物检疫证明书，适合海洋运输的良好包装。"过了一段时间，B 未见 A 有回电，又于 8 月 3 日去电询问 A 是否收到 7 月 22 日电。A 于 8 月 10 日复电如下："你 7 月 22 日电收悉。由于你方变更了我方 7 月 17 日要约，致该要约失效。十分抱歉，由于世界市场价格变化，收到你 22 日电后，我货已另行出售。"B 又致电 A，重申买卖合同业已成立。其要求 A 履行已成立的合同，否则将请求 A 赔偿违约给其造成的经济损失。A 坚持认为合同没有成立。B 见磋商无结果，遂向我国某市中级人民法院起诉，要求 A 实际履行双方买卖合同。

[问题思考]

依据《联合国国际货物销售合同公约》，双方之间的合同是否已经成立？

[分析提示]

合同成立。理由是 B 公司虽然对要约的内容作了附加，没有完全接受，原则上是还盘。但《联合国国际货物销售合同公约》又规定：承诺附加条件的，只要在实质上不改变要约的条件，要约人又没有及时反对的，承诺有效。本案中，A 公司不同意 B 的附加条件，应及时提出反对，A 因此丧失了宣布合同不成立的机会。

案例分析 3-5

在广交会某天上午，一美国商人对我国某公司展厅的工艺挂件进行询问，我方业务员口头向他报出交易的条件，对此美国商人没有表示。随后公司根据市场的行情，将价格作了适当的上调。当天下午，美商又来到展厅，表示接受上午的报价，我方业务员拒绝。

[问题思考]

我方业务员能这样拒绝吗？为什么？

[分析提示]

我方业务员可以拒绝。因为口头要约应立即承诺，除非要约人规定要约的期限。本案中，美商并没有立即承诺，要约已经过期。

（二）承诺的生效时间

承诺生效的时间，各法系有不同的规定。大陆法系国家认为承诺到达要约人时生效；英美法系国家则认为承诺投邮时生效；我国法律与《联合国国际货物销售合同公约》在这方面与大陆法系相同，即承诺到达要约人时生效。其中承诺以通知作出的，通知到达要约人时生效；承诺不需要通知的，根据交易习惯或者要约的要求以作出承诺的行为时生效。如：要约人规定接受方以发货为承诺的，接受方发出货物时承诺生效。

（三）承诺的撤回及撤销

承诺生效前，承诺人取消或修改承诺的，叫承诺的撤回。承诺可不可以撤回，要看依据的是哪个国家法律规定。依据英美法系的规定，承诺发出时即生效，无法撤回。大陆法系国家法律、我国法律、《联合国国际货物销售合同公约》允许对以书面通知方式作出的承诺撤回。撤回承诺的通知应当在承诺通知到达要约人之前或者与承诺通知同时到达要约人。例如：受要约人于 2007 年 1 月 12 日发出接受函，该函应于 1 月 15 日到达，1 月 13 日受要约人又发出一通知取消 12 日的接受，该通知于当日到达，此承诺被撤回。但即使是在允许撤回承诺的国家，仍规定以行为作出承诺时不可撤回，因行为作出时承诺就生效。

承诺不可以撤销，因为承诺已经生效，合同一般是在承诺生效时成立。

案例分析 3-6

我国某公司应荷兰某商人请求，报出某初级产品 200 公吨，每公吨 CIF 鹿特丹人民币 1 950 元，即期装运的实盘，对方接到我方报盘后，没有表示承诺，而再三请求我方增加数量，降低价格，并延长有效期，我方曾将数量增至 300 公吨，价格每公吨 CIF 鹿特丹减至人民币 1 900 元，有效期两次延长，最后延至 7 月 25 日，荷商于 7 月 22 日来电接受该盘，但附加了包装条件为"需提供良好适合海洋运输的袋装"，我方在接到对方承诺电报时复电称："由于世界市场的变化，货物在接到承诺电报前已售出。"但对方不同意这一说法，认为承诺在要约有效期内作出，因而是有效的，坚持要求我方按要约的条件履行合同。

[问题思考]

（1）荷兰方 7 月 22 日前多次修改要约的行为，如何认定？

（2）我方可以拒绝对方供货的要求吗？为什么？

[分析提示]

（1）荷兰方多次修改要约的行为属于对要约的实质性修改，构成还盘，视为荷兰方发出的要约。

（2）我方不可以拒绝对方的要求。荷兰方面在接受我方公司的实盘中附加了包装条件，如此时中方以外方对承诺附加了修改条件为由，否认承诺的有效性，主张反要约的构成，合同不成立。而中方却没有以此为由，所以合同成立。

四、合同成立的时间及地点

合同成立的时间与地点有以下几种情况。

（一）一般规则

合同成立，在没有约定或规定时，承诺生效就产生合同。因此承诺生效的时间就是合同成立的时间，承诺生效的地点为合同成立的地点。

（二）当事人采用信件、数据电文等形式订立合同的

当事人采用信件、数据电文等形式订立合同的，在合同成立之前要求签订确认书或以实现其他条件为成立前提的，签订确认书或条件实现的时间和地点即合同成立的时间和地点。采用数据电文形式订立合同的，收件人的主营业地为合同成立的地点。

（三）当事人采用合同书形式订立合同的

当事人采用合同书形式订立合同的，自双方当事人签字或者盖章时合同成立，双方当事人签字或者盖章的地点为合同成立的地点。

（四）当事人采用行为方式订立合同的

法律、行政法规规定或者当事人约定采用书面形式订立合同，当事人未采用书面形式，或约定采用合同书形式订立合同的，在签字或盖章之前，当事人一方已经履行主要义务，对方接受的，接受的时间为该合同成立的时间，接受的地点即合同成立的地点。

案例分析 3-7

光明制衣厂（以下简称甲方）为生产高档毛衣向大华机械厂（以下简称乙方）订购一套机织设备。双方本应按照约定签订书面合同，但由于乙方说没关系，表示肯定能够在两个月内送货上门，并安装调试至顺利生产，故双方没有签订书面合同。两个月内，乙方准时将设备送到甲方，并进行了安装调试。在安装完毕之后的试生产过程中，机器出现故障。甲方请乙方的专业人员又进行了两次调试，但故障仍未排除，于是，甲方以合同未采用法律规定的书面形式为由，要求认定合同不成立，并退货。

[问题思考]

甲方认定合同不成立的请求有无法律依据？为什么？

[分析提示]

甲乙双方所签的合同是有效成立的，具有法律的约束力。理由是：虽然双方约定采用书面方式而没有采用，但当乙方送货上门时，甲方并没有拒绝，而是接受了，则从甲方接受时合同成立。

五、合同的生效要件

合同的生效，是指依法成立的合同在当事人之间及对第三人产生的法律拘束力。合同的成立不等于合同生效，只有具备生效要件的合同才能发生效力。

（一）合同的一般生效要件

1. 行为人具有相应的民事行为能力

只有具有相应民事行为能力的当事人才有签订合同的资格，这项原则又称为主体合格原则。当事人的行为能力是指自然人、法人通过自身的行为取得民事权利承担民事义务的资格。

（1）自然人订立合同的能力。各国法律对自然人的行为能力，根据其年龄、智力发育状况、精神健康状况以及能否理智地、谨慎地处理自己的事务等标准，主要分为完全民事行为能力、限制民事行为能力和无民事行为能力。前者当事人可以签订合同，后两者当事人不能签订合同。

如《德国民法典》规定，未满 7 岁的儿童、处于精神错乱状态不能自由决定意志者、因患精神病被宣告为禁治产者为无行为能力人，没有订立合同的能力；年满 7 岁的未成年人为限制行为能力人，其民事行为须取得法定代理人同意。《法国民法典》亦规定，未解除亲权的未成年人、受法律保护的成年人（包括官能衰退者和因挥霍浪费，游手好闲以致陷入贫困者）没有订立合同的能力。

英美法的判例认为，未成年人、精神病患者、酗酒者都没有订立合同的能力。但未成年人在有关生活必需品方面有订约的能力。所谓必需品是指衣服、食物等维持生存所必需的物品以及按未成年人的社会地位所合理需要的东西，如手表、自行车、教育、医疗费用等。

我国《民法通则》则规定，不满 10 周岁的未成年人和不能辨认自己行为的精神病人是无行为能力人，没有订立合同的能力；年满 10 周岁的未成年人和不能完全辨认自己行为的精神病人是限制民事行为能力人，可以实施与其年龄、智力、精神健康状况相适应的民事活动，包括订立合同。

（2）法人订立合同的能力。最常见的法人是公司。根据各国公司法的规定，公司的活动范围不得超出公司章程的规定。如英国公司法规定，公司的订约能力须受公司章程的支配，不得越出公司章程规定的范围，如果公司订立的合同超出了公司章程规定的范围，则为越权行为，原则上是无效的。根据我国的司法实践，法人一般应在其核准登记的生产经营和业务范围内活动，法人订立合同如果超越其经营范围，如果涉及到需行政许可的行业范围为无效。

2. 当事人的意思表示必须真实

意思表示是指行为人将其产生、变更和终止民事权利和民事义务的意思表示于外部的行为。意思表示真实是指表意人的表示行为应当真实地反映其内心的意思。合同应该是当事人内心真实意愿的体现，如果当事人是由于误解、或在受欺诈、受胁迫的情况下订立合同，世界各国法律都规定这种合同是无效的或可以撤销的。例如，对于错误、欺诈，法国法认为，在涉及到标的物及对方当事人的错误时合同无效；德国法则认为，错误、欺诈情况下签的合同可以撤销；英国把因欺诈所签的合同视为可撤销的。对于胁迫，法国、德国都视为无效；英国则视为可撤销的合同。我国《合同法》对意思表示不真实的合同，规定可以撤销或变更。

3. 合同必须有对价或约因的支持

英美国家把合同分为签字蜡封合同和简式合同。前者是由当事人签字、加盖印章后交付对方，不需要对价；后者包括口头合同和一般书面合同，必须有对价方为有效。所谓对价，就是为对方获得权利或好处，而限制自己的利益或承担某种义务。

法国采用约因作为合同有效的因素之一。约因是当事人订立合同所追求的最直接的目的。如：货物买卖合同，买方直接的目的是货物的所有权；卖方直接的目的是取得价款。德国法没有采用约因的概念。

4. 合同的内容与形式必须合法

现代社会商贸来往频繁，各国家对大多数合同的形式采用不要式，即法律并不要求合同的形式，只有少数合同才属于要式合同。虽然合同有自由原则，但各国对合同的内容都有一定的限制，即凡是违反法律、违反善良风俗与公共秩序的合同一律无效，例如：买卖毒品、买卖人口的合同无效。

（二）合同生效的特别要件

特别要件是指合同生效除具备一般要件外，还须特别具备的条件。如法律、行政法规规定应当办理批准、登记等手续生效的，批准、登记等手续即为其特殊生效要件。此外，当事人也可以约定合同生效的特别要件。当事人可以在合同中约定一定的条件或期限用以限制合同的效力。当事人约定一定条件限制合同效力的合同为附条件合同。例如：若某国际货物买卖合同中约定以获取出口许可证为生效条件，则该合同即为附条件生效的合同。当事人对合同效力约定附期限的合同，为附期限合同。例如约定合同订立后于 1 月 20 日生效，或以必然发生的事情出现时生效。附生效期限的合同，自期限届至时生效。

第三节　买卖双方的义务及合同的履行

有效成立的合同对当事人具有约束力，当事人应当按照约定或法律规定全面履行自己的义务。合同的履行，是指合同生效后，双方当事人按照合同规定的各项条款，完成各自承担的义务和实现各自享受的权利，使双方当事人订立合同的目的得以实现的行为。

一、买卖双方的义务

（一）卖方的义务

《联合国国际货物销售合同公约》对卖方在买卖合同中担负义务的规定，并不是强制性的，当事人可以在合同中约定，排除《联合国国际货物销售合同公约》的任何规定。这些规定概括有三项，即①交付货物；②移交有关货物单据；③把货物的所有权转移到买方。通常情况下国际贸易中卖方的义务有：交货、交单、品质担保、权利担保。

1. 交付货物

（1）交货的方式。合同双方可以约定交货的方式，有约定的按约定。

在国际贸易中，交货方式主要有两种：一种称为实际交货，即卖方把货物置于买方的实际占有和支配之下。当买卖双方采用工厂交货（EXW）、目的港船上交货（DES）、目的港码头交货（DEQ）或完税后交货（DDP）等贸易术语成交时，卖方都必须在指定地点将货物置于买方的支配之下，属于实际交货。另一种为象征性交货或拟制交货，是指在合同货物涉及运输的情况下，由卖方发运货物，取得提单或类似的装运单据，并把提单或类似单据交给买方，从而认为卖方已履行交货义务。因为提单是货物所有权的凭证，是代表它所记载的货物的象征，买方取得提单就等于取得了货物，故称之为象征性交货。在国际贸易中，CIF、FOB、CFR 合同是公认的、典型的象征性交货。

（2）交货的地点或时间。交货地点关系到买卖双方风险和费用的负担。一般地说，交货地点一经确定，则把货物运到交货地点交付买方前的一切费用和风险均应由卖方承担。但如果合同对交货地点没有作出具体规定，则须按该合同应适用的法律或有关的国际公约来确定交货的地点。我国法律和《国际货物买卖合同公约》关于确定交货地点的规定如下：

我国《合同法》规定：履行地点不明确，给付货币的，在接受给付一方的所在地履行；表示的物为不动产的，在不动产所在地履行；其它标的，在履行义务一方的所在地履行。《联合国国际货物销售合同公约》规定：如果合同没有约定交货地点，涉及运输的，卖方负责办理运输事宜的，货交第一承运人地为交货地；虽涉及运输，但卖方又没有被要求送货，也没有涉及卖方负责办理运输事宜的，货交到订约时双方已知的存放点或加工地为交货地；其他情况下，交货的地点是订约时卖方的营业地。同时《联合国国际货物销售合同公约》对在卖方办理运输事宜时还有如下义务：①将货物特定化；②有义务安排货物运输的，订立运输合同；③卖方不负责保险时，应将有关投保的必要资料，提供给买方，以便买方能投保。所谓特定化是指将该货物特定为某一合同的履行标的。方法有：在货物上标明买方的名称和地址；或在提单上载明买方或货到目的地时通知买方。特定化的作用：未特定化前，所有权及风险都归卖方，即所有权、风险不转移买方。

我国《合同法》对没有约定交货时间时规定：履行期限不明确的，债务人可以随时履行，债权人也可以随时要求履行，但应当给对方合理的准备时间。《联合国国际货物销售合同公约》规定：有约定的时间按约定；没有约定的，卖方应在订约后的一个合理的时间内交货。

案例分析 3-8

1993 年，美国出口商 A 与韩国进口商 B 签订了一份 CFR 合同，规定 A 出售 1000 公吨小麦给 B。小麦在装运港装船时是混装的，当时在 A 装运的 3000 吨散装小麦中，有 1000 吨是卖给 B 的，货物运抵目的港后，将由船公司负责分拨 1000 公吨给 B。但受载船只在途中遇到高温天气而使小麦发生变质，该批货物损失 1200 吨，其余 1800 吨安全运抵目的港。A 在货到目的港时声称，出售给 B 的 1000 吨小麦已在运输途中全部损失，并且认为按 CFR 合同，A 对此项风险不负任何责任。买方则要求卖方履行合同，双方争执不下，遂根据合同中的仲裁条款请求仲裁解决。仲裁机构经过取证，最后裁决卖方不应推卸自己交货的责任，对货物在途中发生的损失不能转嫁给买方。

[问题思考]

（1）CFR 合同下，货物的风险从何时转移？

（2）仲裁机构的裁决有法律依据吗？

[分析提示]

（1）CFR 合同下，货物的风险从货物在装运港越过船舷时转移。

（2）卖方 A 对买方 B 负有交 1000 吨小麦的责任。因为：虽然按照 CFR 合同的规定，如果货物已经按照合同规定的时间，在装运港把货物装上运往目的港的船只，自货物装船越过船舷之时起，货物的风险已由卖方转移给买方。这种规定适合一般情况下的 CFR 合同。但在本例中，由于卖方出售的 1000 吨小麦是散装的，即货物未特定化。因此，在这 1000 吨小麦交给 B 以前，卖方 A 不能以损失 1200 吨为理由，把其中 1000 吨认定是卖给 B 的。所以 A 不能推卸他交付 B 1000 吨小麦的责任。

2. 提交有关的单据

在国际货物买卖中，装运单据具有十分重要的作用。它们是买方提取货物、办理报关手续、转售货物以及向承运人或保险公司请求赔偿所必不可少的文件。按照国际贸易惯例，在大多数情况下，卖方都有义务向买方提交有关货物的各种单据。买卖合同也往往规定，以卖方移交装运单据作为买方支付货款的对流条件。《联合国国际货物销售合同公约》明确规定，移交有关货物的单据，是卖方的一项主要义务。

3. 卖方的品质担保义务

品质担保是指卖方交付的货物品质、规格应当符合合同或法律的要求。如果买卖合同对货物的品质、规格已有具体的规定，卖方应按合同规定的品质、规格交货；如果合同对货物的品质、规格没有做出具体规定，则卖方应按合同应适用的法律的有关规定负责，即卖方负有默示担保的义务。现将《联合国国际货物销售合同公约》及一些国家有关卖方对货物品质的担保义务的规定介绍如下：

按照《联合国国际货物销售合同公约》的规定，除双方当事人另有协议外，卖方所交的货物应当符合下列要求（即法定义务），否则即认为其货物与合同不符。

（1）货物应适用于同一规格货物通常使用的用途，即商销品质。对此，《美国统一商法典》规定货物应当具备同类商品的平均良好品质，适用于该商品的一般用途，又称之为适销品质。卖方如交货不符合该标准，即违反默示品质担保义务。但如果合同中有以下文字，视为排除默示品质担保："依现状"、"含有各种残损"等。

（2）货物应适用于订立合同时买方曾明示或默示地通知卖方的任何特定用途。除非情况表明买方并不依赖卖方的技能和判断力，或者这种依赖对他来说是不合理的。例如，如果买方是凭自己指定的商标或规格选购货物，不是依赖卖方的技能和判断力来为他提供货物。在这种情况下，卖方就不承担提供适合特定用途的货物的义务。如果买方只是向卖方提出自己的用途，卖方对此要承担责任。

（3）货物的质量应与卖方向买方提供的货物样品或模型相同。除非双方对样品的作用有另外的约定或法律规定，如：约定样品仅供参考；货物允许与样品有差异等。我国《合同法》规定，样品买卖的买方不知道样品有隐蔽瑕疵的，即使交付的标的物与样品相同，卖方也要承担同种货物的通常品质。

（4）货物应按同类货物通用的方式装入容器或包装，如无此种通用方式，则应按足以保全和保护货物的方式装进容器或包装。

案例分析 3-9

中国某公司向科威特出口冻北京鸭 200 箱，合同规定：屠宰鸭要按伊斯兰教的用刀方法。货到科威特后，冻鸭外体完整，颈部无任何刀痕。进口当局认为违反伊斯兰教的用刀方法，因此科威特的进口商拒绝收货，并要求中国公司退回货款。

[问题思考]

进口商的要求合理吗？

[分析提示]

合理。因为买方已将他的特殊用途告诉卖方，卖方提供的商品不具备该特征，违反合同默示担保义务。

案例分析 3-10

我国某出口公司向德国商人出口大麻纤维一批，合同中的品质条款如下：含水（最高）15%，含杂质（最高）3%。在谈判过程中，我方曾向买方寄过样品，订约后又电告对方成交货物与样品相似。结果，货到德国后，经检验，虽然品质达到合同规定的规格要求，但是，买方拿出货物的品质规格比样品低 7% 的检验证明，德国商人要求我方赔偿损失 600 英镑。我方出口公司陈述说，这笔交易在交货时商品是经过挑选的，因该商品系农产品，不可能做到与样品完全相符，但不至于比样品低 7%。由于我方出口公司已将留存的样品遗失，对自己的陈述无法加以证明，我仲裁机构难以处理。最后只好赔付了一笔品质差价而结案。

[问题思考]

中方在这一合同中，应当吸取什么教训？

[分析提示]

我方已在合同中订明了以规格表示的品质条款，本应属凭规格买卖的合同。但是，在成交前又向德方寄去样品，而且没有声明是参考样品，订约后才通知对方货物与样品相似。这就使该项交易变成既凭规格又凭样品的买卖，使自己受到双重标准的约束，对方则可以选用其中最优的品质要求。因此，如果交易货物的品质能够以规格确定，就不需要再寄送样品，更不能轻易地确认交货品质与样品相同。如果是凭样品成交的合同，应该妥善保存复样，一旦发生争议，可以对复样进行重新检验以便对比，从而分清责任。

4. 卖方的权利担保义务

权利担保是指卖方应保证对其所出售的货物享有合法的权利，没有侵犯任何第三方的权利，并且任何第三方都不会就该项货物向买方主张任何权利。在货物买卖中，各国都规定此义务为法定义务，即使在买卖合同中对此没有做出规定，卖方依法亦应承担此项义务。

卖方的权利担保义务主要包括以下三个方面的内容。

（1）卖方保证对其出售的货物享有合法的权利。例如，卖方系货物的所有人，或者卖方是受货主的委托，作为代理人替货主出售货物等，这都可以认为卖方享有出售货物的合法权利。

（2）卖方保证在其出售的货物上不存在任何未曾向买方透露的担保物权，如抵押权、留置权等；除非买方同意在受制于这种权利或请求的条件下，收取这些货物。如卖方在订约时已被告知货物上有担保权益（例如：货被留置），买方仍愿意接受的，卖方不再负责。

（3）卖方应保证他所出售的货物没有侵犯他人的权利，包括商标权、专利权等。

《联合国国际货物销售合同公约》对卖方的权利担保义务，主要有以下两项规定：

（1）卖方所交付的货物必须是第三方不能提出任何权利或请求的货物。如果有任何第三方对货物提出权利主张或请求，卖方应对买方承担责任。根据《联合国国际货物销售合同公约》第4条的规定，该公约是不涉及买卖合同对货物所有权产生的影响等问题的。因此，如果卖方把不属于其所有或未经货主合法授权出售的货物卖给了买方，由此产生的问题，不能按照《联合国国际货物销售合同公约》来处理。因为《联合国国际货物销售合同公约》没有涉及到这方面的问题，只能按照该合同所应适用的国内法来处理。

（2）卖方所交付的货物不得侵犯任何第三方的工业产权或其他知识产权。根据《联合国国际货物销售合同公约》第42条的规定，卖方所交付的货物，必须是第三方不能根据工业产权或其他知识产权提出任何权利或请求的货物。因为工业产权或知识产权是具有地域性的，各国授予的工业产权或知识产权是相互独立的，同一种商品在M国认为没有侵犯他人的工业产权，但在N国却可能会被认为是侵犯了他人的工业产权。基于上述复杂情况，《联合国国际货物销售合同公约》并不是绝对地要求卖方必须保证他所交付的货物不得侵犯任何第三方的工业产权或其他知识产权，而是有一定的条件限制的，其条件如下。

1）卖方只有当其在订立合同时已经知道或不可能不知道第三方对其货物会提出这些方面的权利或请求时，才对买方承担责任。

2）卖方并不是对第三方依据任何一国的法律所提出的工业产权或知识产权的权利或请求都要向买方承担责任，而只是在下列情况下才需向买方负责：①如果卖方在订立合同时已知买方打算把该项货物转售到某一个国家，则卖方对于第三方依据该国法律（如专利法、商标法、版权法等）所提出的有关工业产权或知识产权的权利或请求，应对买方承担责任。②在任何其他情况下，卖方对第三方依据买方营业地所在国法律所提出的有关工业产权和知识产权方面的请求，应对买方承担责任。

3）如果买方在订立合同时，已经知道或不可能不知道第三方对货物会提出有关工业产权或知识产权的权利或请求，则卖方对买方就不承担由此而引起的责任。例如，卖方所交付的货物可能既没有侵犯卖方国家的工业产权，也没有侵犯买方国家的工业产权，但由于买方把这批货物转销往第三国而侵犯了该国的工业产权或知识产权，卖方则在订约时并不知道该货物会被转卖到第三国时，卖方对此不负责。

4）如果第三方所提出的有关工业产权或知识产权的权利或请求，是由于卖方遵照买方所提供的技术图纸、图案或其他规格为其制造产品而引起的。则应由买方对此负责，卖方对此不承担责任。

案例分析 3-11

美国某公司与中国某公司达成一项买卖合同，约定美国公司向中国公司出口一批机床。合同订立时，中方告诉美方：机器将专卖至土耳其并在土耳其使用。合同订立后，由于其他原因又转卖到意大利。机床到意大利后被意商发现侵犯其专利，要求法院禁止在意国销售，并赔偿意商的损失。中国公司要求美国公司承担责任，美方拒绝。

[问题思考]

依据《联合国国际货物销售合同公约》，中国公司的要求合理吗？为什么？

[分析提示]

不合理。根据《联合国国际货物销售合同公约》规定，卖方对第三方提出的工业产权的侵权责任是有限制的。对订约时卖方不知转卖的国家的第三方提出的工业产权的侵权，不承担责任。

（二）买方的义务

买方的主要义务有两项：一是支付货款；二是受领货物。现将《联合国国际货物销售合同公约》有关买方义务的规定介绍如下。

1. 支付货款

按照《联合国国际货物销售合同公约》的规定，买方支付货款的义务涉及许多方面的问题，如履行必要的付款手续、合理确定货物的价格、确定付款的时间和地点等。对这些问题，《联合国国际货物销售合同公约》的规定比许多国家的国内法都更为详细和具体。

（1）履行必要的付款手续。《联合国国际货物销售合同公约》第五十四条规定，买方支付货款的义务包括采取合同或任何法律、规章所要求的步骤及手续，以便使货款得以支付。这项规定的目的，是把买方为付款所必需采取的准备行动作为其付款义务的一个组成部分。例如：申请银行开出信用证或银行保函；在实行外汇管制的国家，向政府申请取得为支付货款所必需的外汇。如果买方没有办理上述各种必要的手续，使货款无法支付，即构成违反合同。

（2）确定货物的价格。如果买卖合同已经规定了货物的价格或规定了确定价格的方法，买方应当按合同规定的价格付款。但是，如果合同没有明示或默示地规定货物的价格或规定确定价格的方法，而合同已有效成立，《联合国国际货物销售合同公约》规定：这种货物的价格按在订立合同时类似情况下出售的通常价格来确定；英美国家则按交货时的合理价格来确定；我国《合同法》规定："价款或者报酬不明确的，按照订立合同时履行地的市场价格履行；依法应当执行政府定价或者政府指导价的，按照规定履行"。

《联合国国际货物销售合同公约》第五十六条还规定，如果货物的价格是按照货物的重量（如公吨、公斤等）来确定的话，有疑问时，应按货物的净重量来确定。

（3）支付货款的地点。如果双方在买卖合同中对付款的地点已有明确的规定，买方应在合同规定的地点付款。如果买卖合同对付款地点没有做出具体的规定，买方应按《联合国国际货物销售合同公约》的规定，在下列地点向卖方支付货款。①在卖方的营业地付款。如果卖方有一个以上的营业地点，则买方应在与该合同及合同的履行关系最为密切的那个营业地点向卖方支付货款。②如果是凭移交货物或单据支付货款，则买方应在移交货物或单据的地点支付货款。在国际货物买卖中，如采用 CIF、CFR 和 FOB 等条件成交时，通常都是凭卖方提交装运单据支付货款，交单的地点就是付款的地点。

（4）支付货款的时间。《联合国国际货物销售合同公约》第五十八条规定了买方支付货款的时间与条件。它包括以下三项内容。①根据《联合国国际货物销售合同公约》第五十八条第 1 款的规定，如果买卖合同没有规定买方应当在什么时候付款，则买方应当在卖方按要求把货物或把代表货物所有权的装运单据（如提单）移交给买方处置时，支付货款。我国《合同法》规定：买方应当按照约定的时间支付价款，对支付时间没有约定或者约定不明确的，依照法定履行规则不能确定的，买方应当在收到标的物或者提取标的物单证的同时支付。卖方可以把支付货款作为移交单据的条件，即付款与交单互为条件。如果买方不付款，卖方就没有义务把货物或单据交给买方；反之，如果卖方不把货物或单据交给买方，买方也没有义务支付货款，即双方可以行使同时履行抗辩权。②如果合同涉及到货物的运输，卖方可以在发货时订明条件，规定必须在买方支付货款时，方可把货物或代表货物所有权的装运单据交给买方，即卖方可在买方付款前保留货物的所有权。③买方在未有机会检验货物以前，没有义务支付货款，除非这种检验的机会与双方当事人约定的交货或支付程序相抵触。如采用 CIF 条件订立合同并采用信用证或托收方式付款时，通常都是凭单付款在前，货到检验在后，买方不能要求先对货物进行检验，然后才支付货款。为此，《联合国国际货物销售合同公约》明确指出：如果买方在付款之前要求对货物进行检验的权利与双方约定的交货或付款程序相抵触，买方就无权要求在付款以前先检验货物。即使买方已付了货款，买方仍有检验货物的权利，在货到目的地后，仍可对货物进行检验。如发现货物与合同不符，买方仍有权要求卖方赔偿损失，或采取《联合国国际货物销售合同公约》所规定的其他补救办法来维护其正当权益。

2. 收取货物

买方的另一项基本义务是收取货物。根据《联合国国际货物销售合同公约》第六十条的规定，买方收取货物的义务主要包括以下两项内容。

（1）采取一切理应采取的行动，以便卖方能交付货物。这项规定主要是要求买方合作，采取必要的行动，如及时指定交货地点或按合同规定安排有关运输事宜，以便使卖方能履行其交货义务，特别是在采用 FOB 条件成交时。因为在 FOB 条件下，装运货物的运输工具是由买方负责指派的，如果买方不按合同规定的时间将运输工具派往装货地点，卖方就无法履行其交货义务，对此，买方应承担责任。

（2）接收货物。买方有义务在卖方交货时接收货物。卖方按约交付货物时，一般都要求买方及时卸货并提走货物。如果买方不及时提货，卖方可能要支付滞期费及仓储费、保险费等额外费用，对此，买方亦应承担责任。

二、履行抗辩权

履行抗辩权，是指在双务合同中，一方当事人在另一方不履行责任或者履行不符合约定时，依法对抗对方的履行要求或者拒绝对方权利主张的权利。《合同法》规定了同时履行抗辩权、先履行抗辩权和不安抗辩权三种。

（一）同时履行抗辩权

根据我国《合同法》第六十六条规定，当事人互负债务，没有先后履行顺序的，应当同时履行，一方在对方履行之前有权拒绝其履行要求；或一方在对方履行债务不符合约定时，有权拒绝其相应的履行要求。例如：约定付款交单，买方不付款，卖方就可不交单；或卖方只交部分货，要求买方付全部的货款后发其余的货，买方可只支付部分货款或拒绝支付全部货款。

（二）先履行抗辩权

根据我国《合同法》第六十七条规定，当事人互负债务，有先后履行顺序，先履行一方未履行的，后履行一方有权拒绝其履行要求。先履行一方履行债务不符合约定的，后履行一方有权拒绝其相应的履行要求。行使该权利的应为合同约定的后履行义务方；且后履行义务方只有在先履行义务方不符合合同约定时，才有权拒绝先履行义务方的履行请求。

（三）不安抗辩权

不安抗辩权，是指双务合同中应当先履行义务的当事人，有确切的证据证明对方在履行期限到来后，将不能或不会履行义务，在对方没有履行或没有为履行合同提供担保以前有权暂时中止履行义务的权利。《联合国国际货物销售合同公约》规定：合同订立后，一方显然将不履行时，另一方可以暂停履行或解除合同。

根据我国《合同法》第六十八条规定，应当先履行债务的当事人，有确切证据证明对方有下列情形之一的，可以中止履行：①经营状况严重恶化；②转移财产、抽逃资金，以逃避债务；③丧失商业信誉；④有丧失或者可能丧失履行债务能力的其他情形。

先履行义务方当事人没有确切证据中止履行的，应当承担违约责任。当事人中止履行，应当及时通知对方，对方提供适当担保时，应当恢复履行；中止履行后，对方在合理期限内未恢复履行能力并且未提供适当担保的，中止履行的一方可以解除合同。

案例分析 3-12

中国大成进出口公司与日本松本钢铁公司签订钢材买卖合同，合同约定：松本公司向大成公司提供钢材，总价款500万美元。大成公司预支价款200万美元。在大成公司即将支付预付款前，得知松本公司因经营不善已宣告破产，并有确切证据证明。于是，大成公司拒绝支付预付款，除非松本公司能提供一定的担保，松本公司拒绝提供担保。为此，双方发生纠纷并诉至法院。

[问题思考]

根据我国《合同法》，大成公司拒绝支付预付款是否合法？大成公司的行为若合法，法律依据是什么？《联合国国际货物销售合同公约》对此有何规定？

[分析提示]

根据我国《合同法》，大成公司拒绝支付预付款是合法的。依据是：大成公司在行使不安抗辩权。

《联合国国际货物销售合同公约》第七十一条第 1 款规定：如果订立合同后，一方当事人显然将不履行其大部分主要义务，对方当事人可以中止履行义务。破产即属于显然将不履行合同的原因。

三、保全措施

为防止因债务人的财产不当减少而给债权人的债权带来危害，法律允许债权人为保全其债权的实现而对合同之外的第三人所采取的法律措施，称作合同的保全措施。保全措施包括代位权和撤销权两种。

（一）代位权

根据我国《合同法》第七十三条规定，因债务人怠于行使其到期债权，对债权人造成损害的，债权人可以向人民法院请求以自己的名义代位行使债务人的债权。

（二）撤销权

根据我国《合同法》第七十四条规定，因债务人放弃其到期债权或者无偿转让财产，对债权人造成损害的，债权人可以请求人民法院撤销债务人的行为。债务人以明显不合理的低价转让财产，对债权人造成损害，并且受让人知道该情形的，债权人也可以请求人民法院撤销债务人的行为。

债权人撤销权自债权人知道或者应当知道撤销事由之日起一年内行使。自债务人的行为发生之日起五年内没有行使撤销权的，该撤销权消灭。

案例分析 3-13

甲外贸公司代理乙工厂出口货物，代理费 5 万元人民币，双方约定 2002 年 12 月 6 日工厂结汇后付款，但乙工厂到期未付。丙公司因购买乙工厂的货物欠乙 7 万元人民币，应于 2002 年 12 月 1 日付款。乙对丙应付的货款到期后不付未起诉到法院，应偿还甲公司的代理费却无钱支付。甲得知丙欠乙货款后，向法院提起诉讼，请求法院判处丙向乙交付欠款。

[问题思考]

甲与丙之间并无合同关系，甲可否对丙提起诉讼？

[分析提示]

可以对丙提起诉讼。因为乙到付款期后不能付款，又不积极行使对丙的到期债权，甲可以行使代位权。

第四节　违约形式及违约的救济方法

一、违约责任及违约形式

（一）违约责任

合同生效后具有法律的约束力，双方当事人都应遵守合同的约定。违约责任，即违反合同的民事责任，是指合同当事人一方不履行合同义务或者履行合同义务不符合约定时，依照法律规定或者合同约定所承担的法律责任。《联合国国际货物销售合同公约》及大多数国家都以无过错原则为依据确定违约责任。

（二）违约形式

在大陆法系中，德国将违约分为两类：给付不能和给付迟延。法国以不履行债务和迟延履行债务为违约的主要表现形式。

在英美法系中，英国将违约分为违反条件和违反担保。前者指违反了合同中的重要条款（如货物的数量、品质等条款），可以解除合同；后者指违反了合同中的次要条款，只能要求赔偿。以后又增加了违反中间条款和提前违约、履行不可能几种违约形式。美国根据违约所造成的后果将违约分为重大违约和轻微违约。前者可解除合同，后者只能要求赔偿。

《联合国国际货物销售合同公约》将违约分为根本性违约和非根本性违约、预期违约和实际违约。如果某种违约行为已经构成根本违反合同，受损害的一方就有权宣告撤销合同，并有权要求赔偿损失或采取其他救济办法；如果不构成根本违反合同，则受损害的一方不能撤销合同，而只能要求损害赔偿或采取其他救济方法。

《联合国国际货物销售合同公约》规定的根本性违约是指："如果一方当事人违反合同的结果，使另一方当事人蒙受损害，以致于实际上剥夺了他根据合同有权期待得到的东西，即属于根本违反合同，除非违反合同的一方并不预知而且同样一个通情达理的人处于相同情况下也没有理由预知会发生这种结果。"《联合国国际货物销售合同公约》对根本违反合同所采取的衡量标准是看违反合同的后果是否使对方蒙受重大的损害，即违约后果的严重程度。

现我们以《联合国国际货物销售合同公约》规定为主线，辅助介绍部分国家的规定如下。

（三）买卖双方违约的具体表现形式

合同订立后买卖双方都有违约的可能，具体表现如下。

1. 预期违约

预期违约又称提前违约，是指在合同规定的履行期到来以前，已有根据预示合同的一方当事人将不会履行其合同义务。一般来说，违约责任的追究要在合同履行期限届满时才能进行；但在合同生效后，履行期限届满前，当事人一方明确表示或者以自己的行为表明不履行合同义务的，对方可以在履行期限届满之前要求其承担违约责任。例如：卖方在交货期前向买方提出不加价就不交货，或一物多卖，转移财产等行为，表明卖方到期不会履行合同。

2. 不能履行

不能履行是指合同债务人事实上已不可能实际履行债务。如债务人因破产、遭遇不可抗力的危害而失去履行能力。

3. 迟延履行

迟延履行是指合同约定的履行期满而未履行或未约定期限在合理期内未履行的债务。如卖方不按时交货；买方不按时付款。

4. 不完全履行

不完全履行是指债务人未完全按约定的标的数量、质量、履行方式、地点等履行债务的行为。如卖方交货不符，买方迟延接受货物。

二、买卖双方都可以采取的救济方法

（一）在绝大多数情况下都可采取的救济方法——损害赔偿

根据《联合国国际货物销售合同公约》的规定，损害赔偿是一种主要的救济方法。《联合国国际货物销售合同公约》对损害赔偿的责任范围和计算办法做了具体的规定。

1. 损害赔偿的责任范围

《联合国国际货物销售合同公约》第七十四条规定："一方当事人违反合同应负责的损害赔偿额，应与另一方当事人因他违反合同而遭受的包括利润在内的损失额相等。但这种损害赔偿不得超过违反合同一方在订立合同时，依照他当时已知道或理应知道的事实和情况，对违反合同预料到或理应预料到的可能损失，"即违约方应承担违约给对方造成的包括利润在内的损失。但《联合国国际货物销售合同公约》对损害赔偿的责任范围有一个很重要的限制，即不得超过违约方在订约时可预见的范围。我国《合同法》也有相同的规定。

2. 损害赔偿的责任原则

《联合国国际货物销售合同公约》采用无过失责任原则，又称严格责任。根据《联合国国际货物销售合同公约》的规定，当一方请求损害赔偿时，毋须证明违约的一方有过失（即不考虑违约方主观上有无故意和过失），只要一方违反合同，并给对方造成了损失，对方就可以要求其赔偿损失。许多大陆法系国家在民法中都采取过失责任原则，即只有当违约一方有过失并给对方造成损害时，违约方才承担损害赔偿责任。英美法系国家及我国《合同法》采用无过失责任原则。

3. 损害赔偿的请求权

《联合国国际货物销售合同公约》认为损害赔偿的请求权不因当事人采取其他救济方法而受到影响。即使他已采取了撤销合同或其他救济方法，但他仍然可以要求违约的一方给予损害赔偿，即两种救济方法可以同时行使。这一点同某些大陆法系国家的法律是有所不同的。例如，根据《德国民法典》的规定，债权人只能在解除合同与损害赔偿请求权二者之间选择行使其中一项权利，而不能同时行使两种权利，即两者不能就同一债务关系并存。

4. 损害赔偿的责任限制

《联合国国际货物销售合同公约》第七十七条规定："声称另一方违反合同的一方，必须按情况采取合理措施，减轻由于另一方违反合同而引起的损失，包括利润方面的损失。如果他不采取这种措施，违反合同一方可以要求从损害赔偿中扣除原应可以减轻的损失数额。"我国《合同法》和其他一些国家的国内法也有类似的规定。

（二）在预期违约时可采取的救济方法——中止履行

《联合国国际货物销售合同公约》把中止履行作为买卖双方都可以采用的对预期违约的救济方法。

1. 《联合国国际货物销售合同公约》对当事人采取中止履行的规定

《联合国国际货物销售合同公约》规定：如果订立合同后，一方当事人由于下列原因显然将不履行其大部分重要义务，对方当事人可以中止履行义务。包含以下两点。

（1）中止履行是对预期违约的救济方法。按照《联合国国际货物销售合同公约》第七十一条的规定，对预期违约的救济方法是中止履行合同的义务，即当一方当事人已明显地显示他将不履行其大部分重要义务时，对方有权暂停履行自己的合同义务。但是，《联合国国际货物销售合同公约》同时又规定，如果在履行合同的日期到来之前，已明显看出一方当事人将根本违反合同，则另一方当事人不仅有权中止履行合同，而且可以宣告撤销合同。所以，对预期违约须视其是否构成根本违反合同，而分别采用中止合同或撤销合同这两种不同的救济方法。这条规定等同于我国《合同法》中的不安抗辩权的规定。（参看案例分析3-12）

（2）援引中止履行合同这种救济方法时必须具备的条件。一方当事人只有在对方显然将不会履行其大部分重要义务的条件下，方可中止履行自己的合同义务。《联合国国际货物销售合同公约》对何谓"显然将不履行其大部分重要义务"提出了两种情形：一是当事人的履约能力或信用严重下降；二是当事人在准备履行合同或履行合同中的行为已显然显示出他将不履行其大部分重要义务。

2.《联合国国际货物销售合同公约》规定了在援用中止履行合同时所必须采取的通知程序

根据《联合国国际货物销售合同公约》第 71 条第 3 款的规定，宣告中止履行义务的一方当事人，必须立即通知另一方当事人，如果另一方当事人对履行义务提供了充分的保证，则必须继续履行义务。这一点同我国《合同法》的规定是一致的。

（三）对分批交货、分期付款合同违约的救济方法

分批交货合同是指一个合同项下的货物分成若干批交货。《联合国国际货物销售合同公约》第 73 条专门就此做了规定，我国《合同法》有相似规定。主要有以下三种情况：

（1）在分批交货合同中，如果一方当事人不履行对其中任何一批货物的义务，对该批货物构成根本违反合同，则对方可以宣告合同对该批货物无效，即宣告撤销合同对这一批货物的效力，但不能撤销整个合同。

（2）如果一方当事人不履行对其中任何一批货物的义务，使另一方当事人有充分理由断定今后各批货物亦将会发生根本违反合同的情况，则该另一方当事人可以在一段合理时间内宣告合同今后无效，即撤销合同对今后各批货物的效力；但对在此以前已经履行义务的各批货物不能予以撤销。

（3）当买方宣告合同对某一批交货无效时，如果合同项下的各批货物是互相依存、不可分割的，不能将任何其中的一批货物单独用于双方当事人在订立合同时所设想的目的（如大型设备分批装运交货），则买方可以同时宣告合同对已经交付或今后将交付的各批货物均为无效，即可以宣告撤销整个合同。

（4）根据我国《合同法》的规定，在分期付款买卖中，如果买方违反约定未支付到期价款时，卖方可以要求买方支付全部价款或者解除合同。分期付款的买方未支付到期价款的金额达到全部价款的五分之一的，卖方可以要求买方支付全部价款或者解除合同。

（四）在根本违约时的救济方法——解除合同

解除合同，即《联合国国际货物销售合同公约》规定的"宣告撤销合同"，指合同一方当事人违反合同规定的义务时，另一方当事人依照法律或合同的规定终止合同的效力。公约规定：只有根本性违约时才能解除合同。

（五）违约金、定金的使用

《联合国国际货物销售合同公约》没有对违约金、定金作出规定，但各国都对此有

规定。我国《合同法》规定当事人可以约定，当一方违约时，应当向对方支付一定数额的金钱，即违约金。英美法、大陆法系的大多数国家认为违约金是预约的赔偿金。对违约金约定过高或过低的，当事人可以请求调整。当事人就迟延履行约定违约金的，违约方支付违约金后，还应当履行债务。如卖方应迟延交货时，除交付违约金外，仍要履行合同约定的义务；建筑施工方迟延施工，交付违约金外仍应继续施工。

定金是当事人依照《担保法》约定由一方向对方给付金钱作为债权的担保。债务人履行债务后，定金应当抵作价款或者收回。给付定金的一方不履行约定的债务的，无权要求返还定金；收受定金的一方不履行约定的债务的，应当双倍返还定金。当事人既约定违约金，又约定定金的，一方违约时，受违约侵害方可以选择适用违约金或者定金条款。

（六）实际履行

实际履行是指债权人要求债务人按合同规定履行。如当事人一方未支付价款或者未交付货物的，对方可以要求其支付价款或者交付货物。当事人一方不履行非金钱债务或者履行非金钱债务不符合约定的，对方可以要求履行。

在英美法系国家，实际履行不是主要的违约救济方法，而是一种例外的补救。只有在"金钱赔偿不适当"时，如涉及土地、房屋、古董、艺术品等具有独特价值，难以替代时，才适用实际履行。

在大陆法系国家中，德国把实际履行作为违约的主要救济方法。

我国《合同法》认为它是主要的救济方法，但有下列情形之一的除外：①法律上或者事实上不能履行，如标的物已灭失或失去实际履行的能力；②债务的标的不适于强制履行或者履行费用过高，以及涉及人身权利的合同，如演员、作家、画家、设计师等的创作工作；③债权人在合理期限内未要求履行，如受违约方只要求金钱的赔偿，不要求继续履行。

案例分析 3-14

罗特瑞克斯是纽约一家生产空气压缩机的公司，承诺以 CIP 方式销售 18 000 台空气压缩机给意大利的戴尔奇公司，签约时卖方知道买方所购标的物将用于生产 ARIELE 牌空调机。合同规定所购标的物分 20 批从 4～8 月每月平均装运。卖方装运第一批货后，戴尔奇公司按约支付了货款 188 000 美元。当第二批货物尚在运途中时，戴尔奇公司发现第一批货物中的大部分是不符合合同要求的，同时还推定卖方生产的空气压缩机不可能符合合同要求，于是拒收第一批已运到和第二批尚未运到的压缩机，并取消了整个合同随后提起索赔。

[问题思考]

买方能解除整个合同吗？

[分析提示]

买方不能解除整个合同。因为分批交货时，只有在各批货物有密切联系、互相依存时，才可以解除整个合同。买方没有充分理由推定未交付货的质量与第一批货相同，而其他批的货物质量与第一批货没有互相依存的必然联系。

三、卖方违约时买方可采取的救济方法

卖方违反合同主要有以下几种情况：不交货、延迟交货、交付的货物与合同规定不符。根据《联合国国际货物销售合同公约》的规定，如果卖方不履行他在合同和该公约中的任何义务，买方可以采取下列救济方法：

（一）要求卖方履行其合同义务（实际履行）

《联合国国际货物销售合同公约》第四十六条规定：如果卖方不履行合同的义务，买方可以要求卖方履行其合同或《联合国国际货物销售合同公约》中规定的义务。但要求解除合同与要求卖方履行合同义务不能同时行使。

（二）要求卖方交付替代货物

《联合国国际货物销售合同公约》第四十六条第二款规定，如果卖方所交付的货物与合同规定不符，而且这种不符合合同的情形已构成根本违反合同，买方有权要求卖方另外再交一批符合合同要求的货物，以替代原来那批不符合合同的货物。但是，这种救济方法有限制，即卖方违约尚未构成根本违反合同、或买方已在正常营业中售出、或买方在正常使用中消费或改变。如：买方将卖方交付的牛皮制成皮鞋，买方就不能要求卖方再交付一批牛皮，而只能要求卖方赔偿损失或对货物与合同不符之处进行修补等。

（三）要求卖方对货物不符合合同之处进行修补

《联合国国际货物销售合同公约》第四十六条第三款规定，如果卖方所交的货物与合同规定不符，尚未构成根本违反合同，买方可以要求卖方通过修理对不符合合同之处做出补救。我国法律规定，买方可以合理选择要求对方承担修理、更换、重作、退货、减少价款或者报酬等违约责任。

（四）给卖方一段合理的额外时间

《联合国国际货物销售合同公约》第四十七条第一款针对卖方延迟交货而规定的一种救济方法：如果卖方不按合同规定的时间履行其义务，买方可以规定一段合理的额外时间，让卖方履行其义务。这项规定不是绝对的。如果卖方不按合同规定的时间交货的本身已经构成根本违反合同，则按照《联合国国际货物销售合同公约》第四十九条的规定，买方可以不给卖方规定额外的合理期限，就可以立即宣告撤销合同。

（五）撤销合同

根据《联合国国际货物销售合同公约》第四十九条的规定，当卖方违反合同时，买方在下述情况下可以宣告撤销合同。

（1）卖方不履行其在合同中或《联合国国际货物销售合同公约》中规定的任何义务，已构成根本违反合同；

（2）如果发生不交货的情况，卖方在买方规定的合理的额外时间内仍不交货，或卖方声明他将不在买方规定的合理的额外时间内交货。从上述规定看，《联合国国际货物销售合同公约》对买方撤销合同的权利是有一定限制的，并不是卖方的任何违约行为都可以使买方有权撤销合同。

（六）要求减价

按照《联合国国际货物销售合同公约》第五十条的规定，如果卖方所交的货物与合同不符，不论买方是否已经支付货款，他都可以要求减低价格。减价按实际交付的货物在交货时的价值与符合合同的货物在当时的价值两者间的比例计算。但是，如果卖方已按《联合国国际货物销售合同公约》规定对其任何不履行合同义务之处做出了补救，或者买方拒绝接受卖方对此做出补救，买方就不得要求减低价格。

（七）当卖方只交付部分货物或所交货物只有一部分符合合同规定时

根据《联合国国际货物销售合同公约》的规定，当卖方只交付一部分货物，或者卖方所交付的货物中只有一部分与合同的要求相符合时，买方只能对漏交的货物或对与合同要求不符的那一部分货物采取上述救济方法，如损害赔偿等。除非卖方完全不交货，或者不按合同规定交货，已构成根本违反合同时，买方才可宣布撤销整个合同。

（八）当卖方提前交货或超量交货时

《联合国国际货物销售合同公约》第五十二条规定，如果卖方在合同规定的日期以前交货，买方可以收取货物，也可以拒绝收取货物。但在后一种情况下，如果卖方把货物暂存下来，等到合同规定的交货期到达的时候再次向买方提交货物，则买方仍须收取这批货物。

《联合国国际货物销售合同公约》还规定，如果卖方所交货物的数量大于合同规定的数量，买方可以收取全部货物，也可以拒绝收取多交部分的货物，而只收取合同规定数量的货物，但不能拒收全部货物。如果买方收取多交部分的货物，他就必须按合同规定的价格付款。我国《合同法》也有同样的规定。

（九）请求损害赔偿

《联合国国际货物销售合同公约》认为损害赔偿是一种主要的救济方法，并对撤销合同的情况下如何计算损害赔偿额的具体办法做了规定，主要有以下两种情形：

（1）如果买方已宣告撤销合同，而在宣告撤销合同后的一段合理时间内，买方已以合理方式购买替代货物，则买方可以取得合同价格和替代货物的交易价格之间的差额，以及因卖方违约而造成的其他损害赔偿。这种做法叫作实际补进。

（2）如果买方在撤销合同之后，没有实际补进原来合同项下的货物，而此项货物又有时价的话，则买方可以取得原合同规定的价格和宣告撤销合同时的时价之间的差额，以及因卖方违约而造成的任何其他损害赔偿。但是，如果买方在接收货物之后才宣告撤销合同，则应按接收货物时的时价与合同规定的价格之间的差额计算，而不是按宣告撤销合同时的时价计算。这里所说的时价，是指合同原定交货地点的现行价格。如果该地点没有时价，则指另一合理替代地点的现行价格。

四、买方违约时卖方可采取的救济方法

买方违反合同主要有以下几种情形：不付款、延迟付款、不收取货物、延迟收取货物。根据《联合国国际货物销售合同公约》的有关规定，买方出现上述违约情形时，卖方可以采取如下救济方法。

（一）要求买方实际履行其合同义务（实际履行）

当买方不支付货款、不收取货物或不履行其他义务时，卖方可以要求买方实际履行其合同义务，除非卖方已采取了与这些要求相抵触的救济方法。但是，根据《联合国国际货物销售合同公约》第 28 条的规定，当一方当事人要求对方实际履行其合同义务时，法院并没有义务判令对方实际履行其义务，除非法院依照当地国的法律对不属于该公约范围的类似合同亦将做出实际履行的判决。

（二）卖方可以规定一段合理的额外时间

如果买方没有在合同规定的时间内履行其合同义务，卖方可以规定一段合理的额外时间让买方履行其义务。但是在这种情况下，除非卖方已收到买方的通知，表明他将不在卖方所规定的额外时间内履行其义务，否则，卖方不得在这段时间内对买方采取任何救济方法。但卖方并不因此而丧失其对买方延迟履行合同可能享有的要求损害赔偿的权利。

（三）宣告撤销合同

1. 卖方可宣告撤销合同的情况

（1）如果买方不履行合同或《联合国国际货物销售合同公约》规定的义务，已经构成根本违反合同，可撤销合同。但是，在大多数情况下，买方不按合同规定履行支付货款或收取货物的义务，并不一定达到根本违反合同的程度，在这种情况下，卖方就不能立即宣告撤销合同，而应当给买方规定一段合理的额外时间，让买方履行其合同义务。

（2）如果卖方已经给买方规定了一段合理的额外时间让买方履行其义务，但买方不在这段时间内履行其义务，或买方声明他将不在所规定的时间内履行其义务，则卖方亦可宣告撤销合同。

2. 撤销合同的后果

根据《联合国国际货物销售合同公约》第八十一～八十四条的规定，卖方或买方宣告撤销合同后，就解除了双方在合同中规定的义务。但是，按照《联合国国际货物销售合同公约》的规定，撤销合同并不终止违约一方对其违约所引起的一切损害赔偿责任，也不终止合同中关于解决争议的任何规定。例如，合同中的仲裁条款不会因为撤销合同而终止其效力。

（四）卖方可以自行确定货物的具体规格

根据《联合国国际货物销售合同公约》第六十五条的规定，如果买卖合同对货物的具体规格（如形状、大小、尺码等）没有做出具体规定，而只规定买方有权在一定日期内提出具体规格要求或在收到卖方通知后提出具体的规格要求，在这种情况下，如果买方在合同规定的时间内或在收到卖方要求后的一段合理时间内没有提出具体规格要求，则卖方在不损害其可能享有的权利（如请求损害赔偿的权利）的情况下，可以依照他所知道的买方的要求，自行确定货物的具体规格。这项规定的目的，是使这种合同不因买方不指定具体规格而不能执行。

（五）请求赔偿

当买方违反其合同义务或《联合国国际货物销售合同公约》所规定的义务时，卖方有权请求损害赔偿。而且根据《联合国国际货物销售合同公约》的规定，卖方请求损害赔偿的权利，不因其已采取上述其他补救方法而受到影响。

（六）要求支付利息

如果买方没有支付价款或任何其他拖欠金额，卖方有权对这些款额收取利息，但这并不妨碍卖方根据《联合国国际货物销售合同公约》第七十四条规定可以取得的损害赔偿。

五、不履行合同责任的免除

合同订立后，一方当事人没有履行合同或者履行合同不符合约定，应当向对方承担违约责任。但是，当事人一方不履行合同是由于某些无法防止的客观原因或对方的原因造成的，则可以根据情况不追究不履行合同方的责任。

（一）不可抗力、情势变迁、合同落空

我国《合同法》的规定，不可抗力是指不能预见、不能避免并不能克服的客观情况。因不可抗力不能履行合同的，根据不可抗力的影响，部分或者全部免除责任，但法律另

有规定的除外。当事人迟延履行后发生不可抗力的，不能免除责任。如合同规定 2005 年 12 月 20 日交货，卖方到 12 月 23 日交货，正好碰上暴雪，道路受阻，卖方不能以不可抗力免责，仍要承担违约责任。情势变迁是大陆法的理论依据，合同落空是英美法的术语，都是指在合同订立后，非当事人自身的过失，而是发生了订约时所不能预料的意外情况，使当事人订约时的商业目标受到挫折，继续履行合同有违公平，对此可以解除未履行的合同或变更合同内容。

当事人一方因不可抗力不能履行合同的，应当及时通知对方，以减轻可能给对方造成的损失，并应当在合理期限内提供证明。

（二）依法行使抗辩权

一方当事人不履行合同的原因，是由于对方不履行或不完全履行合同，则该当事人可行使抗辩权，如：同时履行抗辩权、先履行抗辩权、不安抗辩权。这是法律赋予的权利，不用承担不履行的后果。

案例分析 3-15

买方中国某公司与卖方英国某公司于 1992 年 5 月 14 日签订了合同，规定卖方向买方供应某货 8 000 吨，交货期为 1992 年 7～12 月按月份分批交货，装货口岸为汉堡、鹿特丹、安特卫普，由卖方选择。成交以后，买方于 1992 年 6 月 7 日按约开出了信用证。此后，买方多次电函催促卖方发货。卖方在其四次答复中提到其供货人未能交货并对迟延发出通知表示歉意。合同于 1993 年 4 月、5 月部分履行。英方复函，由于买方 1992 年 6 月 7 日开立的信用证已过期，后来又未开立新的信用证，因此解除了卖方的交货义务。

买方于 1995 年 5 月 20 日向中国国际贸易仲裁委员会提交仲裁申请书，要求卖方赔偿买方的损失，即按照 1993 年 6 月 29 日市场价格与合同价格的差价计算共 748 000 英镑，并要求卖方承担仲裁的一切费用。

[问题思考]

买方中国某公司的请求是否正当？卖方的供货商不交货，能免除卖方的不交货的责任吗？信用证过期，卖方的交货义务是否解除？

[分析提示]

中国公司的要求完全符合《联合国国际货物销售合同公约》中规定的卖方不交货或交货迟延时，买方可采取解除合同、赔偿损失的救济方法。卖方不能免责，承担违约责任不考虑违约方的主观过失，即无过失原则。信用证过期的原因是卖方不按期履行合同，买方不开立新的信用证是行使抗辩权。

第五节 货物的所有权与风险转移

一、货物所有权的转移

在国际货物买卖活动中，货物所有权及货物灭失风险何时起由卖方转移到买方是关系到买卖双方根本利益的重大问题。所谓货物所有权的转移，是指从何时起买方成为所买货物的所有人，从而对货物享有完全的占有、使用、收益、处分的权利。如所有权转移到买方时，买方未付款就破产，此时卖方不能以物主的身份要回货物，只能以债权人的身份参加破产清偿。

《联合国国际货物销售合同公约》明确规定不涉及买卖合同对所售货物所有权可能产生的影响。因此，《联合国国际货物销售合同公约》除原则性地规定卖方有义务把货物的所有权转移于买方，并负有权利担保的义务外，没有规定所有权转移的时间、地点、条件及其他由此带来的影响。

英国把所有权的转移与风险转移的时间联系在一起；美国把所有权与风险的转移区分开来，原则上交付货物时转移。不论各国分歧有多大，他们都承认当事人的约定，并允许卖方保留货物的所有权。

我国《合同法》规定标的物所有权转移的时间法定标准是：自标的物交付买方时转移。只有在下列情况下，不以交付时间转移。

（一）依合同约定

当事人可以在合同中约定标的物所有权转移的时间标准。其中当事人可以约定标的物所有权自合同成立时转移；或买受人在付清货款或完成某义务前，另外可以约定标的物于交付后一定时间才转移。例如，某商场与某家具厂的买卖合同中双方约定：家具厂负责将全部家具运至商场所在地的指定仓库，办理完交接手续，货物自此转移给商场。

（二）法律对标的物所有权的转移另有规定的

法律规定要求履行特殊手续的，以履行特殊手续为交付完毕。某些特殊的买卖合同需办理法定登记手续，则需待办理完毕法定登记手续才能完成所有权的转移。例如，在不动产或重要的动产（如船舶、航空器、车辆）买卖中，只有双方当事人办理过户登记手续，并在登记完成之时，买受人才能取得所有权。

（三）标的物交付的情况

交付标的物一般依下列原则确定。

1. 由出卖人送货上门的情况

由出卖人送货上门的，出卖人将标的物送到指定地点，买受人验收后即为交付，所有权随之转移。

2. 由出卖人代运或者代邮的情况

由出卖人代运或者代邮的，出卖人办完托运或邮寄手续时即为交付，所有权随之转移。

3. 由买受人自己提货的情况

由买受人自己提货的，以出卖人通知的实际提货日期为交付。

4. 标的物在订立合同之前已为买受人占有的情况

标的物在订立合同之前已为买受人占有的，合同生效时交付。

5. 双方当事人采用 CIF 价格术语的情况

双方当事人采用价格术语中的 CIF 时，提单的交付时间为货物的交付时间。采用 FOB、CFR 同理。

二、货物风险的转移

货物风险的转移，是指货物所可能遭到因不可归责于当事人双方的事由而导致的标的物损毁灭失的风险，从何时起由买方承担。如果由卖方承担风险，则其无价金的请求权；如果由买方承担，则买方仍应承担支付价金的义务。《联合国国际货物销售合同公约》第 66 条规定：货物在风险移转到买方承担后遗失或损坏，买方支付价款的义务并不因此解除，除非这种遗失或损坏是由于卖方的行为或不行为所造成。

各国国内法对风险转移的划分大致有三种标准：一是以合同成立时间（瑞士）；二是以所有权转移的时间（法国、英国）；三是以交货的时间（美国、德国等）。虽然有分歧，但都对风险转移提出了条件。一般地说，在非特定物的买卖中需要将货物特定化作为转移的前提条件。如果当事人对风险转移有约定，或合同采用某个交易惯例交货的，以约定的条件或惯例的规定为准。如按照《国际贸易术语解释通则》，在 FOB、CFR、CIF 合同中，货物的风险是从卖方将货物在装运港装船越过船舷时起转移于买方。

案例分析 3-16

我国某进出口公司以 CFR 术语签订合同，出口一批水果。由于承运货物的海运船舶在海运途中曾经搁浅，致使部分水果变质。货物到达目的港后经买方检验发现损失严重，随即要求卖方予以赔偿，卖方拒绝赔偿并提出让买方找船方索赔。

[问题思考]

该项损失的风险由哪方当事人承担?

[分析提示]

卖方不应对交付货物后、在运输过程中遭受的风险损失负责。货物在运输过程中遭受的风险损失应该由买方承担。根据《国际贸易术语解释通则 2000》的规定，在 CFR 术语中，卖方只承担货物在装运港越过船舷之前的风险，货物越过船舷之后的风险由买方承担。

（一）《联合国国际货物销售合同公约》的规定

1. 在合同涉及到货物运输的情况下

《联合国国际货物销售合同公约》规定：货物需要运输的，如果卖方没有义务在某一特定地点交付货物，自货物按照销售合同交付给第一承运人以转交给买方时起，风险就移转到买方承担。如果卖方有义务在某一特定地点把货物交付给承运人，在货物于该地点交付给承运人以前，风险不移转到买方承担。卖方授权保留控制货物处置权的单据（不移交单据），并不影响风险的移转。但是，在货物特定化以前，风险不移转到买方承担。我国《合同法》规定：当事人没有约定交付地点或者约定不明确，依照本法规定标的物需要运输的，卖方将标的物交付第一承运人后，标的物毁损、灭失的风险由买方承担。

2. 对于在运输途中销售的货物

《联合国国际货物销售合同公约》规定：货物装运后，在途中寻找买家或所运的货物转售的，从订立合同时起，风险就移转到买方承担。但是，如果情况表明有此需要，从货物交付给签发载有运输合同单据的承运人时起，风险就由买方承担。尽管如此，如果卖方在订立合同时已知道或理应知道货物已经遗失或损坏，而他又不将这一事实告之买方，则这种遗失或损坏应由卖方负责。我国《合同法》规定：卖方出卖交由承运人运输的在途标的物，除当事人另有约定的以外，毁损、灭失的风险自合同成立时起由买方承担。

3. 在以上两种情况之外

《联合国国际货物销售合同公约》规定：对货物既不涉及运输，也不是在途货物的风险，买方从接收货物时起承担。但是，如果买方有义务在卖方营业地以外的某一地点接收货物，当交货时间已到而买方知道货物已在该地点交给他处置时，风险移转。《联合国国际货物销售合同公约》规定：如果买方不在适当时间内接收货物，则从货物交给他处置但他不收取货物从而违反合同时起，风险移转到买方承担。

4. 在根本性违约的情况下

依《联合国国际货物销售合同公约》规定，货物的风险依据其所确立的标准（即交付货物时）移转于买方后，买方仍然保有各种救济权利。这就说明卖方的违约行为并不阻碍风险的移转，对风险负担的移转不产生影响，即便卖方违约，但风险仍然依据法律关于"未违约时的风险负担规则"移转于买方。例如：卖方交付的货物中，部分不符合合同且已构成根本性违约，如果又遭遇损失的情况下，虽然风险已转移到买方，买方仍可行使宣告解除合同及其他救济方法，即如保险公司不赔付的情况下，所有损失都由卖方承担；如果买方不解除合同，他可以就不符的货物向卖方行使法定的或约定的救济权，符合合同的货物的损失，则可向承运人或保险公司追偿。

从上述规定看，卖方违约时，对风险的转移没有影响；而买方不按约接受货物的，从违约时起，风险由买方承担。

案例分析 3-17

香港某公司与我国某公司于 1997 年 10 月 2 日签订出口服装合同，价格条款为 FOB 青岛，11 月 2 日货物准时通过"长风"轮出运。11 月 4 日，香港公司与德国公司签订合同，将该批货物转卖给德国公司，价格条款为 CFR 汉堡，合同适用法律为《联合国国际货物销售合同公约》。此时货物仍在运输途中。11 月 20 日，"长风"轮在海上航行中发生海水渗漏，服装受损严重。德国公司遂向香港公司和我国某公司索赔。

[问题思考]

货物发生损失的风险应由谁承担?

[分析提示]

11 月 4 日香港公司与德国公司签订合同后，货物风险由香港公司转移给德国公司，德国公司应承担货物损失的风险。《联合国国际货物销售合同公约》第六十八条规定："对于在运输途中销售的货物，从订立合同时起，风险就转移到买方承担。"

（二）我国法律的规定

我国《合同法》规定：标的物毁损、灭失的风险随标的物的交付买方而转移。交付前的风险由卖方承担；交付后的风险，由买方承担。交付货物时转移风险是原则性规定。

1. 原则性规定的限制

（1）当事人没有约定或法律没有另外的规定。

（2）必须基于有效的买卖合同。

（3）风险的转移与所有权的归属无关。

（4）一般违约也不影响风险的转移。

2. 迟延受领时的风险负担

买方按时按约地受领货物是买方的义务，卖方交付货物需买方的协助。在某些情形下，出卖人之所以未能交付标的物可能是因买受人的原因造成的，即买受人违约。在一

般情形下，标的物的风险负担自交付买方时转移，但卖方没有交付货物的原因是买方不按时受领的过错造成的，仍由卖方承担风险有失公平。《合同法》第 143 条规定：因买方的原因致使标的物不能按照约定的期限交付的，买方应当自违反约定之日起承担标的物毁损、灭失的风险。

3. 未交付有关标的物的单证时的风险负担

卖方交付标的物，同时应当交付有关标的物的单证和资料，此时货物的风险如没有约定（例如：未约定采用 CIF、FOB、CFR 等价格术语），仍然以标的物的交付时为转移。《合同法》第 147 条规定："卖方按照约定未交付有关标的物的单证和资料的，不影响标的物毁损、灭失风险的转移。"因此，无论卖方不交付标的物单证的行为是否涉及所有权转移，都不影响标的物风险自交付时起由卖方转移给买方。即卖方有权保留控制货物处置权的单据，并不影响风险的转移。

4. 交付标的物质量不符合要求的风险负担

《合同法》第 148 条规定："因标的物质量不符合质量要求，致使不能实现合同目的的，买方可以拒绝接受标的物或者解除合同。买方拒绝接受标的物或者解除合同的，标的物毁损、灭失的风险由卖方承担。"依此规定，卖方交付的标的物不符合质量要求，致使合同目的不能实现的，买方有权拒绝接受标的物，也有权解除合同。如果买方拒绝接受标的物或者解除合同，卖方的交付为无效，不发生标的物风险的转移，风险仍由卖方承担；若买方不拒绝接受标的物或者不解除合同，则卖方的交付为有效，标的物的风险仍转移给买方承担。本条所指的违约，应理解为卖方的违约使买方可以行使合同解除权时的情况。

5. 标的物风险负担与违约责任的分离

标的物毁损、灭失的风险由何方承担与何方应承担违约责任是两回事。风险负担转移的一般条件为交付；而违约责任承担的条件是违约。因此，即使标的物的风险转移给买方承担，也并不意味着卖方履行合同义务符合法律的规定和合同的约定；如果卖方的履行不符合法律的规定或者合同的约定，其仍应承担违约责任。因此，《合同法》第 149 条规定："标的物毁损、灭失的风险由买方承担的，不影响因卖方履行债务不符合约定，买方要求其承担违约责任的权利。"

小　结

本章是以《联合国国际货物销售合同公约》为主要依据，结合我国《合同法》的规定，同时简略介绍其他国家的相关内容，分别为读者讲述了合同的基本概念、分类；合同的成立过程及生效条件；合同的履行及消灭原因；重点介绍了买卖双方的义务和不履行义务时的救济方法；最后对所有权和风险何时转移于买方，作了较多地介绍。要求学生掌握货物买卖合同成立的必备条件、要约与承诺的内涵及相关问题、合同履行的含义及合同履行过程中的双方权利义务关系、违约的含义及其救济方法、货物所有权及风险转移的有关规定、货物保全的含义等内容，了解影响合同成立的因素、违约责任的形式、免责条款的含义及内容，学会运用本章的知识解决合同纠纷。

课后阅读材料

 资料一

《国际货物买卖统一法公约》简介

《国际货物买卖统一法公约》（Convention on Uniform Law for the International Sale of Goods），简称《海牙第一公约》。国际统一私法协会于1930年组织了一个"国际货物买卖统一法公约起草委员会"，着手公约的草拟工作。经过30多年的努力，1964年4月25日在海牙召开的有28个国家参加的外交会议上通过了《国际货物买卖统一法公约》及其附件《国际货物买卖统一法》，同年7月1日开始签字，1972年8月18日起生效。1964年海牙会议同时通过的还有《国际货物买卖合同成立统一法公约》（简称《第二海牙公约》）。

《海牙第一公约》是统一各国有关货物买卖的实体法的国际公约，旨在解决各国在货物买卖法方面存在的分歧，减少和避免法律冲突。全文共101条。内容包括：总则、卖方的义务、买方的义务、关于买卖双方义务的共同规定、风险转移。

《海牙第二公约》由国际统一私法协会于1930年组织草拟工作，在1964年海牙会议上通过，1972年8月23日起生效。1964年海牙会议同时通过的还有《国际货物买卖统一法公约》。全文共13条。对要约与承诺的生效、撤回及撤销等问题作了规定，为《国际货物买卖统一法公约》的补充，是关于国际货物贸易合同成立的统一实体法规则。

《海牙第一公约》的内容主要体现了欧洲国家的国际贸易实践和大陆法系的传统，因此只在少数西欧国家之间生效。《海牙第二公约》是统一解决国际货物买卖合同成立的若干法律问题的国际公约，旨在解决英美普通法系国家和欧洲大陆法系国家在合同成立问题，特别是在要约与承诺问题上存在的分歧。

1968年联合国国际贸易法委员会开始将《海牙第一公约》和《海牙第二公约》的内容予以合并，并进行修改补充，目的是使更多的国家接受，经过努力终于诞生了1980年的《联合国国际货物销售合同公约》。

$ 资料二

国际货物买卖合同范本

买　方：_____

地　址：_____ 邮码：_____ 电话：_____

法定代表人：_____ 职务：_____ 国籍：_____

卖　方：_____

地　址：_____ 邮码：_____ 电话：_____

法定代表人：_____ 职务：_____ 国籍：_____

　　经买卖双方在平等、互利原则上协商一致，达成本协议各条款，共同履行：

　　第一条 货物名称：_____

　　第二条 产地：_____

　　第三条 数量：_____

　　第四条 商标：_____

　　第五条 价格：_____

　　第六条 包装：_____

　　第七条 付款条件：签订合同后买方于 7 个银行日内开出以卖方为受益人的、经确认的、不可撤销的、可分割、可转让的、不得分批装运的、无追索权的信用证。

　　第八条 装船：从卖方收到买方信用证日期算起，45 天内予以装船，若发生买方所订船舶未按时到达装货，按本合同规定，卖方有权向买方索赔损毁／耽搁费，按总金额____%计算为限。因此，买方需向卖方提供银行保证。

　　第九条 保证金：卖方收到买方信用证的 14 个银行日内，向买方寄出____%的保证金或银行保函。若卖方不执行本合同，其保证金买方予以没收。

　　第十条 应附的单据：卖方向买方提供：

　　1. 全套清洁提货单；

　　2. 一式四份经签字的商业发票；

　　3. 原产地证明书；

　　4. 装箱单；

　　5. 为出口_____所需的其他主要单据。

　　第十一条 装船通知：卖方在规定的装货时间至少 14 天前用电报方式将装船条件告知买方，买方或其代理人将装货船估计到达装货港的时间告知卖方。

　　第十二条 其他条款：质量、数量和重量的检验可于装货港一次进行，若要求提供所需的其他证件，其办理手续费、领事签证费应由买方负担。

　　第十三条 装船时间：

第十四条 装货效率：每一个晴天工作日，除星期日、节假日外，每舱口进货为_____立方（吨）。

第十五条 延期费／慢装卸罚款：对于_____载重吨船来说，每天_____USD。

第十六条 不可抗力：签约双方的任何一方由于台风、地震和双方同意的不可抗力事故而影响合同执行时，则延迟合同的期限应相当于事故所影响的时间。

第十七条 合同争议的解决：

第十八条 本合同于____年__月__日在_____市用_____文签署，正本一式两份，买卖双方各执一份，买卖双方签字生效。

买方：_____ 卖方：_____
代表：_____ 代表：_____
日期：_____ 日期：_____

思考与练习

一、名词解释

合同　　要约　　承诺　　　要约邀请　　可撤销合同　抗辩权　　　代位权

撤销权　权利担保　品质担保　　实际履行　　根本性违约　无过错责任

违约金　定金　　所有权的转移　风险的转移　不可抗力

二、判断题

1. 根据《联合国国际货物销售合同公约》规定，凡是逾期的接受都不具有接受的效力。（　　）

2. 在各国合同制度上，悬赏广告一般被看作是要约。（　　）

3. 根据《联合国国际货物销售合同公约》规定，发价应当载明货物的名称。（　　）

4. 根据《联合国国际货物销售合同公约》规定，因违约所承担的赔偿责任限额以合同标的金额为限。（　　）

5. 根据各国合同法规定，合同中约定的违约金，在将来一方违约后，其数额可以增减。（　　）

6. 《联合国国际货物销售合同公约》规定，卖方对其所出售的货物必须保证有充分的物权。

（　　）

三、单项选择题

1. 根据英国法的规定，一项在法律上有效的合同，除当事人之间的意思表示一致外，还须具备的要素是（　　　）。

　　A．书面形式　　　　B．对价　　　　C．签字蜡封　　　　D．约因

2．《联合国国际货物销售合同公约》在接受的生效时间上，原则上采用（　　　）。

　　A．到达生效　　　B．了解生效　　　C．投邮生效　　　D．发出生效

3．德国法把违约分为（　　　）

　　A．违反条件与违反担保　　　　　　　B．轻微的违约与重大的违约

　　C．给付不能与给付迟延　　　　　　　D．预期违约与履行不可能

4．根据《联合国国际货物销售合同公约》规定，如果买卖合同对风险没有约定，卖方又有义务在某一特定地点将货物交给承运人，则货物风险转移的时间为（　　　）。

　　A．卖方将货物交给第一承运人时

　　B．卖方将货物交给买方时

　　C．卖方将货物在该特定地点交给承运人时

　　D．卖方将货物起运时

5．在合同制度上，认为要约原则上对要约人没有拘束力的国家是（　　　）。

　　A．法国　　　　　B．中国　　　　　C．英国　　　　　D．德国

6．根据《联合国国际货物销售合同公约》规定，在分批交货合同中，如果一方当事人不履行对其中任何一批货物的义务，便已对该货物构成根本违反合同，则对方可以采用的救济方法是（　　　）。

　　A．撤销整个合同

　　B．宣告合同对该批货物无效

　　C．撤销合同对该批及今后各批货物的效力

　　D．撤销合同对该批及以前已经履行的各批货物的效力

7．违反担保是指违反合同的次要条款或附随条款。违反担保的法律后果是（　　　）。

　　A．蒙受损害的一方可以请求解除合同，但不能请求损害赔偿

　　B．蒙受损害的一方只能请求解除合同

　　C．蒙受损害的一方不能请求损害赔偿

　　D．蒙受损害的一方不能解除合同，而只能请求损害赔偿

8．近代资本主义各国的法律，在合同形式上，都采取（　　　）。

　　A．不要式原则　　　　B．书面形式原则　　　　C．口头原则　　　　D．要式原则

9．依据《联合国国际货物销售合同公约》规定，当合同对交货的地点未作明确约定，而货物是特定物的，卖方交货的地点是（　　　）。

　　A．卖方的营业地　　　　　　　　　　B．货物所在地

　　C．买方的营业地　　　　　　　　　　D．将货物交给第一承运人

10．如果买卖合同没有规定价格或确定价格的方法，公约规定应按下列哪种情况下的价格确定为货物的价格（　　　）。

　　A．交货时候　　　　　　　　　　　　B．订立合同时候

　　C．买方接到货物时候　　　　　　　　D．发价时候

11. 我某进出口公司于 1990 年 11 月 15 日上午 8: 50 用电报向美国 Smith Co. 发盘:
1990 年 11 月 20 日复到我公司有效。11 月 18 日上午 10: 00 同时接到 smith Co. 的接受和
撤回接受的电传。根据《联合国国际货物销售合同公约》的规定, 对此"接受"(　　　)。

　　A. 可以撤回

　　B. 不得撤回, 必须与我某进出口公司签约

　　C. 在我某进出口公司同意的情况下, 才可撤回

12. 根据我国《合同法》的规定, 下列情形中, 要约没有发生法律效力的是 (　　　)。

　　A. 撤回要约的通知与要约同时到达受要约人

　　B. 撤销要约的通知在受要约人发出承诺通知之前到达

　　C. 同意要约的通知到达要约人

　　D. 受要约人对要约的内容作出实质性变更

13. 将实际履行作为对不履行合同的一种主要救济方法的国家是 (　　　)。

　　A. 英国　　　　　B. 美国　　　　　C. 法国　　　　　D. 德国

14. 按各国法律的一般规定, 下列各项中属于要约引诱的是 (　　　)。

　　A. 普通商业广告　　　　　　　B. 向交易对方寄送价目表

　　C. 向交易对方寄送报价单　　　　D. 悬赏广告

　　E. 向交易对方寄送商品目录

15. 《联合国国际货物销售合同公约》对追究损害赔偿责任依据的原则为 (　　　)。

　　A. 采取过失责任原则　　　　　B. 需证明违约一方有过失才可以

　　C. 采取严格责任原则　　　　　D. 毋须证明违约的一方有过失

16. 根据《联合国国际货物销售合同公约》规定, 如果卖方交付的货物与合同规定
不符, 而且这种不符已根本违反合同时, 买方可以采取的救济方法是 (　　　)。

　　A. 给卖方一段合理的额外时间让其履行合同义务

　　B. 撤销合同

　　C. 要求卖方对货物不符合同之处进行修补

　　D. 要求卖方交付替代物

四、多项选择题

1. 《联合国国际货物买卖合同公约》规定的损害赔偿责任的主要内容有 (　　　)。

　　A. 《联合国国际货物销售合同公约》规定的损害赔偿责任的范围为应与对方因
　　　其违约而遭受的包括利润在内的损失额相等

　　B. 《联合国国际货物销售合同公约》对损害赔偿责任的范围还作了一个重要的
　　　限制, 即不得超过违约一方在订立合同时, 依照他当时已知道或理应知道的
　　　事实和情况, 对违反合同预料到的或理应预料到的损失

　　C. 《联合国国际货物销售合同公约》在损害赔偿责任的承担上采取过失责任的
　　　原则

D.《联合国国际货物销售合同公约》认为损害赔偿责任请求权不因当事人采取其他救济方法而受到影响

  E. 公约没有规定，当事人一方违反合同时，没有违反合同的他方有义务采取必要的措施，以减轻因违约而引起的损失

2. 下列属于我国《民法通则》规定的无民事行为能力的人是（ ）。

  A. 10 周岁以上的未成年人

  B. 不满 10 周岁的未成年人

  C. 不能辨认自己行为的精神病人

  D. 不能完全辨认自己行为的精神病人

  E. 16 周岁以上不满 18 周岁的未成年人

3. 根据《联合国国际货物销售合同公约》规定，下列属于发价终止的情况是（ ）。

  A. 发价被拒绝   B. 发价被撤回

  C. 发价被撤销   D. 发价规定的接受期限届满

  E. 发价的合理期限已过

4. 根据德国法的规定，属于无行为能力的人是（ ）。

  A. 未满 7 岁的儿童   B. 因患精神病被宣告为禁治产者

  C. 未满 10 岁的儿童   D. 酗酒者

  E. 处于精神错乱状态，不能自由决定意志且并非暂时者

5. 育红学校欲组建电脑教室，分别向几个电脑商发函，称"我学校急需电脑 50 台，如你公司有货，请速告知。"华夏公司第二日即派人将电脑 50 台送到学校，而育红学校此时已决定购买另一电脑商的电脑，故拒绝接受华夏公司的电脑，由此发生纠纷。关于本案的下列表述中，正确的有（ ）。

  A. 育红学校的发函属于要约邀请

  B. 育红学校的发函属于要约

  C. 育红学校拒绝接受华夏公司电脑属于违约行为

  D. 育红学校拒绝接受华夏公司电脑不属于违约行为

6. 根据我国《合同法》的规定，下列各项中，属于不得撤销要约的情形有（ ）。

  A. 要约已经到达受要约人   B. 要约人确定了承诺期限

  C. 要约人明示要约不可撤销   D. 受要约人已对要约作出承诺

7. 甲、乙双方签订了买卖合同，在合同履行过程中，发现该合同履行费用的负担问题约定不明确。根据《合同法》的规定，在这种情况下，可供甲乙双方选择的履行规则有（ ）。

  A. 双方协议补充   B. 按交易习惯确定

  C. 由履行义务一方负担   D. 按合同有关条款确定

8. 根据《合同法》的规定，因债务人的下列行为给债权人造成损害，债权人可以请求人民法院撤销债务人行为的有（ ）。

A.　债务人放弃其到期债权

B.　债务人无偿转让其财产

C.　债务人以明显不合理的低价转让其财产，受让人知道该情形

D.　债务人以明显不合理的低价转让其财产，受让人不知道该情形

五、简答

1. 合同的成立等于生效吗？二者有什么关系吗？

2. 要约发出后，要约人能撤回吗？如何操作？公约如何规定？

3. 对方收到你的要约后，如果未做出承诺前，又收到你的撤销要约的通知，要约能撤销吗？说说你的理由。两大法系和《联合国国际货物销售合同公约》有何规定？

4. 合同必须符合条件才能生效，所以缺少任何一个条件，合同都是无效的。这个结论正确吗？《联合国国际货物销售合同公约》对此有规定吗？

5. 合同生效后就必须履行，所以，不论何种情况下签订的合同都不能撤销对吗？我国《合同法》有何规定？

6. 未到合同履行期，对方不准备履行合同时，我们只能等合同到期后追究他们的违约责任，是这样吗？《联合国国际货物销售合同公约》和我国《合同法》对此有何规定？

7. 买卖合同中卖方有什么义务？《联合国国际货物销售合同公约》是如何规定的？

8. 卖方不是自己过错造成的不交货，所以，不用承担违约责任对吗？《联合国国际货物销售合同公约》是如何规定的？

六、案例分析

1. 美国 A 公司于 7 月 2 日向中国 B 公司发出书面要约："购买芦笋罐头 1000 箱，每箱 10 罐，圆形铁罐装，每罐 0.5 公斤，有效期至 7 月 8 日"。该要约于 7 月 3 日送达 B 公司后，因行情发生变化，A 公司于 7 月 4 日以传真形式发出撤销要约的通知。B 公司于 7 月 6 日做出承诺："同意出售 1000 箱芦笋罐头，每箱 10 罐，圆形铁罐装，每罐 0.5 公斤"。A 公司于当天收到后未做任何表示。

问题：依据《合同法》的规定，A 公司撤销要约是否有效，合同是否成立？为什么？

2. 中国某对外贸易有限公司（下称外贸公司）与美国某公司（下称美国公司）于 2003 年洽谈出售某种原料产品 400 吨。外贸公司发电报称"确认售与你方……400 吨，7 月在纽约交货，请汇 40 万美元。"美国公司复电："确认你方电报，条件按你方电报的规定……已汇交你方银行 40 万美元……请确认在 6 月交货。"外贸公司未回电，以高价将该产品售与第三方。请根据《联合国国际货物销售合同公约》回答以下问题。

（1）双方之间是否已经成立合同？为什么？

（2）外贸公司是否违约？为什么？

3. 2001 年 11 月 6 日，甲委托乙出售红富士苹果 10 吨，乙在为甲出售苹果时，因有一单位需购买 20 吨，乙就以甲的名义与该单位订立了 20 吨苹果的出售合同。后甲认为苹果价格过低而拒绝承认出售苹果的买卖合同，并要求乙赔偿经济损失 1 万元。

问题: 乙以甲的名义订立的买卖苹果的合同是否需要追认? 为什么?

4. 一美国公司与一中国外贸公司于 1999 年 11 月份间先后签订了三份售货合同,由中国外贸公司向美国公司出售货物,总价值 468 000 美元,价格术语 CIF 鹿特丹,最后交货期限为 1999 年 12 月 31 日。合同约定在中国国际经济贸易仲裁委员会仲裁。合同订立后,因市场发生剧烈变化,国内国际市场价格飞涨,国内货源紧缺,到交货时价格已经上升了 1 至 2 倍。中国外贸公司认为双方订立合同时依合同价格交货的义务因履行合同时的环境与订立合同时的情况有本质的变化而得以免除,故中国外贸公司没有履行交货义务。美国公司则认为中国外贸公司不履行合同属于违约行为,应承担违约责任,并赔偿三份合同项下的利润损失共计 550 800 美元及其他费用损失。请根据《联合国国际货物销售合同公约》规定回答以下问题。

(1) 中国外贸公司没有履行交货义务是否构成违约? 为什么?

(2) 美国公司要求中国公司赔偿利润损失及其他费用损失是否有理? 为什么?

5. 2001 年 8 月 13 日,香港甲公司与广东乙公司达成购销月饼协议,约定甲于 8 月 17 日 (中秋节前 5 日) 交货到乙公司。8 月 23 日,甲公司交货于乙公司,乙公司拒收并通知甲公司解除合同,要求甲公司赔偿损失。而甲公司不同意解除合同,要求乙公司收下送到的月饼。双方发生争论,乙公司向人民法院提起诉讼,请求确认解除其与甲公司之间的合同,并要求甲公司赔偿预期利润损失 4 万元。

问题: 本案中,乙公司的请求应否满足,理由呢?《联合国国际货物销售合同公约》对此有规定吗?

6. 2000 年 10 月 18 日,日本 S 市某水果总店向山东省烟台市栖霞某果品公司订购苹果 10 万千克。合同中约定: 2000 年 11 月 8 日于栖霞栗林村交货,单价每公斤 4 元。2000 年 11 月 1 日,果品公司向当地农户购买苹果 10 万千克,并支付货款 35 万元。2000 年 11 月 4 日,日本水果总店电话通知果品公司:“因苹果销路不好,我店将不买预定于 11 月 8 日交货的苹果”,此时,果品公司为保管苹果支出仓储费 2000 元,人工费 1000 元,如到 11 月 8 日交货还需要支出人工费 500 元,为避免损失的进一步扩大,果品公司当天即以每公斤 3.35 元的价格将 10 万千克的苹果出售给 L 公司。2000 年 11 月 5 日,果品公司起诉水果总店要求赔偿损失。

问题: 本案果品公司要求水果总店承担违约责任时,合同约定的履行期限未届至,水果总店应否承担违约责任?《联合国国际货物销售合同公约》对此有何规定?

7. 某商场新进一种 CD 机,价格定为 2598 元。柜台组长在制作价签时,误将 2598 元写为 598 元。赵某在浏览该柜台时发现该 CD 机物美价廉,于是用信用卡支付 1196 元购买了两台 CD 机。一周后,商店盘点时,发现少了 4000 元,经查是柜台组长标错价签所致。由于赵某用信用卡结算,所以商店查出是赵某少付了 CD 机货款,找到赵某,提出或补交 4000 元或退回 CD 机,商店退还 1196 元。赵某认为彼此的买卖关系已经成立并交易完毕,商店不能反悔,拒绝商店的要求。商店无奈只得向人民法院起诉,要求赵某返还 4000 元或 CD 机。

问题：依《合同法》，商店的诉讼请求有法律依据吗？为什么？

8. 原告为青岛一大型养鱼场，被告为某国食品加工公司。双方于 1995 年 5 月 20 日签订了一份购买鲜活鱼的合同，其中约定：原告向被告提供养殖鲜鱼 2000 千克，每千克 16 元；于 6 月 10 日以前，由被告至原告处取货。原告为保证按时向被告供货，且便于被告取货，将被告所需要的鱼集中放到一个临近道路的水池中，同年 6 月 5 日，原告催促被告前来取货，并提出也可以由原告送货，由被告承担费用。被告提出因其库存的原因，暂不能收货。至 6 月 10 日，被告仍未前来取货。6 月中旬以后，因连续罕见的暴雨，致使原告池中的水涨满溢出，鱼纷纷蹦出池外。原告提出，为被告存放的鱼因蹦出池外，损失 3 万元，因被告违约应由被告承担。被告提出尽管其迟延数天，但双方没有约定迟延履行的责任，所以不应承担责任，至于鱼蹦出池外是由于原告的过错造成的。

问题：鱼蹦出池外的损失应当如何解决？谁来承担这个损失？《联合国国际货物销售合同公约》有何规定？

9. 中国 A 公司以到岸价格（CIF）销售一批货物给美国 B 公司，结算方式为即期付款交单（D/P）。合同货物由 A 公司委托韩国 C 船公司承运。货物于约定的时间在中国大连港装船后，A 公司按约定向中国某保险公司投保了海上货物运输一切险。此后，A 公司也收取了全额合同货款。当载有合同货物的船驶至韩国港口时，因 C 船公司在韩国涉及债务纠纷，该船被韩国法院扣押。近两个月后，因 C 船公司向法院提供了担保，该船才离开韩国，继续驶往美国，但货物晚到目的港两个月。B 公司提货时发现货物短少 10%。

问题：货物的损失由中国公司承担，还是承运人、保险公司承担？

第四章 代 理 法

在国际商贸活动中，由于涉及的业务种类纷
繁复杂，当事人不可能凡事亲力亲为，于是代
理制度就随着商贸活动的发展而逐步发展起
来。目前各国法津都对代理制度作了规定。英
美法系中的代理制度主要在一些判例法之中，
大陆法系也吸收了英国法的一些原则，在民法
典和商法典中对代理制度加以规定。我国代理
制度主要规定在《民法通则》和《合同法》中。

课前案例思考

周某经常作为 A 百货公司采购员与 B 服装厂进行业务往来。一次他出差采购男士西服，到 B 服装厂后，觉得该厂女士毛衣款式新颖，价格也十分便宜，便以某百货公司的名义购入了 50 件毛衣，并给服装厂交了 20%的定金，同服装厂约定 10 日后再由某百货公司付余下的货款。周某将所购服装运回该百货公司后，该公司经理认为虽然这批毛衣价格较便宜，但由于该公司刚购进 100 件毛衣，大部分尚未售完，故不能再进货了，于是拒绝支付购买女士毛衣的货款。B 服装厂认为，周某作为 A 百货公司的代理人与其订立了合同，且预付了定金，A 百货公司应承担付款责任。A 百货公司认为，其只授权周某购买男士西服，并没有授权他购买女士毛衣，周某擅自做主，应由其个人承担。

根据所述案情，周某有无实施购买女士毛衣的代理权？这笔货款应由谁来支付？

第一节 代理制度概述

一、代理的概念和特征

（一）代理的概念

所谓代理（agency）是指代理人（agent）按照被代理人（又称本人，principal）的授权，在代理权限内代表被代理人同第三人订立合同或作其他的法律行为，由此产生的法律后果由被代理人承担的一种法律制度。

在代理制度中，被代理人或本人是指委托他人替自己办事的人；代理人是指接受被代理人委托的人；第三人则泛指所有与代理人打交道的人。如案例 4-1 中，甲就是被代理人，乙就是代理人，而丙是第三人。因此，买卖电脑合同的当事人应是甲和丙。

（二）代理的特征

1. 代理人必须以被代理人的名义或以自己的名义从事代理活动

世界各国对代理有不同的理解。大陆法系国家一般采用狭义的代理，即直接代理。指代理人以被代理人的名义所进行的代理行为。而英美法系国家一般采用广义的代理。即代理不仅包括直接代理，还包括间接代理。所谓间接代理，是指代理人以自己的名义代他人从事代理活动。我国《民法通则》采用的是直接代理的理解。

2. 代理人必须在被代理人的授权范围内从事活动

代理人在被代理人的授权范围内行事，他的行为才对被代理人有拘束力。如果代理人根本就没有代理权或超越代理权，即构成无权代理，其行为结果对被代理人没有拘束力，由代理人自己承担相应的法律后果。

3. 代理人在代理权限内需有自己独立的意思表示

代理人在代理活动中，不是机械地照搬被代理人的意思，而是可以进行独立的思考，在被代理人的授权范围内做出自己的意思表示。

4. 代理行为的法律后果由被代理人承担

代理人在授权范围内所从事的一切代理活动，其法律后果全部由被代理人承担。也就是说既包括代理人在代理活动中所取得的权利义务，也包括由于代理人故意或过失而造成的违法或不利于被代理人的后果。除在某些特殊代理的情况下，代理人一般不对第三人承担代理行为的法律后果。

案例分析 4-1

甲电脑公司有 20 台 TCL 笔记本电脑欲出售，便委托乙为其寻找买主并签订委托协议。在协议中约定，每台电脑最低售价为 6500 元，按合同标的额的 10%支付给乙报酬。后乙找到丙单位，并代甲与丙单位签订了买卖合同。约定每台电脑售价为 7000 元。

[问题思考]

（1）甲与乙之间属于什么关系？
（2）买卖电脑合同的当事人是谁？若电脑出现了质量问题，由谁承担责任？
（3）电脑的最终售价是每台 7000 元，这说明了什么问题？

[分析提示]

本案中甲乙之间是一种代理关系。甲是被代理人，乙是代理人，合同的双方当事人是甲和丙。根据代理的概念及其特征，代理人代理行为的法律后果应由被代理人承担。因此，本案中，如果电脑质量出现问题，应由甲来承担，乙无需承担任何责任。乙最后以 7000 元的价格售出，说明乙作为代理人在同第三人的磋商过程中有在代理权限内自己独立的意思表示。

二、代理权的产生

关于代理权产生的方式，大陆法系，英美法系国家的法律和我国法律的规定有所不同，现分别介绍如下。

（一）大陆法系

大陆法系依代理权产生的原因不同，将代理分为法定代理和意定代理两种。

1. 法定代理

法定代理是指代理人根据法律的规定而取得代理权的代理。例如：父母对未成年子女的法定代理；亲属所选任的监护人或遗产管理人的法定代理；法院指定的破产企业的财产清算人等。

2. 意定代理

意定代理也称委托代理，是指由被代理人的委托授权而产生的代理。它是代理关系中最常见、适用最广泛的一种方式。委托代理可以采用口头方式，也可采用书面形式。如一方当事人（被代理人）委托另一方当事人（代理人）代自己去同第三方签订合同或从事其他法律活动。

（二）英美法系

英美法系国家根据代理权产生的原因不同，将代理分为明示的指定、默示的授权、客观必需的代理、追认的代理。

1. 明示的指定

明示的指定是指被代理人以明示授权方式指定某人为其代理人。这是英美法系国家中代理权产生的最主要方式。这种授权没有特定的形式要求，可以是口头的，也可以是书面的形式。但如果被代理人要求代理人用签字蜡封的方式替他同第三人订立合同的，则授权书必须采用签字蜡封形式，如转让不动产。

2. 默示的授权

默示的授权是指被代理人虽未明示授予，但基于被代理人的言词或行为，致使第三人相信代理人是有权代替被代理人行事而产生的代理权。默示的授权也称"不可否认的代理"，类似大陆法系及我国民法中的表见代理。例如：某甲经常让乙代替他与丙签订合同，在这种情况下，乙便认为是具有默示的代理权，丙基于这种情况也认为乙是有代理权的。如果日后甲不让乙以他的名义签订合同了，则甲既要通知乙，也要通知丙，否则如果乙继续以他的名义与丙签订合同，则甲仍须对丙因此造成的损失负责。

3. 客观必需的代理

客观必需的代理也称紧急处分的代理，是指在发生紧急情况时，受托照管他人财产的人，虽然没有得到采取此种行动的明确授权，但以代理人的身份保全财产所产生的代理权。例如：承运人在遇到紧急情况时，有权采取超出他通常权限的、为保护委托人的财产所必须采取的行动。如出售易于腐烂或有可能灭失的船上货物，或以船舶为抵押物借债以清偿为完成航次所需要的修理费用。但要取得这种代理权是比较困难的，英美法院一般也不愿意不适当地承认这种代理权。根据英美法院的判例，行使这种代理权必须

具备以下三个条件。

（1）行使代理权时必须具有商业上所必须的紧急情况。

（2）代理人在行使代理权前无法同被代理人取得联系，或由于紧急情况不允许等到被代理人的指示。

（3）代理人所采取的行动必须是善意的，并且考虑到了各方当事人的利益。

4．追认的代理

追认的代理是指代理人无权代理或超越代理的情况下以被代理人的名义同第三人订立了合同，这个合同对被代理人是没有拘束力的，但是如果事后被代理人批准或承认这个合同，则构成追认。追认的效果就是使该合同对被代理人有拘束力，即被代理人追认后，取得合同的所有权利和义务。合同的一切法律后果由被代理人承担。例如：履行代理人签订的合同义务，支付货款等。

追认的代理必须具备以下三个条件。

（1）代理人在为法律行为时必须以被代理人的名义进行。

（2）合同只能由为法律行为时已指明的被代理人做出。

（3）被代理人在追认该代理行为时，已经了解了该代理行为的主要内容。

（三）中国法

根据我国《民法通则》的规定，代理权可分为委托代理、法定代理和指定代理。前两种方式与大陆法系国家的法律规定基本一样。

案例分析 4-2

A 公司授权甲从某地购买一批热带水果。由于该地发生地震引发海啸造成所有通讯设备中断，甲不能将该批货物按时发运，且无法与 A 公司取得联系。为了避免水果腐烂，造成更大损失的情况下，甲便及时出售了该批水果，并将所得价款以 A 公司的名义存入银行。后因该地的自然灾害导致热带水果价格猛涨，A 公司以甲未取得 A 同意擅自出售水果的行为要求甲给以赔偿，甲则以存在客观需要的授权为抗辩拒绝赔偿。

[问题思考]

甲的客观需要的代理权能否产生？为什么？

[分析提示]

由于水果属于易腐烂不易长时间储存的货物，且当地发生重大自然灾害导致通讯中断。甲无法与 A 公司取得联系的情况下，为了争取最大利益的保全被代理人的财产，不得已做出的行为，符合客观必需代理的情形。因此，甲可以此抗辩 A 公司，拒绝赔偿。

三、无权代理

（一）无权代理的概念

无权代理是指欠缺代理权的人所作的代理行为。即代理人没有代理权、超越代理权或代理权消灭等情况下进行的代理行为。

无权代理的产生主要有以下四种情形。

（1）不具备默示授权的代理。

（2）授权行为无效的代理。

（3）超出授权范围的代理。

（4）代理权消灭后的代理。

（二）无权代理的效果

根据各国法律的规定，无权代理所做的代理行为，非经被代理人的追认，对被代理人是没有法律拘束力的。如果善意的第三人由此而遭受损失，应由无权代理人负责。

1. 大陆法系国家的规定

大陆法系国家规定，无权代理需经被代理人追认才能对被代理人产生效力。否则，依"默示担保契约说"，无权代理人应对第三人负赔偿责任。该行为人所指向的被代理人无需承担任何合同责任。同时，第三人在得知行为人无权代理时，享有催告权或撤回权。即第三人既可以催告的方式请求被代理人追认该代理行为有效，从而由被代理人和第三人承担履行合同的责任；也可以在被代理人未追认前撤回他与无权代理人所订立的合同。如果第三人在订立合同时明知行为人没有代理权，则不得撤回该合同。

2. 英美法系国家的规定

英美法系国家规定，将无权代理称为"违法有代理权的默示担保"。认为代理人在与第三人订立合同时，应承担他拥有代理权的默示担保义务。否则第三人可对其提起损害赔偿之诉，要求代理人承担因合同得不到履行而受到的损失。但是如果第三人明知代理人没有代理权而仍为之，则代理人可以不承担责任。

3. 我国法律的规定

我国《合同法》规定，行为人没有代理权、超越代理权或者代理权终止后以被代理人名义订立的合同，未经被代理人追认，对被代理人不发生效力，由行为人承担责任。被代理人知道他人以其名义实施民事行为而不作否认表示的，视为同意。如果第三人明知代理人没有代理权、超越代理权或者代理权已终止，仍与代理人进行民事行为，造成损失的，由第三人和代理人承担连带责任。

案例分析 4-3

李某是农业养蚕专业户，2002 年 6 月，李某与自称"华丝"丝绸厂业务员杨某签订了蚕茧购销合同。合同规定，由李某 7 月底将总价款 10 000 元的蚕茧送到"华丝"丝绸厂，厂里验收后付款。杨某以经办人身份在合同上签字。李某按时将蚕茧送到该厂，该厂对蚕茧验收后入库，让李某 10 天后取款。10 天后，李某到该厂取款。该厂厂长刘某说，杨某未经领导同意，在外乱签合同已经被我厂开除，厂里不能付款，你只能找杨某解决。

[问题思考]

（1）杨某是否具有代理权？为什么？

（2）"华丝"丝绸厂应否对合同承担责任？为什么？

[分析提示]

杨某在签订合同时没有代理权，作为无权代理人与李某签订的合同原则上属于效力待定合同，需要被代理人的撤回或追认才能确定该合同的效力。本案中李某将蚕茧送到"华丝"丝绸厂后，该厂验货入库，说明被代理人对合同已经默许并开始履行，即对杨某行为的追认。无权代理行为经追认后具有有权代理的法律效力，故该合同生效。"华丝"丝绸厂应当承担合同的付款责任。

四、表见代理

（一）表见代理的概念

表见代理是指行为人虽无代理权，但由于被代理人的行为使第三人在客观上有足够理由相信行为人具有代理权，则当第三人向被代理人主张权利时，该行为的后果直接由被代理人承担。

（二）表见代理的特征

（1）表见代理人以被代理人的名义行事。

（2）表见代理行为是法律行为或具有法律效力的行为。

（3）表见代理行为客观上有使第三人相信表见代理人是有代理权的。

（4）第三人在主观上是善意的，且无过失。

（三）表见代理的效力

我国《合同法》第 49 条规定：行为人没有代理权、超越代理权或代理权终止后以被代理人的名义订立合同，相对人有理由相信行为人有代理权的，该代理行为有效。表见代理也属于广义上的无权代理，但是表见代理的法律效果在于使无权代理发生如同有权代理的效力。

案例分析 4-4

甲长期担任 A 公司的业务主管，在 A 公司有很大的代理权限。在甲的努力下，A 公司生意兴隆，新老客户遍及世界。由于甲公司董事长嫉妒甲的才能，无理解雇了甲。于是甲怀恨在心，在解雇一个月后，继续假冒 A 公司的名义与老客户 B 公司签订合同，骗得货物后逃之夭夭。B 公司要求 A 公司付款，A 公司则以甲假冒公司名义为由拒绝付款。B 公司坚持认为在其与甲做生意期间，他并不知甲已被 A 公司解雇，并且也未收到有关 A 公司已解雇甲的任何通知，故 B 公司是不知情的善意第三人，A 公司仍应对甲的无权代理行为负责。

[问题思考]

谁应当对 B 公司负责？

[分析提示]

本案中 A 公司应当对 B 公司承担付款责任。虽然 A 公司在开除甲后，甲和 A 公司之间的代理关系终止，甲继续以 A 公司的名义从事代理行为属于代理权终止后的行为，但是 B 公司并没有得到相关的通知。鉴于 B 公司通过甲与 A 公司长期以来形成的业务关系，从客观上来看，B 公司完全有理由认为甲和 A 公司之间的代理关系仍存在，故构成表见代理。根据表见代理的特征，甲代理行为的法律后果直接归属于 A 公司。即 A 公司不得以无权代理对抗，而应承担对 B 公司的付款责任。

五、代理关系的终止

（一）代理关系终止的含义

代理关系的终止，是指根据代理关系中的双方当事人的协议或行为表示以及某些法定事由的出现，致使代理权消灭的行为。

（二）代理关系终止的原因

代理关系的终止有两种原因。

1. 根据当事人的意志终止

一般有几种情况：①有代理期限的，合同规定的期限届满时代理关系终止；②没有代理期限的，经当事人双方同意也可终止代理关系；③原则上，被代理人也可单方面撤回代理权。

2. 根据法律终止代理关系

根据各国法律，在下列情况下，代理关系即告终止：①本人死亡、破产或丧失行为能力。根据某些国家的法律，上述情况只适用于民事代理，对于商法上的代理权不因本人的死亡或丧失行为能力而终止；②代理人的死亡、破产或丧失行为能力。无论是民事代理或是商事代理均因此终止。

（三）代理关系终止的效果

代理关系终止的效果，表现为两个方面：

1. 当事人之间的效果

代理关系终止后，代理人就没有代理权，如果该代理人继续从事代理活动，则属于无权代理，代理人与被代理人之间的关系应按有关无权代理的规定处理。如案例 4-4 中，甲与 A 公司之间就属于无权代理，甲应当对 A 公司承担赔偿责任。

2. 对于第三人的效果

当被代理人撤回代理权或终止代理合同时，对第三人是否有效，主要取决于第三人是否知情。根据各国法律，当终止代理关系时，必须通知第三人才能对第三人发生效力，否则第三人本着对代理人的信任与之订立合同，构成表见代理，被代理人仍应受该合同约束。如案例 4-4 中，如果 B 公司明知甲没有代理权仍与他签订合同的，则合同对 A 公司不生效。

第二节　因代理而产生的关系

在代理合同中涉及三方当事人，有三种关系：①代理人与被代理人之间的关系；②代理人与第三人之间的关系；③被代理人与第三人之间的关系。现分别介绍如下。

一、代理人与被代理人之间的关系

代理人与被代理人之间的关系，一般是合同关系，通常也称为内部关系。一般情况下，他们之间是通过订立代理合同或代理协议来建立他们之间的代理关系，并以此确定他们之间的权利义务，以及代理人的权限范围及报酬。

（一）代理人的主要义务

1. 代理人应勤勉地履行其代理职责

如果代理人不履行其义务，或者在替被代理人处理事务时有过失，致使被代理人遭受损失的，代理人应负相应的赔偿责任。

2. 对被代理人应诚信、忠实

主要表现为：①代理人必须向被代理人公开他所掌握的有关客户的一切必要的情况，以供被代理人考虑决定是否同该客户订立合同。②代理人不得以被代理人的名义同代理人自己订立合同或者同时兼任第三人的代理人，除非事先征得被代理人的同意。③代理人不得牟取私利与第三人恶意串通损害被代理人的利益，否则应承担赔偿损失及相应的刑事责任。案例4-5中，作为代理人的乙虽然自己将别墅买下，但其取得了被代理人甲的同意，因此该合同是有效的。

3. 代理人须及时报告账目

由于代理行为最终的结果是由被代理人承担的，所以代理人有义务对一切代理交易保持正确完整的账目，并及时向被代理人报告账目。

4. 披露与通知义务

代理人应把代理过程中的一切真实重要的事实尽可能迅速地披露并通知被代理人，以便被代理人做好相应的准备。案例4-5中，乙作为代理人有义务披露其所知的一切相关的重要信息，但是乙在得知房产价格将猛涨，却故意隐瞒甲，自己将别墅买下，违背了对被代理人甲的诚信义务，因此甲有权撤销合同。

5. 亲自代理的义务

在一般情况下，代理人不得把被代理人授予的代理权转委托给他人，让别人替他履行代理义务。除非有被代理人的事先许可，或是客观情况需要保护被代理人的利益，或被代理人事先未禁止而贸易习惯允许这样做，否则，代理人不得将代理事务转委托他人。例如甲委托乙为其购买茶叶，后乙因为临时有事，另委托丙去买，由于丙不了解，买了次等的茶叶，因此甲有权要求乙赔偿其损失。因为乙作为代理人有权亲自代理委托事务，如果转委托丙，必须事先取得甲的同意。

（二）被代理人的主要义务

1. 向代理人支付佣金或报酬

这是被代理人的一项最主要的义务。

2. 偿还代理人因履行代理义务而产生的费用

一般而言，代理人履行代理业务的正常开支是不能向被代理人要求偿还的，但是，如果代理人因处理受委托事务而支出费用或遭到损失的，则有权要求被代理人赔偿。例如：代理人受被代理人的委托对违约客户提起诉讼所支出的费用或遭受的损失，被代理人就应当赔偿。

3. 允许代理人核对账目

在代理关系中，代理人所获得的报酬往往是根据其代理行为所产生的效益来确定的，所以被代理人应允许代理人核对有关的账目，以确定被代理人所支付的佣金是否正确。这一规定是大陆法中的强制性规定，当事人不得在委托合同中予以排除。

案例分析 4-5

甲因生意上急需资金周转欲将其一套别墅出售，便委托房产经纪人乙为其寻找买主。后来乙得知最近房产价格猛涨，便决定自己买下该别墅，甲也同意以 100 万元的价格卖给乙，且双方签订了书面的转让协议。但是，在执行该协议之前，甲却以同样 100 万元的价格卖给了第三人。与此同时，乙以被代理人甲的身份找到了一位同意以 120 万元的价格购入该别墅的买主。当乙得知甲将别墅卖给了第三人后，便向法院起诉，要求甲赔偿其差价损失。

[问题思考]

（1）代理人的义务有哪些？
（2）作为代理人的乙是否尽到了其代理义务？

[分析提示]

代理人的义务主要有：勤勉履行代理职责；诚信、忠实；及时向被代理人报告账目；披露通知义务；亲自代理义务。

本案中代理人乙违反了诚信和披露通知的义务，没有尽到其代理责任。

二、被代理人及代理人同第三人的关系

被代理人和代理人对第三人的关系称为外部关系。一般情况下，代理人以被代理人的名义从事的法律行为，其法律后果直接归属于被代理人，代理人不对第三人承担责任。但是，在有些商业活动中，代理人在被代理人的授权下与第三人签订合同时，并不披露被代理人的姓名而是直接以自己的名义进行，在这种情况下，合同的一方当事人是被代理人还是代理人？应由谁向第三人负责？关于这个问题，大陆法系和英美法系有不同的规定。

（一）大陆法系的规定

大陆法系规定，如果属于直接代理，代理人所订立的合同直接约束被代理人，被代理人直接对第三人负责；如果属于间接代理，则一般应由代理人向第三人负责，被代理人一般也无需对第三人负责，而必须通过债权让与，将合同的权利义务从代理人转移给被代理人后，被代理人才按照合同的有关规定对第三人承担履约义务。

因而，在大陆法系中，间接代理不能直接在被代理人和第三人之间产生权利和义务关系，在这种情况下，大陆法系中第三人向间接代理的被代理人主张权利，必须借助于两个合同才能实现。即首先间接代理人必须与第三人签订合同，这是第一个合同；然后，该间接代理人与被代理人签订一份债权让与合同，这是第二个合同，通过该债权让与合同，将合同权利转移给被代理人。

（二）英美法系的规定

英美法中没有直接代理和间接代理的概念，对于合同的一方当事人是代理人还是被代理人的问题，英美法认为：如果代理人在订约时已指出被代理人姓名，并以被代理人的名义与第三人订立了合同，则该合同的双方当事人即为被代理人和第三人，代理人无需对合同承担责任；如果代理人在订约时表示有代理关系存在，但没有指出被代理人姓名，则该合同仍看作被代理人和第三人之间的合同，代理人也无需对合同承担责任；如果代理人在订约时根本不披露有代理关系的存在，而以自己的名义与第三人订立合同，则代理人应对合同承担个人责任。但未经披露的被代理人可以行使介入权，从而直接成为合同的一方当事人，可以对第三人行使请求权或在必要时通过诉讼要求第三人承担合同义务，并向第三人履行合同义务。同时，在这种情况下，第三人如果发现被代理人的存在，可以享有选择权，可以在代理人和被代理人中选择一人对其行使请求权，也可以在必要时对其中任何一人起诉，主张权利。第三人一旦选择后，不得向另一方再主张权利或起诉。

以上英美法系中的前两种情况，相当于大陆法系中的直接代理；而第三种情况，则相当于大陆法系中的间接代理。大陆法系与英美法系对代理的外部关系规定的不同之处在于它们对间接代理所产生的合同权利及于何人持不同的观点。大陆法规定，间接代理的后果不能由委托人（被代理人）直接承担，必须借助两个合同由被代理人间接承担。而英美法却无需借助两个合同，可使被代理人和第三人通过间接代理建立权利义务关系。

案例分析 4-6

甲受乙的委托为其购进一套机器设备，双方签订了一份委托代理协议。后甲以自己的名义与丙公司签订了一份买卖机器设备的合同。合同约定自甲收到货物后 3 日内，由甲将货款直接汇入丙的银行账户。甲收到货物后即要求乙付款，乙由于资金周转不灵，拒绝支付。丙公司要求甲付款，甲也拒不付款，同时披露其与乙的代理关系。于是丙公司诉至法院。

[问题思考]

本案中谁应承担对丙公司的付款责任？为什么？

[分析提示]

按照英美法系的法律，甲以自己的名义与丙公司签订了买卖合同，但是未披露有代理关系的存在。因此，甲作为代理人应对合同承担付款责任。但后来甲向丙披露了它与乙的代理关系，这时第三人丙就享有选择权，可以在甲与乙中选择一个行使请求权或起诉，但如果选定了一个后就不能再更改。

三、承担特别责任的代理人

通常情况下，代理人在授权范围内实施代理行为，其代理的法律后果由被代理人承担，代理人不需要负个人责任。但随着国际贸易交往的日益频繁，且被代理人与第三人往往分处不同国家，对于彼此的资信能力和经营作风都不大了解。因此，为了确保交易的顺利完成，需要代理人对他们承担个人责任。这种情况下的代理人就称为承担特别责任的代理人。一般包括保付代理人、保兑银行、保险代理人、运输代理人等。

（一）保付代理人

一般由出口商担任，其作为国外买方（即被代理人）的代理人承担向本国的卖方（即第三人）保证付款的责任。也就是说，保付代理人作为国外买方的代理人，向本国的卖方订货，并在订单上加上保付代理人的保证，由他担保国外的买方将履行合同，如果国外的买方不履行合同或拒付货款，保付代理人负责向本国的卖方支付货款。这样，通过保付代理人将国际贸易转为国内贸易，从而减少了出口货物中的潜在风险。

（二）保兑银行

在国际贸易活动中，商业跟单信用证是较为普遍的一种支付货款方式。在跟单信用证支付方式中，卖方为了保证收款安全，要求买方通过进出口地的往来银行或代理银行开出一份不可撤销信用证，委托该出口地的代理行对其不可撤销的信用证加以保兑，即在其上加上"保兑"字样，并将该信用证通知卖方（即第三人）。卖方只要提交信用证所规定的单据，就可以向设在出口地的保兑银行要求支付货款。

在这种保兑关系中，开证银行是委托人（即被代理人），保兑银行是代理人，卖方是第三人。保兑银行就是对卖方（第三人）承担特别责任的代理人。

（三）保险代理人

在国际贸易中保险行业的惯例，进口人或出口人在投保货物运输保险时，一般不能直接同保险人订立合同，而必须委托保险经纪人代为办理。保险经纪人替被保险人（被代理人）同保险公司（第三人）签订保险合同后，承担在被保险人不交纳保险费时向保险公司交纳保费的义务。

（四）运输代理人

根据有些国家运输行业的惯例，如果运输代理人受客户（被代理人）的委托，向轮船公司（第三人）预订舱位，他们自己须向轮船公司负责。如果客户届时未装运货物，使轮船空舱航行，代理人须支付空舱费。

第三节 我国的外贸代理制

随着商品经济的全球化，中国加入 WTO，外贸代理作为国际贸易中一种常见的经营方式，在外贸领域中得到广泛应用。我国的《关于对外贸易代理制的暂行规定》、《中华人民共和国对外贸易法》、《合同法》对外贸代理问题也作出了相应的规定。

一、外贸代理制的概念及特征

（一）外贸代理的概念

外贸代理制是指外贸企业提供各种服务，代生产、订货部门办理进出口业务，收取手续费，盈亏由委托单位负责的一种制度。外贸代理是指由我国有外贸经营权的公司、企业（受托人）充当国内用户或供货部门（委托人）的代理人，并以受托人的名义代理进出口业务，所产生的合同权利义务由代理人直接承担，委托人和第三人都不得向对方直接主张权利和要求对方承担合同责任的代理制度。

我国的外贸代理主要有三种类型：第一种是有外贸经营权企业之间的代理，代理人以被代理人的名义从事民事活动；第二种是有外贸经营权的企业之间的代理，代理人以自己的名义从事民事活动；第三种是无外贸经营权的企业委托有外贸经营权的企业以受托人的名义从事民事活动。由于我国无外贸经营权的企业占了大多数，这种类型的代理在我国的外贸代理制占主导地位。

（二）我国外贸代理的特征

1. 外贸代理关系的主体

外贸代理关系的主体是个体商人或商法人。他们可以是经过我国工商登记，从事一定营利性经营活动的法人、合伙企业、私营企业及个体工商户或者是我国承认的在国外依法登记成立的外国商人。

2. 外贸代理的内容

在外贸代理中，代理行为是与财产有关的经营行为，属有偿代理，具有营利性。

3. 外贸代理的后果

外贸代理不像一般的民事代理，外贸代理可以被代理人的名义，或以代理人自己的名义从事代理活动，且实际中后者居多。当代理人以自己的名义从事外贸代理时，它作为一个独立的专门从事营利性的商人，即使没有过错也要直接对第三人承担合同全部的义务和责任。虽然被代理人与第三人之间没有直接的合同关系，可是被代理人与代理人之间具有法律上的代理关系。因此，在代理人与第三人签订的进出口合同中，代理人的权利、义务即代理的后果归属于被代理人。

二、我国现行外贸代理制的法律依据

（一）1991 年颁布的《关于对外贸易代理制的暂行规定》（以下简称《暂行规定》）

根据该《暂行规定》，外贸代理制是指代理人以被代理人名义对外签订合同，合同权利义务直接由被代理人承担，适用于双方都有外贸经营权的企业；间接代理指代理人以自己的名义对外签订合同，合同权利义务由代理人对外承担，代理人与被代理人之间权利义务由委托代理合同确定，适用于双方都有外贸经营权的企业，也适用于无外贸经营权的委托人与外贸企业之间的关系。一般而言，通常所说的外贸代理制即指间接代理及其有关制度。外贸代理制中代理人首先应具备企业法人的一般权利能力和行为能力且应当在核准登记经营范围内从事经营；其次外贸代理人必须具有特殊的权利能力和行为能力即外贸经营权，没有外贸经营权的公司、企业必须委托有外贸经营权的公司代理进出口，且必须以外贸公司的名义对外签订合同；第三，外贸代理人对外仍需履行其所签订的合同，对内应承担相应的责任。由此可见，外贸代理制包括二个合同关系：即委托人和受托人之间的委托合同关系，受托人与外商之间的买卖合同关系。因买卖合同产生的纠纷一般根据合同中的仲裁条款予以解决；因委托合同产生的纠纷则由国内有管辖权的法院处理。

（二）我国《合同法》关于外贸代理制的相关规定

由于我国外贸代理中的进出口合同都不是以被代理人的名义签订的，而且被代理的一方自己没有外贸经营权，因此，他们对这种进出口合同既不能直接享受权利，也不能直接承担义务。这种进出口合同只能由外贸公司直接承担责任，而不能由那些没有外贸经营权的被代理人直接承担责任。

针对我国外贸代理制的特殊情况，我国合同法对此作出了新的规定。

我国《合同法》第 21 条规定了有关"委托合同"的内容，其中包括了有关外贸代理的内容。严格地说，虽然外贸代理属于外贸委托代理，代理人与被代理人一般签订书面委托代理合同，但是，委托合同并不完全等于委托代理。因为，所谓代理，主要是指代理人以被代理人的名义，向第三人作出或接受的意思表示，进行民事法律行为。而在委托合同中，受托人根据委托人的委托处理事务，既可以是向第三人作出或接受的意思表示的行为，也可以无需向第三人作出或接受意思表示的行为，即事实行为。

在我国外贸代理制中，大量的是外贸公司接受无外贸经营权的企业的委托，以外贸公司自己的名义，作为买卖合同的一方同外商签订进出口合同。对于这种情况，《合同法》第 402 条、第 403 条作了专门的规定。

根据《合同法》第 402 条，受托人以自己的名义，在委托人的授权范围内与第三人订立合同，第三人在订立合同时知道受托人与委托人之间存在代理关系的，则该合同直接约束委托人和第三人。该条还规定，如果有确切证据证明该合同只约束受托人和第三人时，则该合同不能直接约束委托人。这一条款对外贸公司有很大意义。在实践中，国内的委托企业常常与外方当事人先谈判合同的条件，然后再找到外贸企业，委托外贸企业对外签订进出口合同。在这种情况下，外方当事人清楚地知道外贸公司只是国内企业的外贸代理人。在外贸公司完成委托事务后，如双方发生争议，根据《合同法》第 402 条的规定，委托人或第三人一般应直接进行协商或提起诉讼、仲裁，外贸公司则可以作为抗辩理由，不再承担合同责任。

根据《合同法》第 403 条规定，当受托人以自己的名义与第三人订立合同，而第三人不知道受托人与委托人之间的代理关系时，其后果分为以下几种情况：

（1）当受托人因第三人的原因对受托人不履行义务时，即受托人对于未能履行对委托人的义务没有过错时，受托人应向委托人披露第三人，由委托人直接行使受托人对第三人的权利。但是，在第三人与受托人订立合同时，如果第三人知道该委托人就不会订立合同的话，则委托人不得直接对第三人行使权利。

（2）当受托人因委托人的原因对第三人未能履行合同时，受托人应当向第三人披露委托人。在这种情况下，第三人一旦作出了选择，便不得变更选定的相对人。例如，一旦选择受托人主张权利，那么即使他在对受托人的诉讼中败诉，或者虽胜诉，但未能得到实际履行，也不能重新对委托人提起诉讼。可以看出，合同法的这一规定在很大程度上借鉴了英美法系中有关未被披露被代理人的代理的法律制度。

（三）我国《中华人民共和国对外贸易法》

2004 年修订的《中华人民共和国对外贸易法》根据 WTO 协议的规则和内容，规范了我国对外贸易的代理行为，是目前进行外贸代理行为需遵守的重要法律。

案例分析 4-7

2000 年 11 月 2 日我国甲公司（无外贸经营权）欲向美国乙公司进口一套大型设备。于是委托北京具有外贸经营权的丙公司代理进口，并签订了一份代理进口协议，约定：丙公司进口该套设备。甲公司先支付货款给丙公司，丙公司将设备交给甲公司。为此，甲公司应负给丙公司一定数额的"代理费"。

11 月 15 日，丙公司同美国乙公司签订"订货合同"。丙公司是买方，乙公司是卖方；自丙公司收到美国乙公司提供的清洁提单之日起 3 日内，丙公司将直接汇款给美国乙公司。

后因甲公司资金周转困难，提出终止代理合同申请书，丙公司便通知美国乙公司，乙公司向丙公司提出索赔，丙公司则认为是代理进出口，且"订货合同"不能履行是由于甲公司所致，拒绝赔付。甲公司却认为自己与美国乙公司没有订立合同，它与丙公司的"代理合同"也不是真正的代理合同，因而它没有赔付乙公司的义务。

[问题思考]

（1）丙公司在本案中法律地位如何？

（2）本案应如何处理？

[分析提示]

根据《合同法》第 402 条、403 条规定，本案中，丙公司属于外贸代理，丙公司作为受托人由于委托人的原因对第三人美国乙公司不履行合同，乙公司可以选择受托人或委托人作为其相对人主张权利，要求其中一方承担违约责任，赔偿其损失，但美国乙公司不得变更选定的相对人。

小　结

本章主要介绍各国关于代理制度的法律规定。随着世界经贸关系的发展，代理制度不断趋于完善，各国规范代理关系的法律也趋向于统一。两大法系对有关代理的概念基本一致，但在对有关代理的产生以及在代理人、被代理人和第三人的相互关系处理上有些差异。大陆法系代理的产生分为法定代理和意定代理；而英美法系则分为明示的指定、默示授权、客观需要的代理以及追认的代理。在代理的内部关系和外部关系上，主要界定代理的外部关系。大陆法系区分直接代理和间接代理，而英美法系则区分代理人在订约时是否披露有代理关系的存在，是否披露代理人。代理关系在一定的条件下终止，一般是基于当事人的约定或法律的规定而终止。本章着重要求学生从代理、代理权及代理关系等内容进行学习和体会。

课后阅读资料

 资料一

《国际保付代理公约》（简介）

《国际保付代理公约》1988 年 5 月国际统一私法协会通过。国际保理是 20 世纪 60 年代发展起来的一种国际贸易结算方式。目前，国际上参加国际保理联合会的国家已有 130 多个。

《国际保付代理公约》中的保理定义：保理系指卖方或供应商或出口商与保理商之间存在的一种契约关系。根据该契约，卖方（供应商、出口商）将其现在或将来的基于其与买方（债务人）订立的货物销售、服务合同所产生的应收账款转让给保理商，由保理商为其提供下列服务中的至少两项：①贸易融资。出口商可运用保理业务向买方提供无追索权的、手续简便的贸易融资，出口商出售货物后可以获得 80%的预付款融资和 100%的贴现融资。②销售分账户管理。在出口人叙做保理业务后，保理商会根据出口人的要求，定期、不定期的向其提供关于应收账款的回收情况、逾期账款情况、信用额度变化及对账单等各种财务和统计报表，协助出口人进行销售管理。③应收账款的催收。保理商一般都有专业人员和专职律师处理账款的追收，并且保理商还会根据应收账款的逾期时间采取信函通知、打电话、上门催款及采取法律手段等。④信用风险控制与坏账担保。在出口人与保理商签订保理协议后，保理商会对进口人核定一个信用额度，在协议执行过程中，随时根据进口人资信状况的变化对信用额度进行调整。对出口人在核准信用额度内的应收账款，保理商提供 100%的坏账担保。因此可见，保理实际上是一种融结算、管理、担保、融资为一体的综合性服务业务，本质上是一种债权转让。

国际保理的业务流程：出口人查询进口人的资信情况→签订保付代理协议→进出口人签订买卖合同→出口人装货、制单并交单→出口保理商向进口保理商提出委托→进口保理商向进口人提示单据，付款人付款/拒付。

1992 年中国银行在中国率先推出国际保理业务，并于当年加入了国际保理联合会，接受了《国际保付代理公约》、《国际保理管理规则》等。

 资料二

《国际货物销售代理公约》（简介）

《国际货物销售代理公约》（Convention on Agency in the International Sale of Goods）简称《代理公约》，由国际统一私法协会于 1981 年起草，并于 1983 年 2 月 17 日在日

内瓦外交会议上正式通过。

《代理公约》共四章和两个附件。主要内容包括：第一章，适用范围及一般规则（第1-8条）；第二章，代理人权利之确立及范围（第9-17条）；第三章，代理人权利之终止（第18-22条）；第四章，最后条款。附一，外商独家经销协议样本；附二，外商代理协议样本。

《代理公约》第1条第1款规定："当事人——代理人，有权或声称有权代表另一人——本人与第三人订立国际货物销售合同时，适用本公约。"关于本人、代理人以及第三人三者之间的权利义务关系，规定了以下几种情形：①显名代理与未公开代理。代理人在授权范围内代表本人所为的行为，如果第三人知道或理应知道代理人是以代理人身份进行的，则代理人的行为直接拘束本人和第三人。②行纪代理。如果第三人在与代理人订立合同时既不知道也无从知道代理是以本人身份活动，或者如果第三人和代理人已经同意或知道代理人仅约束其自己，则按一般法则，尽管代理人是在其授权范围内代表本人行事的，其行为也仅对代理人或第三人有约束力，而不拘束本人。③准隐名代理。当代理人因第三人不履行义务或因其他理由未履行或无法履行其对本人的义务时，本人可以向第三人要求代理人代表本人所取得的权利，同时受到第三人可能对代理人提出的任何抗辩的限制。当代理人未履行或无法履行其对第三人的义务时，第三人发现了不公开的本人后，可以直接对本人行使其从代理人那里取得的权利。但该第三人同时应承受代理人可能对第三人提出的任何抗辩以及本人可能对代理人提出的任何抗辩的双重限制等。

《代理公约》是在大陆法和普通法兼容并蓄的基础上进行的整合，系统而详尽地概括了各种代理模式，逾越了代理法在两大法系的鸿沟，达成了代理法律关系有限度的统一，它是迄今为止在统一代理法方面最成功、最完备的国际公约。

思考与练习

一、填空题

1. 广义的代理分为_____和_____。狭义的代理仅指_____。

2. 直接代理中，代理行为的法律后果直接归属于_____。

3. 大陆法系国家的法律把代理权产生的方式分为_____和_____。

4. 对第三人承担特别责任的代理人主要包括_____、_____、_____、_____。

5. 代理关系在一定的条件下终止，一般是基于_____或_____而终止。

二、判断题

1. 根据各国代理法的规定，代理人应亲自履行代理任务，不得转托他人。（   ）

2. 我国法律中的指定代理实际上是一种委托代理。　　　　　　（　　）

3. 行纪属于直接代理，居间属于间接代理。　　　　　　　　　（　　）

4. 英美法系代理制度规定，如果代理人在订约时表示有代理关系存在，但没有指出被代理人姓名，则代理人仍需对合同承担责任。　　　　　　（　　）

5. 我国外贸代理制中的代理不同与一般民事法律中的代理。　　（　　）

三、选择题

1. 依大陆法，由于本人的意思而产生的代理为（　　）。
    A. 意定代理　　　　　　　　　　B. 法定代理
    C. 指定代理　　　　　　　　　　D. 意定代理和指定代理

2. 根据英美代理制度的规定，代理人在订立合同时已经指出本人的姓名时，那么该合同权利义务的承担人是（　　）。
    A. 代理人　　　　　　　　　　　B. 本人
    C. 代理人和第三人　　　　　　　D. 代理人和本人

3. 依英美法，一个人以他的言辞或行动使另一个人有权以他的名义签订合同，这种代理权产生的原因为（　　）。
    A. 明示的指定　　　　　　　　　B. 默示的授权
    C. 客观必须的代理权　　　　　　D. 追认

4. 大陆法系根据代理权产生的不同，将代理分为（　　）。
    A. 明示授权的代理　　　　　　　B. 默示授权的代理
    C. 法定代理　　　　　　　　　　D. 意定代理

5. 下列各项中，不属于代理人忠实义务内容的是（　　）。
    A. 代理人应亲自履行代理义务，不得擅自转托他人
    B. 代理人不得以被代理人的名义与自己订立合同
    C. 代理人不得与第三人恶意串通，损害被代理人的利益
    D. 代理人应及时将有关客户的资料披露给被代理人

四、简述题

1. 代理的概念和特征是什么？
2. 无权代理和表见代理的法律效果有何不同？
3. 代理人对被代理人的义务有哪些？
4. 两大法系对代理人未披露被代理人而以自己名义订立合同时，其法律后果有何差异？

五、案例分析

1. A 公司委托 B 公司代购空调和彩电各 300 台。B 公司接受 A 公司的委托后，便以 A 公司的名义同自己代理的另一家 C 公司签订了购买 300 台空调的合同；与本公司

下属的 D 分公司签订了购买 300 台彩电的合同；后来又以 A 公司的名义与 E 公司签订了购买冰箱 100 台的合同。D、E 两家公司依约发货，A 公司收到 C 公司的空调后，认为质量有问题，未付款要求退货；收到 E 公司的冰箱后，验收合格即按合同付款。后因为市场发生变化，A 公司要求 B 公司不要再为其采购彩电，而此时 D 分公司发 300 台彩电给 A 公司，A 公司接到领货通知后，拒绝接货，发生争议。

问：（1）B 公司代 A 公司与 C 公司签订的合同是否有效？

（2）B 公司代 A 公司同 D 分公司签订的合同是否有效，A 公司拒绝接货是否合法？

（3）B 公司代 A 公司与 E 公司签订的合同是否有效？

（4）A 公司与 C 公司、D 分公司的争议应该如何解决？

2. 美国舒亚纳公司想从中国进口一批计算机元件，因不熟悉中国的市场行情，便找到其在中国的合作伙伴北京克雷特计算机网络公司（以下简称舒亚纳公司和克雷特公司）。舒亚纳公司委托克雷特公司在中国市场代购总价约 50 万人民币的计算机元件。双方于 1999 年 11 月签署了一份委托代理协议，协议规定了代理的佣金为总价款的 2%。因当时舒亚纳公司与克雷特公司一直保持着良好的业务往来，基于相互的信赖，在委托代理协议上对代购的商品只原则性地规定了各种元件的品名，对数量和质量方面未做具体规定。

协议签订后，舒亚纳公司当即向克雷特公司汇款 50 万元，作为代理人的克雷特公司便开始积极寻找货源，因正值计算机价格飞涨之际，故克雷特公司迟迟未行使代理权。而此时舒亚纳公司与克雷特公司因其他业务矛盾，双方关系开始出现裂痕。1999 年 12 月，计算机元件生产厂家 A 公司找到克雷特公司，称其可以给克雷特公司回扣和优惠的价格，如果可让他们的产品出口到国外（此时计算机元件价格因竞争激烈而开始下跌）。

克雷特公司因担心与舒亚纳公司的关系突然破裂而得不到利益，决心孤注一掷，它要求 A 公司将合同单价提高一倍，不变更元件的数量，并将另一半货物发给自己或折价退回。以此为条件，否则它将不与 A 公司办理此业务，A 公司同意。2000 年 1 月，克雷特公司以代理人的身份，并以舒亚纳公司的名义，A 公司则由 B 进出口公司作为代理，双方签订一份购销协议。协议签订后，双方各自按约履行，克雷特公司将一半货物折价返还给 A 公司，并扣下近一半的货款和佣金，共计 25 万元。货到舒亚纳公司后，舒亚纳公司经市场调查发现，此时计算机元件的价格已经下跌，而合同的单价几乎是市场价的 3 倍，始知受到克雷特公司的愚弄，遂向北京市中级人民法院起诉。

问：（1）克雷特公司违反了其作为代理人的哪些义务？

（2）克雷特公司以舒亚纳公司的名义签订的购销合同是否有效？舒亚纳的损失应由谁承担？

第五章　国际结算法

　　在国际商贸活动中，注注要涉及货款或报酬的收取与支付。为了使货款的收付获得最大安全保障并取得资金融通的便利，在实践中，一般较少使用现金货币结算的方式，票据、托收、信用证方式成为现今国际商贸活动中被广泛采用的结算工具和结算方式。对它们的规范主要是通过国际惯例来实现的。

课前案例思考

　　甲公司向某工商银行申请一张银行承兑汇票，该银行作了必要的审查后受理了这份申请，并依法在票据上签章。甲公司得到这张票据后没有在票据上签章便将该票据直接交付给乙公司作为购货款。乙公司又将此票据背书转让给丙公司以偿债。到了票据上记载的付款日期，丙公司持票向承兑银行请求付款时，该银行以票据无效为理由拒绝付款。

　　问题：（1）从以上案情显示的情况看，这张汇票有效吗？

　　（2）根据我国《票据法》关于汇票出票行为的规定，汇票必须有哪些事项才有效？

　　（3）银行既然在票据上依法签章，它可以拒绝付款吗？为什么？

　　该案例涵盖了票据的法律特点及票据相关当事人的法律关系等票据法律制度问题。

第一节　票据法律制度

一、票据的概念及种类

　　广义的票据包括凡是能使财产证券化并具有支付功能的所有证券，包括商品票据（如提单、仓单）、资本票据（如股票、债券）和货币票据（如汇票、本票、支票）；狭义的票据专指票据法规定的票据（即货币票据），它是指出票人依法签发的、交给他人，约定由自己或受委托的第三人在见票时或者可确定的日期，无条件支付给持票人（包括原始的持票人及受让的持票人）一定金额的有价证券。

　　各国的票据法对票据的范围规定不尽相同。法国和德国的法律认为，票据包括汇票和本票。日本的法律则认为，票据包括汇票、本票和支票三种。美国《统一商法典》规定的可流通的票据包括汇票、本票、支票和银行存单等。国际上一般认为票据主要包括汇票、本票和支票三种。我国票据法规定的票据种类为汇票、本票和支票。

（一）汇票

　　汇票（bill of exchange or draft）是指由出票人签发的，委托付款人在见票时或者在指定日期无条件支付确定的金额给收款人或者持票人的票据。根据出票人的不同可分为银行汇票和商业汇票。

　　我国《票据法》规定，汇票应包含下列内容，否则无效：表明"汇票"的字样；无条件支付的委托；确定的金额；付款人名称；收款人名称；出票日期；出票人签章。

（二）本票

　　本票（promissory note）是指由出票人签发的，承诺自己在见票时无条件支付确定的金额给收款人或者持票人的票据。我国《票据法》中所称的本票仅指银行即期本票。本票与汇票相比有以下三个特点。

1. 本票只有两个当事人

本票只有两个当事人，一是持票人，另一个是收款人，本票的付款人就是出票人自己；而汇票的基本当事人有三个。

2. 本票是一项承诺

本票是一项承诺，即承诺自己付款；而汇票是一项支付命令，要求第三方付款。

3. 本票不需要承兑

因为其出票人始终是票据的主债务人，当然负有到期付款的义务；汇票必须经过承兑之后才能确定付款人对汇票的责任。当然对于见票后定期付款的本票，持票人仍应向出票人提示，否则不能确定付款日期，但这与本票出票人的付款义务无关。

本票与汇票有许多相同之处，票据法关于汇票的出票、背书、付款、拒绝证书以及追索权的规定都适用于本票。

（三）支票

1. 支票的概念

支票（cheque or check）是指由出票人签发的，委托办理支票业务的银行在见票时无条件支付确定金额给收款人或者持票人的票据。英国的票据法认为，支票是以银行为付款人的汇票。

2. 支票的分类

根据是否可以提取现金，支票分转账支票和现金支票。

3. 支票与汇票的区别

（1）支票是即期付款的。
（2）支票的付款人只能是银行。
支票的出票、背书、付款、追索等也与汇票的规定相同。
出票人签发的支票金额超过其付款时在付款人处实有的存款金额的，为空头支票。签发空头支票是法律所禁止的，须承担民事责任、行政责任甚至刑事责任。

案例分析 5-1

甲公司在银行的支票存款共有 100 万元人民币，该公司签发了一张面额为 200 万元的转账支票给乙公司。之后甲公司再没有向开户银行存款。

[思考问题]

（1）申请开立支票存款账户应具备哪些条件？

（2）乙公司所持的支票是否空头支票？如何判断空头支票？

（3）空头支票的付款人是否票据债务人？为什么？

（4）收款人取得支票时应注意什么问题？

（5）甲公司对空头支票的持票人应负什么责任？

[分析提示]

（1）申请开立支票存款账户应具备以下条件：

① 开立支票存款账户，申请人必须使用其本名，并提交证明其身份的合法证件。

② 开立支票存款账户和领用支票，应当有可靠的资信，并存入一定的资金。

③ 开立支票存款账户，申请人应当预留其本名的签名式样和印鉴。

（2）是。出票人所签发的支票是否为空头支票，应以持票人依该支票向付款银行提示付款之时为准，而不能以出票人签发支票时为准。

（3）不是。付款人不是票据上的当然债务人，支票中的付款人在支票存款中足以支付时才有法定的付款义务。

（4）收款人取得支票时应与开户银行核实出票人是否有足额的存款。

（5）甲公司作为出票人必须按照签发的支票金额承担保证向该持票人付款的责任。此外，持票人有权要求出票人赔偿支票金额 2%的赔偿金。

二、票据的国际立法及我国的立法

在票据的国际立法方面，目前基本可以分为两大体系，即日内瓦体系和普通法体系。日内瓦体系主要指 20 世纪 30 年代通过的《汇票和本票统一法公约》等四项关于票据的日内瓦公约，日内瓦公约是调和德国法系和法国法系分歧的产物，而这两个法系又均属于大陆法体系，因此，日内瓦公约主要是依大陆法的传统制定的。采用日内瓦体系的主要是大陆法系国家及日本和一些拉丁美洲国家。普通法体系国家主要是英国、美国和英联邦国家，认为日内瓦公约的规定与英美法系的传统和实践相矛盾，因此一直拒不参加日内瓦公约。日内瓦公约并没有能够达到统一各国票据法的目的，为了促进各国票据法的统一，联合国国际贸易法委员会自 1971 年起就开始起草国际结算的统一票据法，并在 1988 年的联合国第 43 次大会上正式通过了《联合国国际汇票和本票公约》，目前该公约尚未生效。

我国于 1995 年 5 月 10 日制定的票据法大量借鉴了两大法系和国际条约的规定，充分体现了法的移植。

三、票据的法律特征

根据各国票据法的规定，票据有以下几个法律特征。

（一）票据是要式证券

它包括两层含义：第一，票据记载的内容必须符合法律的规定；第二，票据必须符合法律规定的特定形式，即票据必须采用书面形式。

（二）票据是一种无因证券

票据上的法律关系只是单纯的金钱支付关系，权利人享有票据权利只以持有票据为要件，至于这种支付关系的原因或权利人取得票据的原因均不予考虑，即使这种原因关系无效，对票据关系也不产生影响。故持有票据的人在行使权利时无须证明其取得证券的原因，票据债务人也不得以原因关系对抗善意第三人。如出票人甲（买方）基于和乙（卖方）之间的买卖关系，向乙签发汇票，乙又基于和丙之间的借贷关系，将该汇票转让给丙，当丙向甲请求付款时，无须证明甲、乙之间的买卖关系以及乙、丙之间的借贷关系的存在，即使甲、乙之间的买卖关系撤销了或存在瑕疵，丙仍可凭连续背书的票据当然地行使票据权利。

大陆法的学者把票据称为无因证券，其目的是为了促进票据的流通，使人们放心接受票据，而不必过问占有原因和资金关系。

案例分析 5-2

甲公司因从乙公司进货而拖欠其 50 万元货款，乙公司又因借贷而拖欠丙公司 50 万元，现离借款到期日还有 4 个月，乙公司在征得甲、丙两家公司同意后，决定以汇票结清他们之间的债权债务关系，乙公司为出票人，甲公司为付款人，丙公司为受款人，票据金额 50 万元，出票日后 4 个月付款。丙得到汇票后向甲提示承兑，甲履行了承兑手续。一个月后，丙从某家具厂进货，将汇票背书转让给了家具厂。家具厂委托采购员刘某携带汇票采购木材，刘某不慎将其丢失，于是立即将汇票丢失的情况告知了家具厂，家具厂立即向甲办理了挂失止付的手续，但未采取其他措施。该丢失的汇票被张某捡到，张某伪造了家具厂的印章，以家具厂为背书人、自己为被背书人，然后持汇票到某汽车公司购买了一辆价值 50 万元的汽车。汽车公司于汇票到期时持汇票请求甲付款，甲以汇票已挂失止付为由拒绝付款，汽车公司于是行使追索权对所有前手发出了通知。家具厂接到通知后提出自己是票据权利人，汽车公司的票据权利有缺陷，请求返还票据。双方发生争执，诉至法院。

[思考问题]

（1）甲能否对汽车公司行使拒付权？

（2）若汽车公司遭拒付，其有何补救措施？

（3）家具厂是否有权要求汽车公司交回汇票？

（4）家具厂有何补救措施？

[分析提示]

（1）由于汇票具备背书的连续性，图示如下：丙公司（背书人）——家具厂（被背书人）——家具厂（背书人）——张某（被背书人）——张某（背书人）——汽车公司（被背书人）。在以上的图示中，虽然张某伪造背书，但不影响其表面上背书的连续性，而且汽车公司是善意并支付了对价而取得汇票的人，所以他有权行使票据权利。甲不能对汽车公司行使拒付权。

（2）若汽车公司遭拒付，其可向张某、家具厂、丙公司和乙公司行使追索权。

（3）家具厂无权要求汽车公司交回汇票，因为"挂失止付"不能对抗善意持票人。

（4）家具厂可根据不当得利原则向张某主张权利。

（三）票据是文义证券

票据当事人之间的权利义务依票据上记载的内容为准。例如，票据记载的出票日为9月8日，而实际出票日为8月9日，这时应以记载的9月8日为出票日。

（四）票据是设权证券

即票据权利的行使以票据为依据，没有票据，就没有票据权利。

（五）票据是流通证券

票据的转让非常简便，与民法上的债权让与有很大的区别。各国票据法都规定，票据仅凭交付或经背书后交付给受让人即可合法完成转让手续，而毋须通知票据上的债务人。这有别于民法上的债权让与，民法上的债权让与须由债权人通知债务人，未经通知，该转让对债务人不发生效力。

四、票据权利的种类

票据权利是指持票人向票据债务人请求支付票据金额的权利，票据权利包括付款请求权和追索权。

（一）付款请求权

付款请求权是指持票人请求付款人按票据金额支付款项的权利，它是持票人最基本的权利。付款请求权是票据的第一次权利，又称为主票据权利。付款人包括出票人、承兑人、付款人、背书人和保证人等。

（二）追索权

追索权是指持票人行使付款请求权受到拒绝承兑或拒绝付款时，或有其他法定事由请求付款未果时，向其前手请求支付票据金额的权利。

按照各国票据法的规定，持票人在行使追索权时必须具备以下条件：

（1）汇票遭到拒绝承兑或拒绝付款。

（2）已在法定期限内向付款人作承兑提示或付款提示。但是，如果由于付款人或承兑人死亡、逃避或其他原因，无法向其提示时，或付款人、承兑人宣告破产时，则无须作上述承兑提示或付款提示。

（3）必须在汇票遭到拒付后的法定期间内作成拒绝证书。

执票人行使追索权时，汇票的出票人、背书人、承兑人和保证人须承担连带责任。持票人可以不按照汇票债务人的先后顺序，对汇票的出票人、背书人、承兑人和保证人其中任何一人、数人或者全体行使追索权。被追索人清偿债务后，与持票人享有同一权利。

票据权利必须在法定期限内行使。我国《票据法》第 17 条规定：票据权利在下列期限内不行使而消灭。

（1）持票人对票据的出票人和承兑人的权利，自票据到期日起 2 年。见票即付的汇票、本票，自出票日起 2 年。

（2）持票人对支票出票人的权利，自出票日起 6 个月。

（3）持票人对前手的追索权，自被拒绝承兑或者被拒绝付款之日起 6 个月。

（4）持票人对前手的再追索权，自清偿日或者被提起诉讼之日起 3 个月。

案例分析 5-3

甲于 2006 年 4 月 1 日签发了一张出票后六个月付款的银行承兑汇票给乙，乙又将该汇票以背书方式转让给丙，丙后来又将之背书转让给丁，丁于 11 月 1 日向承兑银行请求付款被拒绝。

[思考问题]

（1）丁此时可以向甲、乙、丙行使什么权利？

（2）丁对甲的权利的时效是多长？应从何时起算？

（3）丁对丙的权利的时效是多长？应从何时起算？

（4）丙在向丁清偿后对乙享有的权利的时效是多长？应从何时起算？

[分析提示]

（1）丁此时可以向甲、乙、丙行使追索权。乙、丙是丁的前手，甲是出票人。

（2）丁对甲的权利的时效为 2 年，从汇票到期日起算。

（3）丁对丙的权利的时效为 6 个月，从汇票被拒绝付款之日起算。

（4）丙在向丁清偿后对乙享有的权利的时效为 3 个月，从清偿日或者被提起诉讼之日起算。

五、票据权利的取得

票据权利的取得包括原始取得和继受取得。

（一）票据权利的原始取得

票据权利的原始取得包括发行取得和善意取得两种方式。

1. 发行取得

发行取得是指权利人依出票人的出票行为而取得票据权利。

2. 善意取得

善意取得是指票据受让人善意或无重大过失，从无权利人手中受让票据，从而取得票据的权利。善意取得的发生，是基于真实权利人因某种原因（如持票人不慎丢失或被人盗窃或抢夺等）而丧失对票据的占有。善意取得的实质，在于以牺牲真实权利人的利益（真实权利人无权对善意受让人主张权利，也无权通知付款人止付），来保护善意受让人，以增强票据在流通上与使用上的安全性。

由于票据权利善意取得的结果，是使先前的真实权利人丧失权利，而使善意受让人取得权利，关系到双方当事人的根本利益，因此，《票据法》严格规定了善意取得的要件，只有在符合法律规定的善意取得要件时，才承认票据权利的善意取得。善意取得必须具备下述要件：第一，必须是从无处分权人处取得票据；第二，必须是受让人为善意或无重大过失；第三，必须是受让人依票据法规定的转让方式取得票据；第四，必须是付出相当代价而取得票据；第五，必须是受让人能够依背书连续证明自己为合法持票人。

（二）票据权利的继受取得

票据权利的继受取得是指通过继承、合并、破产清算等程序得到的汇票，持票人须提供必要的证明文件。

六、票据行为

（一）票据行为的概念

票据行为是指票据行为人以发生票据债务为目的，在票据上记载必要事项并签章的要式法律行为。

（二）票据行为的种类

票据行为有六种，即出票、背书、承兑、保证、保付、参加付款。汇票包括出票、背书、承兑、保证、参加付款；本票包括出票、背书、保证、；支票包括出票和背书。

出票是指出票人完成票据记载事项和签章，作成票据并交付收款人的票据行为；背书是指在票据背面或者粘单上记载有关事项并签章的票据行为；承兑是指票据付款人承诺支付票据金额的票据行为；保证是指保证人在票据上进行保证文句的记载，完成签章并交付持票人，从而表明对特定的票据债务承担保证责任的票据行为；保付是指作为支票付款人的银行在支票上记载保付文句并签章，交付持票人，从而表明保证支付票款的行为；参加付款是指当付款人或承兑人不向持票人付款时，由付款人以外的人代为付款的票据行为。

七、票据丧失的法律救济

（一）票据丧失的概念

票据的丧失是指持票人非出于本意而失去对票据的占有。票据丧失有绝对丧失与相对丧失之分。前者又称票据的灭失，指票据从物质形态上的丧失，如被火烧毁，被洗化，或被撕成碎片等；后者又称票据的遗失，是指票据在物质形态上没有发生变化，只是脱离了原持票人的占有，如持票人不慎丢失或被人盗窃或抢夺等。

票据是一种无因的有价证券，票据如果发生丧失，将很可能导致票据权利行使的障碍，甚至灭失。当票据丧失时，失票人必须及时依法采取补救措施，否则票据丧失的风险，原则上由失票人自己承担，即如果丧失票据且救济不及时，或者救济不当致使票据的款项被他人冒领或付款人已向善意持票人付款，失票人必须承担被善意持票人和向恶意第三人追偿的责任。

（二）票据丧失的法律救济

我国《票据法》、《民事诉讼法》（及其司法解释）和《票据纠纷规定》对票据丧失的补救规定了挂失止付、申请公示催告和提起诉讼三种方法。

1. 挂失止付制度

票据丧失时失票人可以及时通知票据的付款人挂失止付。但是，未记载付款人或者无法确定付款人及其代理付款人的票据除外。

挂失止付，是指失票人向付款人告知票据丧失的情形，指示付款人对已经丧失的票据停止支付。挂失止付是一种临时性的措施。付款人在得到挂失通知之后并没有对通知事实进行审查的义务，只不过为了防止失票人到法院采取措施之前发生票款被他人冒领的危险，付款人协助采取的救济方法，如果失票人不及时采取其他措施，挂失止付也将失去效力。在上述案例中，由于家具厂遗失汇票后只办理了挂失止付手续而未采取其他措施，所以无权指示甲公司对汽车公司行使拒付权。

2. 公示催告制度

公示催告是指具有管辖权的法院根据当事人的申请，以公示催告的方式催告不明的利害关系人，在法定期间内申报权利，逾期无人申报，做出宣告票据无效（除权）判决，从而使票据权利与票据相分离的一种制度。公示催告既是一种法律程序也是一种法律制度，作为一种法律制度，它是一种使票据权利和票据本身相分离的权利救济制度。

可背书转让的票据丧失，失票人可以向人民法院申请公示催告，不可背书转让的票据不得申请公示催告。

在公示催告期间，以公示催告的票据质押、贴现，因质押、贴现而接受该票据的持票人主张票据权利的，人民法院不予支持。但公示催告期间届满后人民法院作出除权判决以前取得该票据的除外。

3. 提起诉讼制度

失票人应当在通知挂失止付后 3 日内，也可以在票据丧失后，依法向人民法院提起诉讼。由于挂失止付只是保护失票人票据权利的权宜之计，故只发生付款人暂停付款的法律效果。至于付款人究竟应向谁支付票款，只能经由人民法院的公示催告程序或诉讼程序规定予以确定。只有这样，才能维护真正票据权利人的利益，协调失票人与持票人之间的利益关系，避免纠纷蔓延，殃及更多的当事人。

如果票据丧失后失票人没有及时采取补救措施或采取的补救措施不当（如在报纸刊登遗失声明），导致票款被领取，失票人必须自己承担责任。失票人只能根据不当得利原则向盗票人或拾票人主张权利；如果是由于付款人或受让人的过错（前者如付款人收到失票人的挂失止付通知后，仍办理付款手续，后者如在公示催告期间受让人仍接受票据），则由付款人或受让人承担责任。在上述案例中，由于家具厂采取的补救措施不当，如果提起诉讼，法院应判决票据转让行为有效。也就说，家具厂无权指示甲公司拒付，家具厂必须自己承担责任，它只能根据不当得利原则向张某主张权利。

案例分析 5-4

某科研所因转让专利技术得到一张 380 万元的银行承兑汇票，离到期日还有 3 个月的时间，该科研所遂派人持该汇票到某银行办理质押贷款，但在途中遭抢劫。该科研所准备到法院申请公示催告。

[思考问题]

（1）法院经审查决定受理后，应当进行哪些事项？

（2）如果有人持票来申报权利，依法申报后将会发生怎样的结果？

（3）如果在一定的期限内无人来申报权利或者申报被驳回，又将会发生怎样的结果？

[分析提示]

（1）法院应当：①向付款人发出止付通知；②在 3 日内发出公告。

（2）依法申报后，法院应通知失票人(即公示催告申请人)在指定期间查看票据，如果该票据与失票人丧失的一致，法院裁定终结公示催告程序；如果不一致，法院裁定驳回申报人的申报。

（3）失票人自申报权利期间届满的次日起 1 个月内向法院申请作除权判决，公示催告程序因此而终结；逾期不申请作除权判决的，因期限届满而终结公示催告程序。

第二节　托收法律制度

一、关于托收的国际贸易惯例

为了调整在托收业务中各方当事人之间的权利义务关系，国际商会于 1958 年草拟了《商业单据托收统一规则》（Uniform Rules on the Collection of Commercial Paper），1967 年进行了修订，1978 年根据国际贸易的发展变化再次修订，并改名为《托收统一规则》（Uniform Rules for Collection），于 1979 年 1 月 1 日起实施，简称 322 号出版物。1995 年公布的新修订本，是国际商会第 522 号出版物（简称 URC522），已于 1996 年 1 月 1 日起实施。该规则共 26 款，内容包括托收的定义、托收的各当事人、托收的种类、银行的义务和责任、银行的免责、有关费用的承担及票据遭拒付后的处理等。该规则是对国际惯例的总结，具有国际惯例的效力，即只有在当事人自愿采用，或没有明示排除时，对当事人有法律的约束力，目前它在国际贸易中已经得到广泛的承认和使用。同时，托收业务中还涉及到代理法、侵权法等相关法律。

案例分析 5-5

某年，我国 A 出口公司对东欧 B 公司出售一批农产品，采用 D/P 即期支付方式。A 出口公司按时装运，并提交全套单据通过国内 D 银行委托进口国 C 银行（代收行）向 B 公司收款。由于当年该国气候条件好，该种农产品大获丰收，价格下跌，B 公司便以单据上的某个细小不符点为借口拒绝付款赎单。C 银行立即将 B 公司拒付情况电告托收行 D 银行。

[思考问题]

（1）A 出口公司能否要求 C 银行承担责任？

（2）A 出口公司应如何处理此案？

[分析提示]

该案例涉及托收法律问题。托收是国际贸易中常用的支付方式之一，属于商业信用。使用托收方式支付货款，托收行和代收行只限于及时向付款人提示汇票，并且遭到拒付时及时把详细情况通知委托人，对汇票付款人的拒付或拒绝承兑不承担任何义务和责任。因此，这种支付方式，对卖方而言有一定风险，须谨慎使用。

二、托收当事人的权利与义务

根据《托收统一规则》的规定，托收的当事人有委托人（出口商）、托收行（寄单行）、代收行（进口地银行）和付款人（进口商）。他们之间的权利义务如下。

（一）委托人与托收行之间是委托关系

委托人在委托银行代为托收时，须填写一份托收委托书，规定托收的指示及双方的责任，该委托书即成为双方的代理合同，应适用代理法的一般原则。托收行应按照委托书所提出的指示办理托收事宜，并收取托收费用。如果托收银行违反委托书的指示，使委托人遭受损失，则托收银行应对委托人承担责任。

（二）托收行与代收行之间是委托关系

他们之间的代理合同由托收指示书、委托书以及由双方签订的业务互助协议等组成。依《托收统一规则》的规定：银行必须依托收指示书中的规定和依本规则行事，如由于某种原因，某一银行不能执行其所收到的托收指示书的规定时，必须立即通知发出托收指示书的一方。如代理人违反了该项原则，应赔偿由此给委托人造成的损失。

（三）委托人与代收行之间不存在直接的合同关系

尽管托收行是委托人的代理人，代收行又是托收行的代理人，但依代理法的一般原则，委托人是本人，托收行是他的代理人，而代理行则是托收行的代理人，在委托人与代收行之间没有直接的合同关系。因此，如果代理行违反托收委托书的指示行事，致使委托人遭受损失，委托人也不能依据代理合同向他起诉，而只能通过托收行向他起诉。

（四）代收行与付款人之间不存在合同关系

代收行不是托收项下的汇票持票人，它只是以代理人的身份向付款人提示汇票，收取货款。付款人之所以按汇票向代收行付款，并不是由于它与代收行之间存在什么合同关系，而是由它与卖方之间签订的买卖合同决定的。因此，如果付款人拒绝承兑汇票或拒绝按照汇票付款，代收行不能以自身的名义对付款人起诉，而只能把拒付的情况通知托收行，由托收行通知委托人（卖方），由委托人出面对付款人（买方）进行追偿。

案例分析 5-6

日本某公司与中国某公司签订了来料加工手套合同，由日方提供原料，中方负责提供手套。

2006 年 8 月 8 日，中方提交一张出票人为日本公司，付款人为纽约某银行，面额为 15 万美元的支票给日本某银行深圳分行请求托收，但未签署托收指示书。经转委托，此支票由美国纽约费城银行收款。

8 月 18 日，费城银行通知日行票款已转入其账户。日行即将该款扣除手续费后，按中方指示，为其垫付 10 万美元。

8 月 25 日，费城银行通知该支票被付款人退回。日行通知中方有关退票事宜，并要求中方填补在该行的透支金额。后中方称已与出票人联系妥当，请日行再次办理托收。

9 月 27 日，费城银行通知支票已被出票人拒付。日行再次通知中方，并要求填补相应款项，但没有结果，因此提起诉讼。

[思考问题]

（1）本案的法律关系应如何确定？

（2）本案当事人的责任应如何确定？

[分析提示]

（1）从整个法律关系看，只能是托收关系。尽管根据《托收统一规则》规定，托收必须是明示的和书面的，而本案日行未要求委托人签署托收指示书，但托收的基本法律特征，即四个当事人，三种关系，本案都吻合。而且根据当事人在业务关系中的行为对托收关系已予确认。

（2）按《托收统一规则》第 23 条规定，凡属下述各种情况，即按托收指示书所明示规定的条款，或者根据本规则，开支和托收手续费应由委托人负担者，代收行有权迅速向发出指示书的银行收回其有关开支、费用和手续费的支出。委托行无论该项托收的结果如何，也有权迅速地向委托人收回任何数额的上述垫款及其本身的开支、费用和手续费。据此日行对自己垫付的款项具有向委托人追索的权利。作为委托人，中方在代收行收不到票款、票据无法兑现的情况下，理所当然应归还原告垫付的款额。本案属于托收法律关系，但日行在经营这笔托收业务中，没有要求，并且在第二次托收业务中，在未确定收到票款的情况下，既无担保，又无抵押，预先垫款给委托人，也存在过失，有一定责任。

三、银行的义务与免责

（一）银行的义务

依《托收统一规则》的规定，托收行对委托人，代收行对托收行负有下列具体代理行为的义务：

1. 及时提示的义务

及时提示的义务指对即期汇票应毫无延误地进行付款提示；对远期汇票则必须不迟于规定的到期日作付款提示；当远期汇票必须承兑时应毫无延误地作承兑提示。

2. 保证相关资料内容一致的义务

保证相关资料内容一致的义务是指银行应保证汇票和装运单据与托收指示书的表面一致，如发现任何单据有遗漏，应立即通知发出指示书的一方。

3. 向本人提交款项的义务

向本人提交款项的义务是指收到的款项在扣除必要的手续费和其他费用后必须按照指示书的规定无迟延地提交本人。

4. 通知托收结果的义务

通知托收结果的义务是指无延误地通知托收结果，包括付款、承兑、拒绝承兑或拒绝付款等。

（二）银行的免责

由于托收属于商业信用，而不是银行信用，银行对货款能否支付不承担任何责任，银行在托收中的地位严格地限于代理人。为此，《托收统一规则》规定了银行不承担责任的情况，主要包括：

（1）银行只须核实单据在表面上与托收指示书一致，此外没有进一步检验单据的义务；代收行对承兑人签名的真实性或签名人是否有签署承兑的权限概不负责。

（2）与托收有关的银行对由于任何通知、信件或单据在寄送途中发生延误或失落所造成的一切后果或对电报、电传、电子传送系统在传送中发生延误、残缺和其他错误，或对专门性术语在翻译上和解释上的错误，概不负责。

（3）与托收有关的银行对由于天灾、暴动、骚乱、叛乱、战争或银行本身无法控制的任何其他原因，或对由于罢工或停工致使银行营业间断所造成的一切后果，概不负责。

（4）除非事先征得银行同意，货物不应直接运交银行或以银行为收货人，否则银行无义务提取货物；银行对于跟单托收项下的货物无义务采取任何措施。

（5）在汇票被拒绝承兑或拒绝付款时，若托收指示书上无特别指示，银行没有做出拒绝证书的义务。

四、跟单托收的法律问题

跟单托收是指出口商将汇票连同货运单据一并交给银行，委托银行代收货款的方式。

根据交单条件的不同，跟单托收可分为付款交单（document against payment，D/P）和承兑交单两种（document against acceptance，D/A）。付款交单又可分为即期付款交单（document against payment at sight，D/P at sight）和远期付款交单（document against payment after sight，D/P after sight）两种。

（一）即期付款交单的法律问题

在即期付款交单项下出口商开出的汇票是即期汇票，进口商见票立即付款，只有付完货款，才能拿到商业单据，俗称"一手交钱，一手交单"。根据英美法系的法律规则，在采取付款交单的情况下，代收行的交单和付款人的付款互为对流条件，双方当事人应同时履行各自的义务，付款人不得以代收行没有先交单而主张代收行违反义务，代收行也不能以付款人没有先付款而主张付款人违反义务。我国《合同法》第 66 条也确立了同时履行抗辩权的法律制度。

（二）远期付款交单的法律问题

远期付款交单是指进口商在汇票到期时付清货款后取得单据。它是目前我国出口业务中较常见的结算方式，在具体办理时主要有三种形式：①见票后若干天付款；②装运后若干天付款；③出票后若干天付款。一般做法是当托收单据到达代收行柜台后，代收行向进口商提示单据，进口商承兑汇票后，单据仍由代收行保存，直至到期日代收行才凭进口商付款释放单据，进口商凭以提货。采用这种方式一般基于货物在航程中要耽误一定时间，在单据到达代收行时可能货物尚未到港，且出口商对进口商资信不甚了解，

不愿其凭承兑便获得单据。做 D/P 远期实际上是出口商已经打算给予进口商资金融通，让进口商在付款前取得单据，实现提货及销售的行为。这是给进口商的一种优惠，使其不必见单即付，如进口商信誉好的话，还可凭信托收据等形式从代收行获得融资，而且出口商也可由此避免风险，在进口商不付款的情况下，可以凭代收行保存的货权单据运回货物或就地转售，相对承兑交单项下的托收，出口商的货款安全保证要大一些。

但使用这种方式也可能造成不便，如货已到而进口商因汇票未到期拿不到单据凭以提货，导致进口商无法及时销货，容易贻误商机，甚至造成损失，所以往往要求代收行给予融通：①进口商向代收行出具信托收据预借单据，取得货权。②代收行与进口商关系密切，在进口商作出某种承诺后从代收行取得单据。

进口商向代收行出具信托收据预借单据又分为两种情形：第一是出口商主动授信代收行可凭进口商的信托收据放单，这是出口商对进口商的授信，一切风险和责任均由出口商承担，进口商能否如期付款，代收行不负任何责任。这种情形就相当于做 D／A（其实从票据法的角度来看，它还不如 D/A 好）。第二是进口商在征得代收行同意的情况下，出具信托收据，甚至可提供抵押品或其他担保，向代收行借出全套单据，待汇票到期时由进口商向代收行付清货款再赎回信托收据。因为这是代收行凭进口商的信用，抵押品或担保借出单据，是代收行对进口商的授信，不论进口商能否在汇票到期时付款，代收行都必须对出口商承担到期付款的责任和义务。

这样就给代收行带来风险，一旦进口商不付款代收行必须垫付，所以，国际商会《托收统一规则》（URC522）不鼓励 D/P 远期托收这种做法。《托收统一规则》第七条规定：托收不应含有远期汇票而同时规定商业单据要在付款后才交付。如果托收含有远期付款的汇票，托收指示书应注明商业单据是凭承兑交单（D/A）还是凭付款交单（D/P）交付款人。如果无此项注明，商业单据仅能凭付款交付，代收行对因迟交单据产生的任何后果不负责任。

远期付款交单还有另外一个需注意的问题，就是中东、亚洲、欧美的一些国家法律将远期付款交单视同承兑交单处理。按照国际私法的规则，如果适用外国法律（有些国家甚至包括国际惯例）的结果与本国的法律规定相冲突，该国法院可限制或排除外国法律或惯例的适用，这叫"公共秩序保留的原则"。我国《民法通则》规定，依照本章规定适用外国法律或者国际惯例的，不得违背中华人民共和国的社会公共利益。该规定实际上就是"公共秩序保留的原则"的运用。所以跟这些国家的商人进行贸易采用 D/P 远期支付方式，有较大的风险，事先的资信调查至关重要。

综上所述，采用远期付款交单方式应注意以下几个问题。

1. 了解法律、作好资信调查

多了解各国在托收方面的法律或惯例的规定，加强对进口商的资信调查。

2. 注明委托指示

在托收委托书应注明："根据《托收统一规则》第七款规定，凭付款人付款交付单据。"（"According to urc522 Art7，You are authorized to deliver documents to drawee only against their final payment for the full val ue of the accepted drafts"）或类似文句以约束代收行。

3. 把握付款的时间间隔

把握好货物的运输时间和进口方承兑后付款的时间间隔，将可能发生的风险降低到最低的程度。

4. 确定代收行

在合同洽谈时应尽可能确定代收行，尽可能选择那些历史较悠久、熟知国际惯例，同时又信誉卓著的银行作为代收行，以避免银行操作失误、信誉欠佳造成的风险。

5. 选择价格条款

在托收业务中最好选择 CIF 价格条款，以防在运输过程中货物损坏或灭失导致进口商拒付同时索赔无着的风险。

6. 及时应对风险

货物发运后，要密切关注货物下落，以便风险发生后及时应对，掌握主动，尽快采取措施补救。

案例分析 5-7

2006 年 2 月，我国 A 公司与德国 B 公司签订出口合同，支付方式为 D/P 90 days after sight。中国 C 银行将单据寄出后，直到 2006 年 8 月尚未收到款项，遂应 A 公司要求指示德国 D 代收行退单，但到 D 代收行回电才得知单据已凭进口商 B 公司承兑放单，虽经多方努力，但进口商 B 公司以种种理由不付款，进出口商之间交涉无果。后中国 C 银行一再强调是德国 D 代收行错误放单造成出口商钱货损失，要求 D 代收行付款，D 代收行对中国 C 银行的催收拒不答复。10 月 25 日，D 代收行告知中国 C 银行进口商已宣布破产，并随附法院破产通知书。

[思考问题]

D 代收行是否须对我国 A 公司承担责任？

[分析提示]

D 代收行须对我国 A 公司承担责任。因为本案采用的结算方式为远期付款交单，德国 D 代收行错误放单造成出口商货款损失，须由其承担责任。

（三）承兑交单的法律问题

在承兑交单的条件下，买方只要在汇票上办理了汇票承兑手续，就可以取得装运单

据，并可凭以提取货物。但如果付款时间来临时买方不讲信用，拒绝付款，卖方就会遭到钱、货两空的损失。另一方面，由于买方已提取货物，卖方货物的所有权已转移给买方，即使不想故意逃避债务，如果买方经营不善导致破产，卖方的货物即被列入买方的破产清算财产中，卖方只能以一般债权人的身份参与分配买方的破产财产。所以，采取承兑交单对卖方来说，风险很大。

<h2 style="text-align:center">案例分析 5-8</h2>

我国 A 公司与美国 B 公司订立了一份出口合同，采用 D／P at sight 付款方式，A 公司应 B 公司的要求，在提单的收货人栏填上 B 公司的名称。A 公司装运货物后，通过国内银行委托美国 C 银行向 B 公司提示付款，托收行对外寄单 3 天后，A 公司答应 B 公司的要求，将付款方式改为"D／A at 30 days sight"。托收行根据 A 公司的指示，向 C 银行发出了托收指示修改书。40 天后，托收行收到 C 银行的通知，称 B 公司拒付货款，托收行将该情况转告 A 公司，A 公司委托美国律师对 B 公司提起诉讼。

[思考问题]

在 D／A 付款方式中的风险为什么要由委托人自己承担？

[分析提示]

根据《托收统一规则》（URC522）的有关规定，只要委托人向银行做出了清楚明确的指示，银行对由此产生的任何后果不负责任，即该后果应由委托人自负。在本案中，由于 A 公司不了解 D／A 付款方式的风险，对国外客户缺乏资信调查，加上提单制作的失误，导致货款不能顺利收回。最终只能通过法律的途径解决纠纷，增加了很大的麻烦。

<h1 style="text-align:center">第三节 信用证法律制度</h1>

<h2 style="text-align:center">案例分析 5-9</h2>

A 公司向 B 公司出口一批货物，按 CIF 条件成交，B 公司通过 C 银行开给 A 公司一张不可撤销的即期信用证。当 A 公司于货物装船后持全套合格单据向银行办理议付时，B 公司倒闭。同时传来消息，称这批货在离港 72 小时后触礁沉没。

[思考问题]

C 银行能否以 B 公司倒闭及货物灭失为由拒付货款？

该案例涉及到信用证相关当事人之间的法律关系。什么是信用证？信用证有何法律特征？信用证涉及到哪些当事人，他们之间的法律关系如何？这些问题是本节学习的重点。

一、信用证的含义及作用

信用证是银行以自己的信用向卖方提供付款保证的一种凭证，是国际结算的一种主要方式，属于银行信用。信用证的使用解决了买卖双方之间的信任和资金周转问题，促进了贸易的发展。

二、关于信用证的法律和惯例

信用证是长期的国际贸易实践的产物，自其产生至今 70 多年来，各国基本上没有专门的法律来调整信用证项下有关当事人的权利义务关系。只有美国在其《统一商法典》中专门设立了一编（第五编）对信用证作了规定，但也并不详尽完备。遇有争议，法院只是根据合同法、代理法的一般原则以及银行界的习惯做法，对具体争议作出判决，留下的判例不仅分散而且不成套。我国同样没有关于信用证的专门成文法规定。然而，信用证纠纷案件毕竟是民商事案件，我国的民法通则、合同法、担保法、民事诉讼法等同样是调整信用证纠纷案件的基本法律。但以上法律对信用证项下有关当事人的权利义务关系的规定并不具体，因此我国最高人民法院审判委员会第 1368 次会议根据以上的法律原则，于 2005 年 10 月 24 日通过了《最高人民法院关于审理信用证纠纷案件若干问题的规定》，作为审判信用证纠纷具体的法律依据。调整信用证项下有关当事人的权利义务关系依据主要是有关的国际贸易惯例，最早是国际商会于 1930 年制定并于 1933 年公布的《商业跟单信用证统一惯例》。该惯例于 1951 年、1962 年、1967 年、1974 年（该年改称为《跟单信用证统一惯例》）、1983 年、1993 年和 2006 年作了 7 次修订。

三、信用证的法律特征

（一）信用证是银行（开证行）对受益人（出口商）所提供的一种付款保证

这种保证既不同于民商法中的一般保证，也不同于连带责任保证。按照一般保证的原理，第三人必须在被保证人不能履行债务的前提下，才能要求保证人承担责任；按照连带责任保证的原理，被保证人在主合同规定的债务履行期届满没有履行债务的情况下，第三人既可以要求被保证人承担责任，也可以要求保证人在其保证范围内承担保证责任。在信用证付款的条件下，受益人（出口商）不必在开证申请人（进口商）到期不履行债务的前提下，才能要求银行承担责任，银行始终处于第一付款人的地位。在信用证业务中，开证行对受益人的责任是一种独立的责任。另一方面，如果买方已正确地履行了开证义务，则卖方不得直接向买方要求付款赎单。因为采用信用证结算对买方来说可以利用银行对货运单据表面的正确性进行审核，起到了"把关"的作用。有时买方还

可从银行处取得资金的融通。

案例分析 5-10

1997 年 1 月我国甲公司与韩国乙公司订立了一份出口合同。合同规定："装运期为 4 月份，买方必须于 3 月底前通过银行将有关的信用证开至卖方，信用证有效期至装运期后 15 天在中国议付"，"合同发生纠纷应适用中国法律"。3 月 20 日，甲公司收到乙公司通过丙银行开来的信用证，就在甲公司着手准备装货之际，得知乙公司破产。这时甲公司内部形成两种意见，一种意见主张出口公司可根据中国《合同法》的规定，行使不安抗辩权，通知乙公司中止履行合同；另一种意见认为，由于合同采用信用证付款，银行提供了付款保证，只要出口公司严格按照信用证的规定制作单据，银行就必须履行付款的义务，银行不能以买方破产为由对抗出口公司。最后甲公司向律师咨询，律师赞同第二种意见。甲公司安排装运，严格按照信用证的规定制作单据，顺利从开证行得到了货款。

[思考问题]

为什么开证行必须支付货款？

[分析提示]

信用证是银行（开证行）对受益人（出口商）所提供的一种付款保证。开证申请人没有清偿能力、破产或无理拒绝付款赎单，开证行仍需履行其付款义务。

（二）信用证是一份独立于买卖合同的法律文件

UCP600 规定："就性质而言，信用证与可能作为其依据的销售合同或其他合同，是相互独立的交易。即使信用证中提及该合同，银行亦与该合同完全无关，且不受其约束。因此，一家银行作出兑付、议付或履行信用证项下其他义务的承诺，并不受申请人与开证行之间或与受益人之间在已有关系下产生的索偿或抗辩的制约。"信用证的开立虽然是以买卖合同为依据，但它一经开出，就成为独立于买卖合同以外的另一种契约，这时，银行只受信用证的约束，不受买卖合同的约束。

案例分析 5-11

我国广东省某公司（卖方）与香港某贸易公司（买方）订立了一份进出口合同。合同规定："装运期为 7 月份，买方必须于 6 月底前通过银行将有关的信用证开至卖方，信用证有效期至装运期后 15 天在中国议付。"6 月 25 日，卖方收到买方申请开出的信用证，由于台风的关系，卖方延至 8 月初才装运，8 月 10 日卖方制作全套单据到银行议付，遭银行拒绝，卖方以不可抗力为由要求免除违约责任。

[思考问题]

卖方的要求是否合理?为什么?

[分析提示]

UCP600 规定，"就性质而言，信用证与可能作为其依据的销售合同或其他合同，是相互独立的交易。即使信用证中提及该合同，银行亦与该合同完全无关，且不受其约束。因此，一家银行作出兑付、议付或履行信用证项下其他义务的承诺，并不受申请人与开证行之间或与受益人之间在已有关系下产生的索偿或抗辩的制约。"卖方不能以买卖合同中的有关规定对抗银行，银行不受买卖合同的约束。卖方因不可抗力延迟装运，银行有权以单证不符拒付。卖方只能通过买方向银行申请修改信用证，延长装运期，才能顺利收回货款。当然卖方可采取变通的办法，即向船公司出具保函，要求船公司倒签提单，使单证表面一致。但采取该做法必须谨慎。

（三）信用证是银行和受益人之间的一份单据买卖合同

UCP600 规定："银行处理的是单据，而不是单据所涉及的货物、服务或其他行为。"信用证业务是一种纯粹的单据业务。在信用证支付方式下，实行的是"单据表面相符的原则"，即要求"单证一致"、"单单一致"。只有在单证表面相符的条件下，开证行才履行付款的义务。简言之，信用证实行的是凭单付款原则，即只要提供符合信用证规定的单据，银行就付款或承兑。银行没有义务也没有权利过问货物的情况，不能以"单货不一致"为由提出拒付。

案例分析 5-12

我某公司按 CIF 出口一批货物，采用 L/C 付款方式，卖方装货后取得全套符合信用证要求的单据。此时买方得知因海轮在运输途中遇难，货物全部灭失，故指示开证行拒绝付款赎单。

[思考问题]

开证行是否有权拒绝付款赎单?

[分析提示]

开证行是无权拒绝付款赎单，因为受益人提交的单据符合信用证的规定，开证行不能以货物灭失为由拒付。

四、信用证当事人的法律关系

信用证的当事人因具体交易的情况不同而有所增减，但一般来说信用证的流转会

涉及到开证申请人、开证行、通知行、受益人、议付行、承兑行、保兑行等当事人。由于信用证涉及的当事人众多，因此，在信用证交易中各当事人之间的法律关系也就较为复杂。

（一）开证申请人与开证行之间的关系是以开证申请书（application form）的形式建立起来的一种合同关系

开证申请人填写开证申请书发出要约，经开证行盖章承诺，合同关系成立。

1. 开证行在这种合同关系中的主要义务

（1）根据开证申请书开立信用证。

（2）承担付款、承兑、议付或保证付款、承兑或议付的责任。

（3）合理小心地审核信用证所规定的一切单据，确定单据在表面上符合信用证的规定。

2. 开证申请人在这种合同关系中的主要义务

（1）交纳开证押金或者提供其他保证，缴纳开证费用。

（2）银行为了有效地执行开证申请人的指示而利用另一家银行或者其他银行的服务，这是代该申请人办理的，其风险应当由开证申请人承担；开证申请人应受外国法律和惯例加诸于银行的一切义务和责任的约束，并承担赔偿责任。

（二）开证行与受益人之间的合同关系视开立的信用证种类不同而定

如果开立的是可撤销的信用证，开证行与受益人之间并不存在对双方有约束力的合同关系，因为在可撤销的信用证项下，受益人不能从开证行获得任何有约束力的允诺，可撤销的信用证在议付行议付单据前，可以随时由开证行撤销，而毋须事先通知受益人。当然可撤销的信用证必须明确注明是可撤销的（revocable）。如果开立的是不可撤销的信用证，开证行与受益人之间存在对双方有约束力的单据买卖合同关系。

（三）通知行与开证行之间是委托代理关系

通知行是由开证行指定的，通知行接受开证行的委托，代理开证行将信用证通知受益人，因此，通知行只是开证行的代理人，它们之间只是一种委托代理关系，开证行负责支付佣金给通知行。

通知行对开证行负有通知的义务。《UCP600》规定："如果一家银行被要求通知信用证或修改但决定不予通知，它必须不延误通知向其发送信用证、修改或通知的银行。""如果一家被要求通知信用证或修改，但不能确定信用证、修改或通知的表面真实性，就必须不延误地告知向其发出该指示的银行。"

（四）通知行与受益人之间不存在合同关系

《UCP600》规定："通知行是指应开证行要求通知信用证的银行"、"除非已对信用证加具保兑，通知行通知信用证不构成兑付或议付的承诺"，通知行之所以通知受益人，是因为它对开证行负有义务，而不是对受益人负有此项义务。

但通知行仍负有以下两项义务：第一，审核信用证表面真实性的义务。表面真实性是指信用证上的签名或押码等。《UCP600》规定："通过通知信用证或修改，通知行即表明其认为信用证或修改的表面真实性得到满足，且通知准确地反映了所收到的信用证或修改的条款及条件。"第二，告知的义务。如果通知行或第二通知行不能确定信用证、修改或通知的表面真实性，但仍决定通知信用证或修改，则必须告知受益人或第二通知行其未能核实信用证、修改或通知的表面真实性。

（五）受益人与付款行、承兑行、议付行的关系

应当明确的是，受益人无权要求开证行授权或者要求的银行付款、承兑或者议付。但是，一旦开证行以外的银行根据开证行的授权承兑或者议付了受益人出具的汇票，那么有关当事人之间的关系将受有关国家票据法的调整。

五、买方开立信用证的义务

在国际贸易中，买卖双方约定采用信用证结算，买方按规定向银行申请开立信用证是他的一项主要义务。《跟单信用证统一惯例》对买方不开证或延迟开证的法律后果并未做出规定。根据有关的法律规定，买方开立信用证的义务有两方面的法律意义。

（一）买方开立信用证是合同有效成立的先决条件

如果买卖双方在合同中规定"以买方开出信用证为条件"，这时若买方未能开出信用证，卖方有权解除合同，并向买方提出索赔。我国《合同法》规定：当事人对合同的效力可以约定附条件。附生效条件的合同，自条件成就时生效。附解除条件的合同，自条件成就时失效。

（二）买方开立信用证是卖方履行交货义务的先决条件

《联合国国际货物销售合同公约》规定，买方支付价款的义务包括根据合同或任何有关法律和规章规定的步骤和手续，以便支付价款。这里的"步骤和手续"包括按时开立信用证。如果买方未能按时履行该义务，卖方可以规定一段合理的额外时间让买方履行上述义务。如买方在这段额外时间内仍不履行其义务，卖方有权解除合同。如果买方不履行上述义务已构成根本违反合同，则卖方毋须给买方一段合理的额外时间让其履行上述义务，即可解除合同。另一方面，如果由于买方延迟开证导致卖方未能按时交货，

买方不仅无权要求卖方承担违约责任，反而要对卖方承担违约责任，即买方按时开立信用证是卖方按时交货的前提条件。我国《合同法》第 67 条确立了后履行抗辩权的法律制度。

案例分析 5-13

我国 A 进口公司与日本 B 出口公司订立一份货物买卖合同，其中规定："装运期为 6 月份，信用证必须在 5 月底前开至卖方，信用证的有效期至货物装运后的第 15 天在中国到期，否则卖方有权撤销合同并保留因此而产生的一切损失的索赔权。"5 月 28 日，A 公司收到 B 公司催证函，6 月 6 日，A 公司通过 C 银行将信用证开至 B 公司，由于市场行情看涨，B 公司坚持以 A 公司迟开信用证为由拒绝交货，并要求撤销合同和保留对 A 公司的索赔权。

[思考问题]

B 公司的做法是否合法?为什么?

[分析提示]

在信用证结算方式中，进口方按时开立信用证是他的一项主要义务。在本案中，我国 A 进口公司经催证后仍延迟开证，B 公司有权撤销合同和保留对 A 公司的索赔权。

当然，若买方有确切证据证明卖方有丧失或者可能丧失履行债务能力的情形时（如卖方工厂遭受火灾丧失交货能力），买方有权提出中止履行合同，即暂时不开立信用证。

六、银行的责任和免责

（一）银行的责任

1. 审核信用证规定的单据

《UCP600》规定：按照指定行事的被指定银行、保兑行（如有）以及开证行必须对提示的单据进行审核，并仅以单据为基础，决定单据在表面上看来是否构成相符提示。本惯例所体现的国际标准银行实务是确定信用证所规定的单据表面与信用证条款相符的依据；单据之间表面互不一致，即视为表面与信用证条款不符。

单证一致原则应注意以下问题。

（1）并不是单证之间完全一致。《UCP600》规定：单据中内容的描述不必与信用证、信用证对该项单据的描述以及国际标准银行实务完全一致，但不得与该项单据中的内容、其他规定的单据或信用证相冲突。又如信用证对货物的数量、单价与金额的规定应明确具体，由此可确定有关当事人的权利与义务。但在国际贸易中由于不同包装条件和装载条件的使用，习惯上在某些条件下允许有若干容差范围，在不超过该范围内的增加或减少，可视为符合规定。《UCP600》对信用证的金额、数量和单价的增减幅度作了如下规定："约"或"大约"用于信用证金额或信用证规定的数量或单价时，应解释为允许有关金额或数量或单价有不超过 10%的增减幅度。如信用证规定货物数量为 about 1 000M/T，商业发票所表明的货物数量在 900 公吨至 1 100 公吨均视为符合规定。

（2）根据英国的判例法，单证一致原则未必要求整套单据的每一份单据都载有信用证所要求的细节，只要一整套单据结合起来能反映信用证规定的内容即可，特别是对货物的描述。这一精神为 UCP600 所接受，《UCP600》规定：除商业发票外，其他单据中的货物、服务或行为描述若须规定，可使用统称，但不得与信用证规定的描述相矛盾。

（3）开证行或者开证申请人应在合理时间内拒绝付款行、议付行、承兑行或开证行所接受的单证不符的单据。如果他们迟延或者拒绝通知，或者已经接受或者以其他方式放弃了自己的权利，他们就不得再以单证不符为由拒绝偿付或者赎单。《UCP600》规定：按照指定行事的被指定银行、保兑行（如有）以及开证行，自其收到提示单据的翌日起算，应各自拥有最多不超过 5 个银行工作日的时间以决定提示是否相符。

2. 接受或拒绝接受单据

《跟单信用证统一惯例》规定：银行应有各自的合理时间——不得超过包括从其收到单据的翌日起算 5 个银行工作日——来审核单据，以决定接受或拒绝接受单据，并相应地通知寄送单据的一方。

3. 付款

《UCP600》规定：倘若规定的单据被提交至被指定银行或开证行并构成相符提示，开证行必须按信用证所适用的情形予以兑付；通过指定一家银行承兑汇票或承担延期付款承诺，开证行即授权该被指定银行预付或购买经其承兑的汇票或由其承担延期付款的承诺；如果偿付行未能按照信用证的条款及条件在首次索偿时即行偿付，则开证行应对索偿行的利息损失以及产生的费用负责；如果偿付行未能于首次索偿时即行偿付，则开证行不能解除其自身的偿付责任。

4. 对单据的遗失负责

如果指定银行确定交单相符并将单据发往开证行或保兑行，无论指定的银行是否已经承付或议付，开证行或保兑行必须承付或议付，或偿付指定银行，即使单据在指定银行送往开证行或保兑行的途中，或保兑行送往开证行的途中丢失。

（二）银行责任的免除

《UCP600》规定银行免责的情况主要包括。

1. 银行对单据的形式和内容的免责

银行对任何单据的形式及其充分性、准确性、内容真实性、虚假性或法律效力，以及对单据中规定或添加的一般或特殊条件，概不负责。

2. 银行对传送失误的免责

当报文、信件或单据按照信用证的要求传输或发送时，或当信用证未作指示，银行自行选择传送服务时，银行对报文传输或信件或单据的递送过程中发生的延误、中途遗失、残缺或其他错误产生的后果，概不负责。

3. 银行对因不可抗力导致的营业中断的免责

银行对由于天灾、暴动、骚乱、叛乱、战争、恐怖主义行为或任何罢工、停工或其无法控制的任何其他原因导致的营业中断的后果，概不负责。

4. 银行对单据所代表的其他当事人责任的免责

银行对任何单据所代表的货物、服务或其他履约行为的描述、数量、重量、品质、状况、包装、交付、价值或其存在与否，或对发货人、承运人、货运代理人、收货人、货物的保险人或其他任何人的诚信与否，作为或不作为、清偿能力、履约或资信状况，概不负责；

5. 银行对依指示所增加的费用的免责

银行为了执行申请人的指示，利用另一家银行或者其他银行的服务而发生的一切风险和费用应由申请人承担，银行不承担义务和责任。

七、备用信用证的法律问题

（一）备用信用证产生的背景

备用信用证最早流行于美国、日本，因两国法律不允许银行开立保函，因此，这些国家的银行就用开立备用信用证的方式来代替。备用信用证一般用在投标、还款或者履约保证、预付货款和赊销等业务中。近年来，美国等一些国家已开始把备用信用证用于买卖合同项下货款的支付。《UCP600》明确规定该惯例的条文适用于备用信用证，即将备用信用证列入了信用证的范围。

（二）备用信用证的法律特征

备用信用证是银行对卖方的一种付款保证书，它可以应买方的申请开立，也可以由银行直接开立，有以下法律特征。

1. 备用信用证的银行付款责任是第一性的

在开证申请人未能履行其应履行的义务的前提下，卖方只需提交开证申请人未履行义务的声明和证明文件，便可要求银行付款。

2. 备用信用证的银行（保证人）责任不同于我国《担保法》中一般保证人的责任

按照我国《担保法》的规定，一般保证的保证人在主合同纠纷经过审判或者仲裁，债务人财产依法强制执行仍不能履行债务的前提下，才对债权人承担保证责任。而备用信用证只需有开证申请人（被保证人）未能履行其应履行的义务的声明和证明文件，银行就得对债权人（卖方）承担责任。

八、跟单信用证的欺诈及其救济

跟单信用证欺诈是指利用跟单信用证制度的"独立抽象性原则"和"表面真实原则"，提供表面记载与信用证要求相符，但实际上不能代表真实货物的单据，骗取货款支付或开立虚假信用证或"软条款"信用证，企图压价或骗取货物、质保金、履约金、佣金的商业欺诈行为。

从受害者的角度划分，可以将跟单信用证欺诈分为买方受害的跟单信用证欺诈、卖方受害的跟单信用证欺诈和银行受害的跟单信用证欺诈等。

（一）买方受害的跟单信用证欺诈及其救济

卖方对买方行使跟单信用证欺诈的手段主要有两种手段。

1. 伪造单据

伪造单据是指单据（如海运提单）不是由合法的签发人签发，而是由诈骗人或委托他人伪造；或在合法签发人签发单据后进行篡改，改变单据中的有关内容，使之单证相符，骗取货款。

2. 以保函换取与信用证相符的提单

以保函换取与信用证相符的提单主要有倒签提单、预借提单及以保函换取的清洁提单。以上两种情况下，如果固守原则，银行在遇到买方有被欺诈的行为时，仍按单据在表面上与信用证的要求相符合付款，买方的利益就会受到严重损害。有鉴于此，为了打击国际贸易中出现的欺诈行为，不少国家的法律、判例对欺诈行为提出了相应的处理原则。即在承认信用证独立于买卖合同原则的同时，也应当承认有例外情况。如果在银行对卖方提交的单据付款或承兑以前，发现或获得确凿证据，证明卖方确有欺诈行为，买方可请求法院向银行颁发禁止令，禁止银行付款。

信用证欺诈例外原则首先是在美国法院的判例中提出来的。美国的《统一商法典》也有对信用证欺诈及补救办法的成文法规定。此外，英国、加拿大、新加坡、法国等国的法院判例以及我国的司法解释也表明承认信用证欺诈例外原则。

美国《统一商法典》规定：有管辖权的法院可禁止开证行对有欺诈的信用证付款。我国《最高人民法院关于审理信用证纠纷案件若干问题的规定》规定，开证申请人（买方）有证据显示受益人伪造单据、提交记载内容虚假的单据、恶意不交付货物或者交付的货物无价值，并认为将会给其造成难以弥补的损害时，可以向有管辖权的人民法院申请中止支付信用证项下的款项。当然如果有下列情形之一的，将得不到法院的支持：第一，开证行的指定人、授权人已按照开证行的指令善意地进行了付款；第二，开证行或者其指定人、授权人已对信用证项下票据善意地作出了承兑；第三，保兑行善意地履行了付款义务；第四，议付行善意地进行了议付。

（二）卖方受害的跟单信用证欺诈及其救济

买方对卖方行使跟单信用证欺诈的手段主要有两种手段。

1. 开立假信用证

有些进口商使用非法手段制造假信用证，或窃取其他银行已印好的空白格式信用证，或无密押电开信用证，或假印鉴开出信用证，签字和印鉴无从核对，或开证银行名称、地址不详等。如出口商没有发现信用证的假造而交货，将导致钱货两空。在这种情况下，卖方只能对欺诈人提起诉讼，请求欺诈人所在国法院追究其民事及刑事责任。

2. 开立"软条款"信用证

信用证中的"软条款"是指信用证中规定一些限制性条款，或信用证的条款不清，责任不明，使信用证的不可撤销性大大降低，因而对受益人非常不利。这种"软条款"信用证可使开证申请人控制整笔交易，而受益人处于受制他人的被动地位。信用证中常见的"软条款"主要有暂不生效条款和各种限制性条款。

案例分析 5-14

我国某出口公司与美国某公司签订一份 50 万美元的花岗岩出口合同，目的地为香港，以 L/C 方式支付。该进口商开来的 L/C 中有如下规定："shipment can only be effected upon receipt of applicant's shipping instructions through L/C opening bank nominating the name of carrying vessel by means of subsequent credit amendment"（货物只能待收到申请人指定船名的装运通知后装运，该装运通知将由开证行随后以信用证修改书方式发出）。卖方按约备妥货物待运，买方派代表前来验货，但买方代表却以莫须有的货物质量问题为由，拒不签发装船通知，使得出口商无法及时发货和收汇。

[思考问题]

进口商是如何利用信用证中的"软条款"进行欺诈的?如何避免?

[分析提示]

本案中，信用证里明显设置有"软条款"，即"货物只能待收到申请人指定船名的装运通知后装运，而该装运通知将由开证行随后经信用证修改书方式发出"这一条款明显对受益人不利，因为买方的代理人若以货物质量不合格为由，拒绝签发"装运通知"，合同将无法履行。这是奸商（进口商）的惯用伎俩，当市场行情上涨时进口商便授权代理人接收货物，签发"装运通知"；当市场行情下跌时则授权代理人拒收货物，拒绝签发"装运通知"。所以在外贸工作中，出口商必须认真审核信用证，如发现有"软条款"，应立即以最快的通讯方式要求买方通过银行删除有关的"软条款"，以免落入奸商设置的陷阱。

小　　结

本章主要介绍了关于票据的法律制度。要求学生了解票据法和《UCP600》的主要内容，掌握票据的法律特征、信用证的含义和特征及其当事人之间的关系，使学生通过本章学习，能够解决商贸活动中出现的信用证纠纷。

课后阅读资料

资料一

相关概念介绍

1. 同时履行抗辩权：当事人互负债务，没有先后履行顺序的，应当同时履行。一方在对方履行之前有权拒绝其履行要求。一方在对方履行债务不符合约定时，有权拒绝其相应的履行要求。

2. 公共秩序保留：是指一国在涉及外国法律适用的时候，往往会以该外国法侵犯了本国社会公共利益为理由而拒绝外国法的使用的一种法律制度。

3. 后履行抗辩权：当事人互负债务，有先后履行顺序，先履行一方未履行的，后履行一方有权拒绝其履行要求。先履行一方履行债务不符合约定的，后履行一方有权拒绝其相应的履行要求。

4. 独立抽象性原则：是指信用证根据买卖合同而开立，但又独立于买卖合同，银行没有义务去审核信用证与买卖合同的一致性。

5. 表面真实原则：指的是银行处理的仅是单据，在审单时只要"单单相符"、"单证相符"，就应无条件支付（包括承兑）货款。银行的这种审查只限于表面，而没有去实质审查单据真实性的义务。

💲 资料二

UCP600 的主要变化

UCP600 共有 39 个条款、比 UCP500 减少 10 条，但却比 500UCP 更准确、清晰，更易读、易掌握、易操作。

它将一个环节涉及的问题归集在一个条款中；将 L/C 业务涉及的关系方及其重要行为进行了定义，如第二条的 14 个定义和第三条对具体行为的解释。

UCP600 纠正了 UCP500 造成的许多误解：

首先，把 UCP500 难懂的词语改变为简洁明了的语言，取消了易造成误解的条款，如"合理关注"、"合理时间"及"在其表面"等短语。有人说这一改变会减少昂贵的庭审，意指法律界人士丧失了为论证或反驳"合理""表面上"等所收取的高额费用。

第二，UCP600 取消了无实际意义的许多条款。如"可撤信用证"、"风帆动力批注"，"货运代理提单"及 UCP500 第 5 条"信用证完整明确要求"及第 12 条有关"不完整不清楚指示"的内容也从 UCP600 中消失。

第三，UCP600 的新概念描述极其清楚准确。如兑付（Honor）定义了开证行、保兑行、指定行在信用证项下，除议付以外的一切与支付相关的行为；议付（Negotiation），强调是对单据（汇票）的买入行为，明确可以垫付或同意垫付给受益人，按照这个定义，远期议付信用证就是合理的。另外还有"相符交单"、"申请人"、"银行日"等等。

第四，更换了一些定义。如对审单做出单证是否相符决定的天数，由"合理时间"变为"最多为收单翌日起第 5 个工作日"。又如，"信用证" UCP600 仅强调其本质是"开证行一项不可撤消的明确承诺，即兑付相符的交单"。再如开证行和保兑行对于指定行的偿付责任，强调是独立于其对受益人的承诺的。

第五，方便贸易和操作。UCP600 有些特别重要的改动。如拒付后的单据处理，增加了"拒付后，如果开证行收到申请人放弃不符点的通知，则可以释放单据"；增加了拒付后单据处理的选择项，包括持单侯示、已退单、按预先指示行事。这样便利了受益人和申请人及相关银行操作。又如，转让信用证方面，UCP600 强调第二受益人的交单必须经转让行。但当第二受益人提交的单据与转让后的信用证一致，而第一受益人换单导致单据与原证出现不符时，又在第一次要求时不能做出修改的，转让行有权直接将第二受益人提交的单据寄开证行。这项规定保护了正当发货制单的第二受益人的利益。再如单据在途中遗失，UCP600 强调只要单证相符，即只要指定行确定单证相符、并已向开证行或保兑行寄单，不管指定行是兑付还是议付，开证行及保兑行均对丢失的单据负责。这些条款的规定，都大大便利了国际贸易及结算的顺利运行。

（作者：ICC 银行技术与惯例委员会副主席、中国银行副行长张燕玲）

思考与练习

一、问答题

1. 什么是汇票?
2. 什么是汇票的连续背书?
3. 什么是汇票的丧失?
4. 什么是票据的追索权?
5. 什么是托收?
6. 什么是信托收据?
7. 什么是信用证?
8. 什么是跟单信用证欺诈?

二、选择题

1. 依票据法原理,票据被称为无因证券,其含义是指什么(　　)?

   A. 取得票据无需合法原因

   B. 转让票据须以向受让方交付票据为先决条件

   C. 占有票据即能行使票据权利,不问占有原因和资金关系

   D. 当事人发行、转让、背书等票据行为须依法定形式进行

2. 下列汇票中哪一种是可以通过背书转让的(　　)?

   A. 限制性抬头汇票　　　　　　　　B. 指示式抬头汇票

   C. 记名式抬头汇票　　　　　　　　D. 来人式抬头汇票

3. 下列哪一种票据必须办理承兑手续(　　)?

   A. 支票　　　　B. 远期本票　　　C. 即期汇票　　　D. 远期汇票

4. 在以下哪些情况下,票据的持票人可以行使追索权(　　)?

   A. 汇票被拒绝承兑　　　　　　　　B. 支票被拒绝付款

   C. 汇票付款人死亡　　　　　　　　D. 本票付款人被宣告破产

5. 下列关于汇票持票人行使追索权的判断正确的有(　　)。

   A. 持票人行使追索权应按汇票债务人的先后顺序

   B. 持票人行使追索权不受汇票债务人的先后顺序的限制

   C. 持票人可以对汇票债务人的任何一人、数人或全体行使追索权

   D. 持票人对汇票债务人中的一个或者数人已经进行追索的,对其他汇票债务人不能行使追索权

6. 根据我国《票据法》的规定，如果票据丧失的，那么失票人可以通过以下办法进行补救（   ）。

    A. 通知付款人挂失止付

    B. 在报纸上登报挂失

    C. 申请公示催告

    D. 提起诉讼

7. 信用证的法律特征有（   ）。

    A. 开证行在开出信用证后承担第一性付款的责任

    B. 信用证是纯粹的单据业务而非货物的买卖

    C. 信用证是商业信用的体现

    D. 信用证是独立于买卖合同之外的另一份合同，开证行责任独立

8. 根据《跟单信用证统一惯例》（《UCP600》），下列哪种情况发生时，银行可拒绝付款（   ）？

    A. 买方未收到货物

    B. 货物腐烂

    C. 提单与信用证不符

    D. 交货数量与合同不符

9. 载有"软条款"的信用证是对受益人危害极大的信用证，下列哪些规定应被视为信用证的"软条款"（   ）？

    A. 本信用证付款以货物经开证申请人或其授权人检验合格并签发检验证书为条件

    B. 本信用证的生效以开证行的另行通知为条件

    C. 受益人在议付时应提交的单据包括出口地商检机构的检验证书

    D. 受益人在议付时应提交开证申请人或其授权代表签署的货运收据，该签名应与开证行所保留的签名样本相符

10. 《跟单信用证统一惯例》（《UCP600》）对银行的免责作了规定，下列选项哪些是正确的（   ）？

    A. 银行只对单据表面真实性作形式上的审查，对单据的真实性、有效性不作实质性审查

    B. 银行对单据中货物的描述、价值及存在情况负责

    C. 银行对买卖双方的履约情况概不负责

    D. 信用证开出后，对于买卖合同内容的变更、修改或撤销，除非通知银行，否则银行概不负责

11. 为了提高工作效率，保护受益人利益，《UCP600》限定银行审单期限为（   ）。

    A. 5 天   B. 7 天   C. 10 天   D. 14 天

12. 我国甲公司（卖方）与美国乙公司（买方）订立一货物买卖合同。乙公司申请

开出的不可撤销信用证规定装船时间为 2006 年 4 月 10 日前，而甲公司由于货源上的原因，最早要到 2006 年 4 月 15 日才能备齐货物并装船付运。下列哪一种做法是甲公司应采取的正确处理方法（　　　）？

    A．直接请求开证行修改信用证

    B．通过提供保函要求承运人倒签提单

    C．征得乙公司同意、由乙公司请求开证行修改信用证

    D．通过提供保函要求承运人预借提单

    13．中国太宏公司与法国莱昂公司签订了出口 1 000 吨水果的合同，价格术语为 CFR 里昂，规定货物可以有 6% 的溢短装，付款方式为银行托收，付款交单（D／P）。卖方实际装船 995 吨，船长签发了清洁提单。货到目的港后经法国莱昂公司验收后发现水果总重短少 8%，且水果的质量也与合同规定不符。法国公司拒绝付款提货，并要求减价。后来水果全部腐烂。关于本案，依国际商会《托收统一规则》，下列选项哪些是正确的（　　　）？

    A．当法国莱昂公司拒绝付款赎单时，代收行应当主动提货以减少损失

    B．当法国莱昂公司拒付时，代收行应当主动制作拒绝证书，以便收款人追索

    C．如损失是因代收行没有执行托收行的指示造成的，托收行无须向委托人承担责任

    D．本案采用的是跟单托收的付款方式

    14．如果付款方式是信用证和 D/P 即期付款相结合的方式，为了收汇安全应在合同中规定（　　　）。

    A．开两张汇票，信用证项下为光票，全套货运单据随附在 D/P 托收的汇票项下

    B．开两张汇票，各随附一套等价的货运单据

    C．开两张汇票，托收项下为光票，全套货运单据附在信用证的汇票项下

    D．以上的方法都不对

三、判断题

    1．根据我国《票据法》的规定，票据金额以中文大写和数码同时记载，二者不一致的，以中文大写为准。　　　　　　　　　　　　　　　　　　　　（　　　）

    2．根据我国《票据法》的规定，票据记载的事项不得更改，否则票据无效。（　　　）

    3．按 "D/P、T/R" 条件成交时，如汇票付款人到期不付款，应由代收行对委托人负责。　　　　　　　　　　　　　　　　　　　　　　　　　　　　　　（　　　）

    4．根据《UCP600》的规定，受益人提交的单据中内容的描述必须与信用证、信用证对该项单据的描述以及国际标准银行实务完全一致。　　　　　　　　（　　　）

    5．根据《UCP600》的规定，开证行必须对单据的遗失负责。　　　　（　　　）

四、案例分析

    1．甲公司（卖方）与乙公司（买方）订立了一份买卖合同，将其进口的一批电脑

售予乙公司，货值为 50 万元人民币，乙公司向甲公司签发了一张以其开户银行丙银行为付款人的远期汇票，收款人为甲公司。甲公司取得汇票后要求丙银行办理了承兑手续，后因甲公司向丁公司购买建筑材料，便将汇票背书后转让给丁公司。不久后，乙公司得知因甲公司进口的电脑是走私的，在运输途中被海关查获并没收，即通知丙银行拒付。

问题：

（1）丙银行可否对丁公司行使拒付权？

（2）若丁公司遭拒付，应如何维护自身合法权益？

2. A 公司与 B 公司订立一买卖合同，A 公司据此签发了一张以 B 公司为收款人，票面金额为 20 万元，出票后 3 个月付款的银行承兑汇票，并交付给 B 公司。一周后 B 公司不慎将汇票丢失，B 公司立即与 A 公司联系并通知银行拒绝付款。汇票被个体服装经营户张某拾得，张某在汇票背面假冒 B 公司的签章和其法定代表人的签章，背书转让给自己，此后张某又将汇票背书转让给 C 公司抵偿其欠 C 公司的货款。由于伪造签章逼真，C 公司接受票据时未能识别真假，但于汇票到期日向银行提示付款时被银行拒绝。

问题：

（1）张某能否取得票据权利？为什么？

（2）C 公司是否享有票据权利？为什么？

（3）在我国失票人可以采取哪些救济措施？B 公司采取的救济措施可否成为承兑银行拒绝付款的合法理由？为什么？

3. 我国 A 公司向加拿大 B 公司以 CIF 术语出口一批货物，合同规定 4 月份装运。B 公司于 4 月 10 日开来不可撤销信用证。此证按《UCP500》规定办理。证内规定：装运期不得晚于 4 月 15 日。此时我方已来不及办理租船订舱，立即要求 B 公司将装期延至 5 月 15 日。随后 B 公司来电称：同意展延船期，有效期也顺延一个月。我 A 公司于 5 月 10 日装船，提单签发日 5 月 10 日，并于 5 月 14 日将全套符合信用证规定的单据交银行办理议付。问题：

（1）银行是否有权拒付货款？为什么？

（2）卖方应当如何处理此事？

4. 我国广东一家进出口公司和德国某公司订立了一份尿素进口合同，依合同规定我方开出以该外国公司为受益人的不可撤销的跟单信用证，总金额为 100 万欧元。双方约定如发生争议则提交北京中国国际经济贸易仲裁委员会仲裁。2005 年 10 月货物装船后，该外国公司持提单在银行议付了货款。货到广州后，我公司发现尿素有严重质量问题，立即请商检机构进行了检验，证实该批尿素是毫无实用价值的废品。我公司持商检证明要求银行追回已付款项，否则将拒绝向银行支付货款。问题：

（1）银行是否应追回已付货款，为什么？

（2）我公司是否有权拒绝向银行付款？为什么？

（3）中国国际经济贸易仲裁委员会是否有权受理此案？依据是什么？

（4）我公司应采取什么救济措施？

（5）本案的教训是什么？

5. 我国 A 公司向巴基斯坦 B 公司以 CIF 条件出口货物一批。国外来证中单据条款规定："商业发票一式两份；全套（full set）清洁已装船提单，注明'运费预付'，作成指示性抬头空白背书；保险单一式两份，根据中国人民保险（集团）公司 1981 年 1 月 1 日海洋运输货物保险条款投保一切险和战争险"。信用证内并注明"按《UCP600》办理"。A 公司在信用证规定的装运期限内将货物装上船，并于到期日前向议付行交单议付，议付行随即向开证行寄单索偿。开证行收到单据后，来电表示拒绝付款，其理由是单证有下列不符：①商业发票上没有受益人的签字；②正本提单是以一份组成，不符合全套要求；③保险单上的保险金额与发票金额相等，因此，投保金额不足。问题：

开证行认为单证不符的理由是否成立？为什么？

6. 2006 年 3 月 11 日，我国甲公司与印度尼西亚乙公司签订一笔 10 万美元的出口合同，乙公司要求以 D／P at sight 为付款方式。在货物装船起运后，乙公司又要求国内出口商将提单上的收货人注明为乙公司。货到目的港后，乙公司便以暂时货款不够等原因不付款赎单，要求出口商将付款方式改为 D／A，并允许他先提取货物，否则就拒收货物。由于提单的收货人已记名为乙公司，使国内出口商无法将货物再转卖给其他客户，只能答应其要求。乙公司向代收行丙银行办理承兑手续后取得提单，货物被提走转卖后，乙公司不但不按期向银行付款，而且再也无法联系，使甲公司货、款两空。问题：

（1）我国甲公司要求代收行丙银行承担责任，为什么？

（2）采用托收结算方式应注意哪些问题？

第六章　知识产权法

　　自第一部具有现代意义的专利法于 1624 年在英国诞生以来，除朝鲜和伊朗等少数国家外，各国陆续在知识产权领域进行立法。知识产权法律制度在激励人们创新智力成果、创造财富、维持公平贸易秩序、保护消费者利益方面起着决定性作用。在当今知识经济时代，加强对知识产权的保护，显得尤为重要和迫切。世界贸易组织关于《与贸易有关的知识产权协议》明确规定：知识产权属于私权。我国《民法通则》也将知识产权作为一种特殊的民事权利予以规定。

第一节　知识产权基本知识

案例分析 6-1

河南省洛阳市某纺织厂设计了一种款式新颖的短衫，在牡丹节期间投放市场，销路很好，后来许多厂家相继仿制，对该纺织厂的产品销路影响很大。为了维护工厂的利益和把握市场前景，该厂于 2006 年 6 月 10 日向国家商标局提出"洛阳"牌商标的注册申请。在其申请注册期间，某服装厂仍继续生产与纺织厂样式完全相同的短衫，并使用了"洛阳"商标（仅文字相同，图案、字形均不相同）。纺织厂即向工商行政管理部门提出保护其商标专用权的申请。2006 年 7 月 1 日，商标局驳回纺织厂的商标注册申请。纺织厂收到驳回通知后，很不服气，欲申请复议。同时，服装厂看到纺织厂没有取得注册商标，更无顾忌，继续进行生产。

[思考问题]

（1）什么是注册商标？

（2）我国商标法对商标所使用的文字、图形有哪些限制？

（3）哪些行为将构成商标侵权行为？

[分析提示]

这些问题涉及到知识产权法中的商标法的相关问题，要解决它，须先了解并掌握知识产权的有关基础知识。

一、知识产权的概念、范围与分类

（一）知识产权的概念

"知识产权"是个"外来语"，即德文中的 gestiges egentum，英文中的 intellectual property，是指民事主体对其智力劳动成果依法所享有的专有权利。

（二）知识产权的范围

《保护工业产权巴黎公约》将工业产权范围界定为发明、实用新型、外观设计、商标、服务标记、商号名称、原产地名称和制止不正当竞争八个方面。世界贸易组织关于《与贸易有关的知识产权协议》（TRIPs）将知识产权的范围确定为版权与著作权、商标权、地理标志权、工业品外观设计权、专利权、集成电路布图设计权、未披露过的信息专有权。

狭义的知识产权一般包括以下几方面。

1. 著作权和邻接权

著作权，又称版权，是指文学、艺术和科学作品的作者及其相关主体依法对作品所享有的人身权利和财产权利。邻接权是指作品传播者对在传播作品过程中产生的成果依法享有的专有权利，又称为作品传播者权或与著作权有关的权益。

2. 专利权

专利权即自然人、法人或其他组织依法对发明、实用新型和外观设计在一定期限内享有的独占实施权。

3. 商标权

商标权即商标注册人或权利继受人在法定期限内对注册商标依法享有的各种权利。商标权包括商品商标权、服务商标权、集体商标权和证明商标权。

（三）知识产权的分类

知识产权可分成创造性成果权和标记性成果权，其中，发明、实用新型和工业品外观设计等为创造性成果权，它们的智力创造的表现比较明显，发明和实用新型是利用自然规律作出的解决特定问题的新的技术方案，工业品外观设计是确定工业品外表的美学创作，完成人需要付出创造性劳动；商标、服务标记、厂商名称、产地标记或原产地名称以及我国反不正当竞争法第5条规定的知名商品特有的名称、包装、装潢等为标记性成果权。

二、知识产权的特征

（一）无形财产性

知识产权的无形财产性包括两层含义。

1. 知识产权必须有"物"作为其载体

知识产权必须有"物"作为其载体，但必须注意的是买方拥有该载体并不意味着买方拥有该载体上的知识产权。我国《合同法》第137条规定，出卖具有知识产权的计算机软件等标的物的，除法律另有规定或者当事人另有约定的以外，该标的物的知识产权不属于买受人。

2. 知识产权的价值不易鉴别

不像有形物体那样容易鉴别，其价值取决于其载体的市场份额。

（二）专有性

知识产权的专有性也称独占性、排他性、垄断性，即知识产权的权利主体依法享有独占、使用智力成果的权利，他人不得侵犯。

（三）可复制性

知识产权的可复制性是指权利人在使用知识产权的同时也可允许他人使用。知识产权权利人通过许可他人使用可取得经济回报，这也体现了它的无形财产性。

（四）法定性

知识产权的法定性是指知识产权的专有性必须符合法律规定并受到一定的限制。例如我国《商标法》、《专利法》规定，商标和发明要取得专有权须取得注册许可；《专利法》规定，授予专利权的发明和实用新型，应当具备新颖性、创造性和实用性；《商标法》第 10 条、第 11 条规定了不得作为商标使用和不得作为商标注册的标志；《专利法》第 25 条规定了不授予专利权的情形；《著作权法》第 5 条规定了不适用著作权法的三种情况。

（五）地域性

知识产权的地域性是指知识产权只在产生的特定国家或地区的地域范围内有效，不具有域外效力。故一国征税权利人的知识产权若想在他国受保护须到该国申请注册或根据有关的国际条约申请国际注册，以防止被他人抢注。

（六）时间性

知识产权的时间性是指依法产生的知识产权一般只在法律规定的期限内有效。

案例分析 6-2

2002 年 7 月 8 日，帅康就专利侵权一案向杭州市中级人民法院提起了民事诉讼，称公司于 1999 年 2 月 9 日向国家知识产权局申请"深型离心式抽油烟机"实用新型专利，1999 年 11 月 27 日被授予专利权，专利号 ZL99201378.X，1999 年 12 月 15 日授权公告，而海尔未经自己许可，大量生产、销售侵犯本专利权的侵权产品，并利用广告、产品样本等方式大肆宣传其侵权产品，已构成对本专利权的侵犯。因此，向法院提出责令海尔公司立即停止侵权行为、赔偿经济损失人民币 50 万元等 5 项请求。

海尔公司在同年 11 月 11 日的庭审答辩中称：帅康公司的专利文件所要求保护的技术方案已在该专利申请日前被其他专利文件全部公开，故其专利的新颖性和创造性已不存在。根据《专利法》第 22 条规定，该专利无效。海尔 CXW-145-D13 的吸油烟机完全

是通过自己的技术力量设计、开发完成，其目的、采用的技术方案以及效果与帅康公司专利文件中公开的技术方案不同，即使假定帅康公司的专利文件有效，海尔公司依然没有侵犯帅康公司的专利权。

杭州中院审理后认为，型号为 CXW-145-D13 的海尔吸油烟机经对比，除立板等微小差别外，技术特征与帅康的专利基本一致，因此，构成了对帅康的专利侵权。

[思考问题]

授予专利权须符合哪些条件？若海尔公司认为帅康的专利权的授予不符合专利法有关规定的，有何补救措施？海尔公司是否构成了对帅康的专利侵权？

[分析提示]

法院判决：海尔公司构成了对帅康的专利侵权。

我国《专利法》规定，授予专利权的发明和实用新型，应当具备新颖性、创造性和实用性。帅康在申请吸油烟机的专利权时，专利局认为其符合专利法所规定的"三性"，故授予其专利权；若海尔公司认为帅康的专利权的授予不符合专利法有关规定的，可以请求专利复审委员会宣告该专利权无效。我国《专利法》规定，未经专利权人许可，实施其专利，即侵犯其专利权。海尔公司的吸油烟机使用的技术与帅康的专利技术基本一致，且帅康的专利权尚在被保护的期限内，故法院判决海尔公司对帅康构成了专利侵权行为。

三、知识产权的立法

（一）我国知识产权的立法

我国知识产权立法起步较晚，但发展迅速，现已建立起符合国际先进标准的法律体系。我国国内的知识产权立法主要包括。

1. 知识产权法律

如著作权法、专利法、商标法和反不正当竞争法等。

2. 知识产权行政法规

如著作权实施条例、计算机软件保护条例、专利法实施细则、商标法实施条例、知识产权海关保护条例等。

3. 知识产权行政规章

如国家工商行政管理局关于禁止侵犯商业秘密行为的规定、驰名商标认定和保护规定等。

4. 知识产权司法解释

如《最高人民法院关于诉前停止侵犯注册商标专用权行为和保全证据适用法律问题的解释》、《最高人民法院关于审理商标民事纠纷案件适用法律若干问题的解释》、《最高人民法院关于审理涉及计算机网络域名民事纠纷案件适用法律若干问题的解释》、《最高人民法院关于审理著作权民事纠纷案件具体适用法律若干问题的解释》、《最高人民法院关于审理专利纠纷案件适用法律问题的若干规定》等。

（二）知识产权的国际立法

知识产权的国际立法主要包括以下国际条约：《与贸易有关的知识产权协议》、《保护工业产权巴黎公约》、《保护文学艺术作品伯尔尼公约》、《世界版权公约》、《商标注册马德里协定》、《专利合作条约》，其中《与贸易有关的知识产权协议》被认为是当前世界范围内知识产权保护领域中涉及面广、保护水平高、保护力度大、制约力强的国际条约，对我国国内有关知识产权法律的修改起了重要作用。我国已加入这些条约，它们是我国知识产权法律体系的重要组成部分。

四、知识产权的保护

（一）私力救济

即由权利人向侵权人提出警告、交涉、索赔，双方通过协商，解决侵权纠纷。

（二）公力救济

1. 行政保护

即由权利人向知识产权主管部门提出，请求其追究侵权人的法律责任。

2. 协会保护

如权利人可以向我国的音乐协会请求保护。

3. 司法保护

即由权利人向司法机关举报或向人民法院诉讼，请求司法机关追究侵权人的法律责任。

4. 边境保护

即知识产权海关保护，如果侵权货物涉及进出境，权利人可向海关请求保护，由海关扣留其侵权货物。我国《海关法》第 44 条规定，海关依照法律、行政法规的规定，对与进出境货物有关的知识产权实施保护。需要向海关申报知识产权状况的，进出口货

物收发货人及其代理人应当按照国家规定向海关如实申报有关知识产权状况，并提交合法使用有关知识产权的证明文件。

案例分析 6-3

"奔驰（图形）"是戴姆勒克莱斯勒公司的商标，已在海关总署办理了备案手续。2003年8月7日，上海海关驻外高桥港区办事处在查验一批上海某进出口公司以一般贸易方式向海关申报出口至摩洛哥的汽车附件中发现，出口的353箱车头进气面罩和车窗开关上标有"奔驰（图形）"商标，价值7421.8美元，海关经调查后认定侵犯商标专用权。

[思考问题]

（1）什么是知识产权海关保护？

（2）知识产权海关保护的方式有哪几种？本案属于哪种？

（3）申请知识产权海关保护备案有何意义？

（4）海关有权对侵权人作出怎样的处罚？

[分析提示]

（1）知识产权海关保护是指海关对与进出境货物有关并受中华人民共和国法律、行政法规保护的商标专用权、著作权和与著作权有关的权利、专利权实施的保护。

（2）知识产权海关保护有"主动保护"和"被动保护"两种方式。"主动保护"就是海关依职权对知识产权实施保护；"被动保护"是海关经知识产权权利人的申请对知识产权实施保护。本案属于"主动保护"。

（3）申请知识产权海关保护备案是海关对知识产权实施"主动保护"的前提条件。

（4）根据《中华人民共和国海关行政处罚实施条例》的规定，海关有权没收侵权货物，并对侵权人处以货物价值30%以下的罚款。

五、驰名商标的认定与保护

（一）驰名商标的概念

驰名商标（well-known trademark）是指被相关公众广为知晓并享有较高声誉的商标。驰名商标具有巨大的商业价值，是不法商人假冒或仿冒的重点对象，因而许多国家商标法对驰名商标规定了特殊保护措施。

（二）驰名商标的认定

在我国，驰名商标认定包括行政认定和司法认定两条途径，行政认定由国家工商行政管理局和国家工商局商标评审委员会认定，司法认定由中级以上人民法院认定。认定的原则秉承了国际通行的"个案认定，被动保护"的原则，即在发生侵权或权利冲突时，由有关行政机关确认商标是否驰名，以便决定是否给予扩大的保护，对驰名商标由过去的突出管理改变为更加注重对驰名商标的保护。中级以上人民法院在审理商标纠纷案件中，根据当事人的请求和案件的具体情况，可以对涉及的注册商标是否驰名依法作出认定。

认定驰名商标应当考虑下列因素。

（1）相关公众对该商标知晓程度。

（2）该商标使用持续时间。

（3）该商标的任何宣传工作的持续时间、程度和地理范围。

（4）该商标作为驰名商标受保护的记录。

（5）该商标驰名的其他因素。

1989年，北京市药材公司发现其"同仁堂"商标在日本被抢注。该公司遂以"同仁堂"系驰名商标为由，请求日本特许厅撤销该不当注册的商标，日本要求提供"同仁堂"系我国驰名商标的证明文件。为了保护我国商标在他国的合法权益，商标局在做了广泛的社会调查后，于1989年11月18日正式认定"同仁堂"商标为我国驰名商标。这是我国由商标主管机关正式认定的第一个国内驰名商标。

（三）驰名商标的特殊保护措施

复制、摹仿或者翻译他人未在中国注册的驰名商标或者主要部分，在相同或者类似商品上使用，容易导致混淆的，应当承担停止侵害的民事责任；申请注册的，不予注册并禁止使用。

就不相同或者不相类似商品申请注册的商标是复制、摹仿或者翻译他人已经在中国注册的驰名商标，误导公众，致使该驰名商标注册人的利益可能受到损害的，不予注册并禁止使用。

案例分析 6-4

2005年10月9日，广东黑牛食品工业有限公司状告汕头市某陶瓷店主王某商标侵权纠纷案的一审判决生效，原告要求法院确认"黑牛"文字商标为中国驰名商标、并实施跨类别司法保护的诉讼请求得到了广东省汕头市中级人民法院的支持。法院同时认定被告在陶瓷餐具上使用"黑牛"文字作为其商品的标识的行为构成商标侵权，依法判令被告承担相应责任。这是汕头市首宗民营企业通过司法程序确认驰名商标的案件。

[思考问题]

（1）什么是驰名商标的司法认定？

（2）本案中法院为何判定陶瓷店主王某构成侵权？

[分析提示]

（1）驰名商标的司法认定，是指法院在具体商标案件的审理中，根据当事人的请求和案件的具体情况，对争议商标是否构成驰名商标进行认定的司法行为。

（2）我国《商标法》第 13 条规定，就不相同或者不相类似商品申请注册的商标是复制、摹仿或者翻译他人已经在中国注册的驰名商标，误导公众，致使该驰名商标注册人的利益可能受到损害的，禁止使用。

六、侵犯知识产权行为的认定

（一）专利侵权行为

我国《专利法》规定：专利授予以后，未经专利权人许可，任何单位或个人都不得实施其专利。具体表现如下。

（1）制造发明、实用新型、外观设计专利产品的行为。

（2）使用发明、实用新型专利产品的行为。

（3）许诺销售发明、实用新型专利产品的行为。

（4）销售发明、实用新型、外观设计专利产品的行为。

（5）进口发明、实用新型、外观设计专利产品的行为。

（6）使用专利方法以及使用、许诺销售、销售、进口依照该专利方法直接获得的产品的行为。

（7）假冒他人专利的行为。

（二）著作权侵权行为

1. 应该承担民事责任的著作权侵权行为

（1）未经著作权人许可，发表其作品的。

（2）未经合作作者许可，将与他人合作创作的作品当作自己单独创作作品发表的。

（3）没有参加创作，为谋取个人名利，在他人作品上署名。

（4）歪曲、篡改他人作品的。

（5）未经著作权人许可，以表演、播放、展览、发行、摄制电影、电视、录像或者改编、翻译、注释、编辑等方式使用作品的，著作权法另有规定的除外。

（6）使用他人作品，未按照规定支付报酬的。

（7）未经表演者许可，从现场直播其表演的。

（8）其他侵犯著作权以及与著作权有关的权益的行为。

2. 承担综合法律责任的著作权侵权行为

有下列侵权行为的，应当根据情况，承担停止侵害、消除影响、赔礼道歉、赔偿损失等民事责任；同时损害公共利益的，可以由著作权行政管理部门责令停止侵权行为，没收违法所得，没收、销毁侵权复制品，并处以非法经营额 3 倍以下的罚款；非法经营额难以计算的，可以处 10 万元以下的罚款；情节严重的，著作权行政管理部门还可以没收主要用于制作侵权复制品的材料、工具、设备等；构成犯罪的，依法追究刑事责任：

（1）未经著作权人许可，复制、发行、表演、放映、广播、汇编、通过信息网络向公众传播其表演的，著作权法另有规定的除外。

（2）出版他人享有专有出版权的图书的。

（3）未经表演者许可，复制、发行录有其表演的录音录像制品，或者通过信息网络向公众传播其表演，著作权法另有规定的除外。

（4）未经录音录像制作者许可，复制、发行或者通过信息网络向公众传播其录音录像制品，著作权法另有规定的除外。

（5）未经许可，播放或者复制广播、电视的，著作权法另有规定的除外。

（6）未经著作权人或者邻接权人许可，故意避开或者破坏权利人为其作品、录音录像制品等采取的保护著作权或者邻接权的技术措施的，法律、行政法规另有规定的除外。

（7）未经著作权人或者邻接权人许可，故意删除或者改变作品、录音录像制品的权利管理电子信息的，法律、行政法规中另有规定除外。

（8）制作、出售假冒他人署名的作品的。

（三）商标侵权行为

根据《商标法》第 52 条及其《实施条例》第 50 条以及最高人民法院《关于审理商标民事纠纷案件适用法律若干问题的解释》第 1 条的规定，下列商标使用形式，为侵犯商标专用权的主要表现形式。

（1）擅自在同一种商品上使用与注册商标相同的商标。

（2）擅自在同一种商品上使用与注册商标近似的商标。

（3）擅自在类似商品上使用与注册商标相同的商标。

（4）擅自在类似商品上使用与注册商标近似的商标。

（5）销售侵犯注册商标专用权的商品（但销售不知道是侵犯注册商标专用权的商品，能证明该商品是自己合法取得的并说明提供者的，不承担赔偿责任）。

（6）伪造、擅自制造他人注册商标标识。

（7）销售伪造、擅自制造的他人的注册商标标识。

（8）未经商标注册人同意，更换其注册商标并将该更换商标的商品又投入市场的。

（9）在同一种商品或者类似商品上，将与他人注册商标相同或者近似的文字、图形作为商品名称或者商品装潢使用，并足以造成误认的。

（10）故意为侵犯他人注册商标专用权行为提供仓储、运输、邮寄、隐匿等便利条件。

（11）将与他人注册商标相同或者相近似的文字作为企业的字号在相同或者类似商品上突出使用，容易使相关公众产生误认的。

（12）复制、摹仿、翻译他人注册的驰名商标或其主要部分在不相同或者不相类似商品上作为商标使用，误导公众，致使该驰名商标注册人的利益可能受到损害的。

（13）将与他人注册商标相同或者相近似的文字注册为域名，并且通过该域名进行相关商品交易的电子商务，容易使相关公众产生误认的。

侵犯知识产权的法律归责原则是以过错责任原则为主，以无过错责任原则为辅。无过错责任原则比较重，只能在法律规定的情况下适用。

侵权认定流程的基本步骤如下。

1. 确定知识产权类别

根据有关证据，确定被控侵权物的权利属于何种知识产权类别。

2. 查明相关法律规定

查明相关法律对此种权利的保护范围及构成要素。

3. 作好比较分析

将法律确定的范围与构成要素，和案件的情节进行对比，判断是否构成侵权。

4. 根据具体情节，确定赔偿范围

在对侵犯知识产权行为的认定中，证据问题往往起着决定的作用。实践中一定要注意证据问题。

案例分析 6-5

甲厂 1996 年研制出一种 N 型高压开关，于 1997 年 1 月向中国专利局提出专利申请，1998 年 5 月获得实用新型专利权。乙厂也于 1996 年 7 月自行研制出这种 N 型高压开关。乙厂在 1996 年底前已生产了 80 台 N 型高压开关，1997 年 3 月开始在市场销售。1997 年乙厂又生产了 70 台 N 型高压开关。1998 年初，甲厂发现乙厂销售行为后，遂与乙厂交涉，但乙厂认为自己的行为不构成侵权，于是甲厂向法院提起专利侵权诉讼。

[思考问题]

乙厂的行为是否不构成专利侵权？

[分析提示]

法院判决：乙厂的行为不构成专利侵权。诉讼费用由甲厂负担。

乙厂向法院举证其在甲厂的专利申请日以前已生产 N 高压开关，提出依法享有先用

权。即在甲厂获得专利权后，其在原有范围内（每年生产不大于 80 台）生产 N 型高压开关不侵权。法院调查后认为情况属实，支持了乙厂的主张。

七、知识产权侵权损害赔偿额的计算

知识产权侵权损害赔偿额的确定有以下计算方法。

（1）按权利人因被侵权遭受的实际损失确定。

（2）按侵权人因侵权获得的利益确定。

（3）根据情节参照专利许可使用费的 1～3 倍合理确定。

（4）按前述方法都难以确定时，由法院根据当事人的请求或依职权在 50 万元以下酌情判决。

适用第（1）和第（2）种计算方法的，赔偿额还应当包括权利人为制止侵权行为所支出的合理开支，包括权利人或者委托代理人对侵权行为进行调查、取证的合理费用；法院还可以根据当事人的诉讼请求和案件具体情况，将符合国家有关部门规定的律师费用计算在赔偿范围内。须注意的是：在著作权诉讼中，应依顺序适用第（1）、第（2）和第（4）种计算方法，只有在次序在先的方法难以适用时，才能适用次序在后的方法；在商标权诉讼和专利诉讼中，权利人对第（1）和第（2）种计算方法有选择权，法院应当准许；第（3）种计算方法仅适用于专利侵权诉讼，只有在第（1）和第（2）种计算方法都难以适用时才能适用。

八、知识产权诉讼前相关保全措施

知识产权权利人为了更好地维护自身合法权益，可根据《民事诉讼法》和相关司法解释，在诉讼前向法院申请采取以下保全措施：诉前责令停止侵权行为；诉前财产保全；诉前证据保全。

九、专利权无效宣告申请和注册商标的撤销申请

（一）专利权无效宣告申请

自发明创造被授予专利权之日起，任何单位或者个人认为该专利权的授予不符合专利法有关规定的，可以请求专利复审委员会宣告该专利权无效。

（二）注册商标的撤销申请

在先申请注册的商标注册人认为他人在后申请注册的商标与其在同一种或者类似商品上的注册商标相同或者近似，在先申请注册的商标注册人可以在后申请注册的商标

注册之日起 5 年内，向商标评审委员会申请裁定撤销。

单位或者个人认为已经注册的商标，违反商标法有关规定的，或者是以欺骗手段或者其他不正当手段取得注册的，可以请求商标评审委员会裁定撤销该注册商标。

第二节　知识产权的使用、许可与转让

案例分析 6-6

"可口可乐"商标创立 100 多年来，在世界各地遍设分公司、子公司、分厂或分装车间、经销公司，可口可乐公司不管是对分公司、子公司，还是被许可使用商标的公司，均只提供而且必须提供原料配方保密的饮料原液，被许可使用人要做的只是加水、加糖和灌装。即便这样，被许可使用人的整个生产过程还要受到可口可乐公司的一丝不苟的监控。结果使得"可口可乐"成为风行 195 个国家和地区的饮料，可口可乐公司以 670 亿美元的品牌价值，位居 2006 年度全球品牌排行榜之首。

[思考问题]

"可口可乐"公司商标策略成功秘诀在哪里？

[分析提示]

其秘诀就在于商标使用许可和与之相联的全方位质量监控。通过知识产权使用许可和与之相联的全方位质量监控，许可人的知识产权价值可以产生"滚雪球"效应，增加企业无形资产的价值。同时通过知识产权使用许可，可以提高许可人的知名度，进一步提高其商誉，增强其市场竞争力。可见，正确地使用知识产权能更好地提高企业的经济效益。

一、知识产权的使用

知识产权的利用，对产权人来讲，和其他财产一样，可以继承、赠与、担保、信托、作为股本投资、许可使用与转让等不同的形式利用；有偿转让给他人使用是取得经济效益的主要途径。但有偿转让只能在知识产权的法定期限内。例如，法律授予了一项发明权利人 20 年的获取报酬权，在 20 年里，发明权利人除了自己用于生产制造外，应考虑转让的方式以充分发挥发明专利的作用，同时获取最大的报酬。另一方面，知识产权的行使不得违反宪法和法律，不得损害公共利益。

对非产权人来讲，可以通过被许可使用和转让获取使用现有的知识产权，同时，因为知识产权是一笔无形的财富，有的知识产权已经超过法律保护期限，成为可以公共使用的财富。所以非产权人还可以通过查阅专利文献，寻找到过期的专利，这样还可以不必付费引进，不必投入人力、物力重复研究。在具体的实践中究竟采用哪一种形式，要根据自己的资金、生产能力、水平等具体情况来定。除了法定继承外，其他对知识产权的使用方式都是采用合同方式进行的，因此知识产权合同既要受到知识产权法的约束，又要受到合同法的约束。

二、知识产权的使用许可

（一）知识产权的使用许可的概念

知识产权具有专有性，未经权利人的许可，使用他人的知识产权构成侵权，这是基本法律原则。所以欲使用他人知识产权，须取得权利人的许可。知识产权的使用许可，是指权利人将其知识产权的一部分或全部允许他人使用。被许可人获得的仅仅是使用权，知识产权的其他权利并没有丧失，仍然属于权利人。未经权利人许可，被许可人不得将该项权利转移给第三人。

（二）知识产权使用许可合同的种类

知识产权使用许可合同的种类按照许可权利的大小范围可以将知识产权使用许可合同分为以下三大类。

1. 独占（垄断）许可合同

独占（垄断）许可合同即在指定地区内，被许可方在合同规定的有效期间内，对合同项下的知识产权享有独占权。许可方不得再把该知识产权授予该地区内的任何第三人，许可方本人也不得在该地区使用该项知识产权。

2. 排他许可合同

排他许可合同即在指定地区内，被许可方在合同规定的有效期间内，对合同项下的知识产权享有排他使用权，许可方不得把同一知识产权再授予合同地区内的任何第三方，但是许可方保留自己在指定地区内使用该项知识产权进行生产和销售产品的权利。

3. 非独占（垄断）许可合同

非独占（垄断）许可合同又称普通许可合同，即许可方允许被许可方在指定地区内使用许可合同项下的知识产权，许可方有权在该地区使用该知识产权，同时许可方还可以将同一知识产权再授予第三人使用。

不同类型的许可合同，许可方索取的使用费不同。一般来说，许可方对独占许可索价较高，对非独占许可则索价较低。

三、著作权和专利权的合理使用

我国《著作权法》第 22 条规定了 12 种著作权合理使用的情形；《专利法》第 63 条规定了 4 种专利权合理使用的情形。

四、著作权法定许可使用和专利权的强制许可

（一）著作权法定许可使用

著作权法定许可使用是指依照法律的明文规定，不经著作权人同意有偿使用他人已经发表作品的行为。著作权法定许可使用与合理使用的异同见表 6.2

表 6.2　著作权法定许可使用与合理使用的异同

同	异
（1）都是基于法律的明文规定； （2）都只能针对已经发表的作品； （3）都不必征得著作权人的同意； （4）都必须注明作者姓名、作品名称。	（1）法定许可的使用者是表演者、录音制作者、广播组织、报刊社，而合理使用人却无主体范围的限制； （2）在法定许可的情况下，使用作品后应向著作权人支付报酬，而合理使用的情况下则不必支付报酬； （3）在法定许可使用的情况下，著作权人声明不许使用的，不得使用，但合理使用却没有附加这样的条件。

根据有关规定，著作权法定许可使用包括以下情形。

（1）为实施九年制义务教育和国家教育规划而编写出版教科书，除作者事先声明不许使用的外，可以不经著作权人许可，在教科书中汇编已经发表的作品片段或者短小的文字作品、音乐作品或者单幅的美术作品、摄影作品。

（2）作品被报社、期刊社刊登后，除著作权人声明不得转载、摘编的外，其他报刊可以转载或者作为文摘、资料刊登。

（3）已在报刊上刊登或者网络上传播的作品，除著作权人声明或者上载该作品的网络服务提供者受著作权人的委托声明不得转载、摘编的外，网站可以转载、摘编。

（4）录音制作者使用他人已经合法录制为录音制品的音乐作品制作录音制品，可以不经著作权人许可，但应当按照规定支付报酬；著作权人声明不许使用的不得使用。

（5）广播电台、电视台播放他人已发表的作品。

（6）广播电台、电视台播放已经出版的录音制品，可以不经著作权人许可，但应当支付报酬。当事人另有约定的除外。

（二）专利权的强制许可

专利权的强制许可又称为专利权的非自愿许可，是指国务院专利行政部门依照法律

规定，不经专利权人的同意，直接许可具备实施条件的申请者实施发明或实用新型的一种行政措施。专利权的强制许可分为不实施时的强制许可（《专利法》第 48 条）、根据公共利益需要的强制许可（《专利法》第 49 条）和从属专利的强制许可（《专利法》第 50 条）三类。

五、知识产权的转让

知识产权的转让，是指产权人将自己对某一知识产权的所有权出让给他人。出让人丧失了所有权，受让人成为新的所有权人，受让人对该知识产权享有权利，承担法定义务。知识产权的转让，是权利的主体的变更，须根据法律的规定办理相关手续。我国《专利法》规定：中国单位或者个人向外国人转让专利申请权或者专利权的，必须经国务院有关主管部门批准。转让专利申请权或者专利权的，当事人应当订立书面合同，并向国务院专利行政部门登记，由国务院专利行政部门予以公告。专利申请权或者专利权的转让自登记之日起生效。我国《商标法》规定：转让注册商标的，转让人和受让人应当签订转让协议，并共同向商标局提出申请。受让人应当保证使用该注册商标的商品质量。转让注册商标经核准后，予以公告，受让人自公告之日起享有商标专用权。

技术转让合同分国内技术转让合同和技术进出口合同，我国《合同法》调整的技术转让合同包括四类：专利权转让、专利申请权转让、技术秘密转让、专利实施许可合同。其中专利实施许可合同属于专利的使用许可范畴；专利申请权的转让指专利在被行政批准前，一种可能获得授权的期待权的转让，如果没有被批准，转让的就是非专利技术所有权；技术秘密是商业秘密的一部分，技术秘密的转让合同更应注重完善对保密条款的约定。

案例分析 6-7

《休闲》为国内一份文摘杂志，请一学生 L 翻译了美国 5 年前在 X 报纸上发表的一篇署名为 S 的散文，登载在该文摘杂志上，署名作者 S。另一家国内文摘报《饭后茶余》转载了《休闲》杂志上的这篇译文，注明转载自《休闲》。S 发现后，认为《饭后茶余》报及《休闲》杂志未经其同意，翻译并使用了其作品，也未向 S 支付报酬，遂诉至中国法院。《饭后茶余》报辩称，《饭后茶余》报转载《休闲》杂志上的译文属于法定许可范围，只要向供稿人支付报酬即可，无须向 S 付酬。《休闲》杂志社辩称，S 散文首先发表于国外，不受我国著作权法保护，且《休闲》杂志在译文上已署名 S，尊重了作者人身权，杂志社只需向译者 L 付款即可。

[思考问题]

两位被告的抗辩是否成立？

[分析提示]

两位被告的抗辩不成立。

（1）美国与中国同为版权公约成员国，在美国发表的作品同样受中国著作权法的保护。

（2）《饭后茶余》报转载已发表的作品，可以不用经原作者许可，但必须支付报酬。

（3）《休闲》杂志社未经作者同意擅自请人翻译 S 的作品，属于侵犯 S 翻译权。

（4）《休闲》杂志社应向译者付酬还应向原作者 S 付酬。

六、定牌生产的法律问题

定牌生产（original equipment manufacturer，OEM），俗称"贴牌"。是甲方工厂所生产的产品被乙方选中，乙方委托甲方生产，并贴上乙方的商标，由乙方以较低价格收购作为自己的产品进行销售。

定牌生产出口在我国加工贸易中占有相当大的比重，是国际分工与合作的表现，积极参与 OEM 加工贸易，对我国企业参与国际分工，逐步扩大自身实力有一定的积极作用。

但如果受委托人缺乏法律防范意识，将会牵涉到商标侵权纠纷案件中，沦为跨国制假的帮凶，影响中国的国际形象。因此，在 OEM 合作过程中，需注意以下问题：其一，商标内容须合法，包装装饰不得仿冒；其二，明确商标使用和提供方式，多余的或废弃的标识不可以卖给他人；其三，未经委托方（发包方）同意，对多余的产品，承作方无权自行销售。

案例分析 6-8

"BARBIE（芭比）"是美国麦特尔股份有限公司（mattel）用于玩具上的商标，被我国国家工商行政管理总局认定为驰名商标，并在海关总署办理了备案手续。某年汕头市濠江区甲加工企业接受美国 B 公司的委托，为其定牌生产"BARBIE（芭比）"牌玩具，在与 B 公司订立来料加工合同时，甲企业并未对 B 公司是否为该商标的合法所有人或使用人进行确认。后来美国麦特尔股份有限公司经调查后，向汕头海关申请扣留出境侵权货物，海关做出没收侵权货物和罚款 100 万元人民币的处罚决定。

[思考问题]

本案留给加工企业什么教训？

[分析提示]

加工企业在进行定牌生产时，一定要及时与客户进行沟通，得到所使用商标的法定授权，以免造成不必要的争议和损失。不能麻痹大意，更不能明知故犯。

小 结

本章主要介绍了关于知识产权的相关法律规定。要求学生通过本章的学习了解知识产权的使用许可和转让的法律规定，熟悉商标、专利的特点，并结合本章内容领会我国《中华人民共和国对外贸易法》中关于对外贸易中的知识产权保护的规定。

课后阅读资料

 资料一

东芝商标侵权案例

2002 年 4 月，宁波慈溪市佳盛电器有限公司的经营者在香港注册商号"香港东芝电器"并设立皮包公司。宁波佳盛公司又以接受该皮包公司"授权委托"的形式，生产销售以"香港东芝"为商标、以"香港东芝有限公司"为企业名称的家电产品。该公司又于 2002 年 7 月注册域名 www.hk-dongzhi.com 并利用该网址进行网络销售。2003 年，东芝公司发现该网站之后，又陆续在宁夏、浙江等地确认了其销售事实并分别予以打击。

2003 年 6 月 13 日，东芝公司以其恶意取得为由向 WIPO 投诉，并申请将域名 www.hk-dongzhi.com 转让给东芝公司。2003 年 8 月 14 日 WIPO 下达裁决支持东芝主张，异议期内对方未提出异议，最终东芝胜诉。

2003 年 7 月 24 日，在收到东芝投诉后，浙江省工商局在宁波市工商局的协办下，确认侵权产品并认定为商标侵权予以更严厉处罚。2003 年 10 月 14 日宁波市工商局慈溪分局下达处罚决定：立即停止侵权行为，没收侵权产品 700 台，罚金 4 万元。

本案是东芝首例网络销售打假案件，同时，也是克服了对在香港不当注册商号和在中国大陆不当使用商标商号行为进行打击存在法律解释困难的案例。

（资料来源：中国知识产权报）

 资料二

商标频遭抢注，中国企业商标国际维权迫在眉睫

几年前，国内最大对讲机制造商深圳好易通科技公司的商标 HYT 在俄罗斯、乌克兰和哈萨克斯坦遭遇恶意抢注。新科、康佳、德赛等知名商标在境外被抢注的消息也时见报端。目前中国品牌商标已进入国际抢注高发期，企业商标国际维权迫在眉睫。

一直以来，国外小公司经常抢注知名商标，如今这种现象出现了升级版，一些跨国

公司也利用商标进行不正当竞争。1999 年博世·西门子公司在德国注册 HiSense 商标。该商标与海信的 Hisense 商标只在中间的字母 "S" 处有大小写区别，极易导致混淆，两家公司由此展开了长达 6 年的商标纠纷。

据国家工商总局最新统计，国内有 16% 的知名商标在国外被抢注，其中五粮液在韩国、康佳在美国、海信在德国、科龙在新加坡都相继遭遇了商标被抢注的命运。每年有超过 200 起的商标国外抢注案件，涉及化妆品、饮料、家电、服装、文化等多个行业。

按照国际惯例，商标保护具有地域性。目前除美国等少数国家外，世界上大多数国家和地区都采取注册在先原则，即谁先在该国和该地区注册商标，谁就拥有商标的专用权。根据商标保护地域性的规定，商标一旦抢注成功，被抢注商标的企业就不得在该国或该区域内使用此商标，若违反则构成侵权。因此，不论被抢注商标的企业放弃原商标另创品牌，或是高价回购，抑或是通过法律途径撤销被抢注的商标，都将增加企业的经营成本，延缓其产品占据市场的时间，降低市场份额。因此，商标保护意识的淡薄应引起国内企业的警醒。

值得庆幸的是，一些国内企业已开始意识到这一问题，纷纷出招应对境外抢注风险。最近一家国内知名电子企业委托律师事务所在 100 多个国家注册商标，欲为其将来进军国际市场做好战略准备。以前企业注册境外商标，最多也就选择十几个国家注册，像这样一次性在 100 多个国家注册商标还是首次。

但也有一些企业患有"商标短视病"，认为自己的商标知名度还不够，注册为时过早，想等出了名再注册；有的认为自己的商品不愁销路，无须注册；还有的认为办理商标国际注册手续繁、费用高，不愿到商品进口国去办理商标注册。在这种"商标短视病"作用下，大多数企业商标管理薄弱，未形成一套完整的知识产权保护战略，基本没有自我品牌市场的"监测预警"系统。

企业要想走向国际市场，在确定某个商标为主要商标后，就应该尽早到国外注册，不论是哪个市场，商标永远是走在前面的。我国企业出口国家覆盖面广，马德里国际商标联盟注册费用并不高，在此注册后，企业可以再考虑到其他国家（有的国家没有加入马德里国际商标联盟）注册，这样可以避免日后因商标被抢注而造成巨大经济损失，也是现阶段中国企业应对境外商标抢注的主要策略。

（资料来源：中国高新技术产业导报）

 资料三

2005 年中国知识产权海关保护十佳案例

（1）厦门海关实施风险管理连续查获侵犯碧浪商标权洗衣粉案
（2）上海海关连续查获出口侵犯"蝴蝶"商标缝纫机案件
（3）深圳海关查获伪装出口假冒电视机案
（4）宁波海关查获出口假冒"飞人"缝纫机和锁边机案
（5）福州海关查获夹藏出口假冒"NIKE"和"PUMA"运动鞋案

（6）天津海关查获出口假冒"永久"和"MT-12"电焊条案

（7）拉萨海关查获饶关出口侵权服装案

（8）哈尔滨海关查获假冒运动棉服案

（9）南京海关查获出口夹带假冒货物案

（10）昆明海关查获以边民互市方式出口假冒货物案

（资料来源：中国海关总署网）

 资料四

最高法院公布十个驰名商标认定案例

（1）甘肃奇正实业集团有限公司与谈宏伟商标侵权纠纷案

（2）中国中化集团公司诉浙江中化网络股份有限公司、上海中化网络有限公司等商标侵权及不正当竞争纠纷案

（3）北京国美电器有限公司与涂汉桥商标侵权纠纷案

（4）红河卷烟厂诉昆明市宜良金象洗涤用品有限公司商标侵权纠纷案

（5）劳力士钟表有限公司诉北京国网信息有限责任公司计算机网络域名纠纷案

（6）（美国）普罗克特和甘布尔公司诉上海晨铉智能科技发展有限公司域名注册不正当竞争纠纷案

（7）杜邦公司（美国）诉北京国网信息有限公司计算机网络域名侵权案

（8）沃尔玛百货有限公司诉童小菊等商标侵权及不正当竞争纠纷案

（9）中国平安保险（集团）股份有限公司与深圳市顺创企业形象策划有限公司商标侵权纠纷案

（10）福建晋江德尔惠鞋业有限公司与刘钰辉计算机网络域名侵权纠纷案

（资料来源：中国法院网）

资料五

注册商标使用许可合同

商标权转让方：（甲方）_____

商标权受让方：（乙方）_____

甲、乙双方经协商一致，对商标权的转让达成如下协议：

一、转让的商标名称：_____

二、商标图样：（贴商标图样，并由转让方盖骑缝章）

三、商标注册号：_____ 国别：_____

四、该商标下次应续展的时间：_____。

五、该商标取得注册所包括的商品或服务的类别及商品或服务的具体名称。

六、商标权转让方保证是上述商标的注册所有人。在本合同签订前，该商标曾与____签订过非独占（或独占）的商标使用许可合同。本商标转让合同生效之日起，原与____签订的商标使用许可合同转由受让方为合同当事人，原合同所规定的全部权利和义务由受让方享有和承担。所有权转让事宜由转让方通告____方。

七、商标权转让后，受让方的权限：

1. 可以使用该商标的商品种类（或服务的类别及名称）：_____。

2. 可以使用该商标的地域范围：_____。

八、商标权转让的性质：（可在下列项目中作出选择）

1. 永久性的商标权转让（ ）。

2. 非永久性的商标权转让（ ）。

九、商标权转让的时间：自本合同生效之日起，或办妥商标转让变更注册手续后，该商标权正式转归受让方。属非永久性商标权转让的，商标权转让的期限为__年，自__年__月__日至___年__月__日。转让方将在本合同期满之日起收回商标权。

十、商标转让合同生效后的变更手续：由甲方（或乙方）在商标权转让合同生效后，办理变更注册人的手续，变更注册人所需费用由___方承担。

十一、商品质量的保证：商标权转让方要求受让方保证该商标所标示的产品质量不低于转让方原有水平，转让方应向受让方提供商品的样品，提供制造该类商品的技术指导或技术诀窍（可另外签订技术转让合同）；还可提供商品说明书、商品包装、商品维修方法，在必要时还应提供经常购买该商品的客户名单。属非永久性转让的，转让方可以监督受让方的生产，并有权检查受让方生产情况和产品质量。

十二、双方均承担保守对方生产经营情况秘密的义务；受让方在合同期内及合同期后，不得泄露转让方为转让该商标而一同提供的技术秘密与商业秘密。

十三、转让方应保证被转让的商标为有效商标，并保证没有第三方拥有该商标所有权。

十四、商标权转让的转让费与付款方式：

1. 转让费按转让的权限计算共___万元。

2. 付款方式：

3. 付款时间：

十五、转让方保证在合同有效期内，不在该商标的注册有效地域内经营带有相同或相似商标的商品，也不得从事其他与该商品的产、销相竞争的活动。

十六、双方的违约责任：

1. 转让方在本合同生效后，违反合同规定，仍在生产的商品上继续使用本商标，除应停止使用本商标外，还应承担赔偿责任。

2. 受让方在合同约定的时间内，未交付商标转让费的，转让方有权拒绝交付商标的所有权，并可以通知受让方解除合同。

3. 其他：＿＿＿＿＿＿＿＿＿＿＿＿＿＿＿＿＿＿＿＿＿＿＿＿＿＿＿＿＿。

十七、其他条款或双方商定的其他事项。

十八、合同纠纷的解决方式：凡因本合同或与本合同有关的一切争议，双方应友好协商解决，协商不成的，提交中国国际经济贸易仲裁委员会在深圳进行仲裁，仲裁裁决是终局，对双方均有约束力。

十九、本合同自签订之日起生效。但如果转让注册商标申请未经商标局核准的，本合同自然失效；责任由双方自负。

转让方：（章）　　　　　　受让方：（章）

法定代表人：　　　　　　法定代表人：

地　址：　　　　　　　　地　址：

邮政编码：　　　　　　　邮政编码：

电　话：　　　　　　　　电　话：

传　真：　　　　　　　　传　真：

开户银行：　　　　　　　开户银行：

银行账号：　　　　　　　银行账号：

合同签订地点：

合同签订时间：＿＿年＿＿月＿＿日

 资料六

专利使用权许可使用协议

甲方：＿＿＿＿＿＿＿

乙方：＿＿＿＿＿＿＿

为了更好地把专利技术转化为生产力，甲、乙方现就媒体载体专利（专利号：＿＿＿＿＿＿＿）区域性许可使用权达成如下协议。

一、甲方许可乙方在＿＿＿＿＿＿省＿＿＿＿＿＿＿市使用本协议许可使用的专利，使用时间自＿＿年＿＿月＿＿日至＿＿年＿＿月＿＿日止。

二、甲方保证不在协议区域的协议时间内与第三方签订和本专利相关有许可的使用权。

三、甲方在提供专利技术的同步提供实施本专利相关的策划案，包括公司的运作、管理、布局等文字材料。

四、乙方签订合同时必须同时将专利技术的区域性使用权的使用费用以现金的形式打入甲方指定的账户，本专利区域性使用权转让的总费用为____万元。

五、乙方对于本专利涉及的相关内容负有保密义务，除专利人和第三方已经公布的内容外，乙方不得将专利内容和策划案的内容透露或者转让给其他方，如有此类行为发生乙方必须承担赔偿责任。

六、本许可协议的未尽事宜由双方友好解决。

七、在协商未能解决争议的情况下双方可以向有管辖权的人民法院提出诉讼。

本协议的附件：①专利证书的复印件；②专利相关策划案文稿；③签约双方的证明文件

甲方：（签字）　　　　　　　　　　乙方：（签字）

签约时间：

签约地点：

思考与练习

一、单项选择题

1. 下列选项，属于原产地名称的是（　　）。

　　A．皮尔卡丹西装　　　B．法国制造　　　　C．百事可乐　　　D．香槟酒

2. 以下对作品的使用行为，属于法定许可使用的是（　　）。

　　A．广播电台、电视台播放他人已发表的作品

　　B．表演者在营业性演出活动中演唱他人已发表的音乐作品

　　C．使用他人已发表的摄影作品制作公益性广告

　　D．将他人已发表的作品改为盲文出版

3. 甲拥有一项节能灯的发明专利，乙对其加以改进后获得重大技术进步，并申请获得一项新的发明专利，但乙的专利技术实施依赖于甲的专利实施，双方就专利实施问题未能达成协议，在这种情形下，下列表述中正确的是（　　）。

　　A．甲可以申请实施乙专利的强制许可

　　B．乙可以申请实施甲专利的强制许可

　　C．乙在取得实施强制许可后，无须向甲支付使用费

　　D．乙实施自己新的发明专利无需取得甲的许可

4. 被许可方有权在合同约定的时间和地域范围内，按合同约定的使用方式实施专利，与此同时，专利权人不仅自己可以实施该专利，而且可以再许可第三人实施。该专利许可合同是（　　）。

A. 普通许可合同   B. 独家许可合同

C. 独占许可合同   D. 特别许可合同

5. 下列可以被核准注册为商标的有（   ）。

A. "最亮"牌灯泡   B. "补血"牌营养液

C. "巧妙"手表   D. "钢铁"牌汽车

6. 刘某从画家孙某处购买了一幅画，刘某在对该画享有物权的同时，对该画还享有（   ）。

A. 改编权   B. 出租权

C. 复制权   D. 展览权

7. 注册商标的有效期为（   ）。

A. 10 年，期满后即终止

B. 10 年，期满可以续展，续展次数不限，每次 10 年

C. 20 年，期满后即终止

D. 20 年，期满可以续展，续展次数不限，每次 20 年

8. 在计算侵犯商标权的赔偿数额时，被侵权人因被侵权所受损失难以确定的，由人民法院根据侵权行为的情节最高可以判决给予的法定赔偿额是（   ）。

A. 10 万元   B. 20 万元   C. 30 万元   D. 50 万元

9. 某公司在自己生产的产品上随意打上一个不存在的专利号，属于（   ）。

A. 假冒专利行为   B. 冒充专利行为

C. 盗窃专利行为   D. 滥用专利行为

10. 甲为做博士学位论文，在图书馆复印了乙的两篇论文，根据我国著作权法，甲的这一行为属于（   ）。

A. 侵权行为   B. 法定许可使用

C. 强制许可使用   D. 合理使用

11. "万宝路"是世界驰名的香烟商标，已在中国注册。某葡萄酒厂生产的"莹光"牌葡萄酒，其瓶贴和包装盒的文字、图形、色彩与"万宝路"商标基本相同。对此事的正确说法是（   ）。

A. 葡萄酒和香烟并非相同或类似产品，葡萄酒厂不构成侵权

B. 葡萄酒厂将"万宝路"作为装潢使用，不存在侵权问题

C. 葡萄酒厂已在其产品上标注有厂名、厂址，未构成侵权

D. "万宝路"是驰名商标，某葡萄酒厂的行为造成与该驰名商标的混淆，故构成侵权

12. 我国对（   ）的商标实行强制注册制度。

A. 烟草制品和酒类商品   B. 酒类商品和药品

C. 药品和医疗器械   D. 烟草制品和人用药品

二、多项选择题

1. 知识产权可分成创造性成果权和标记性成果权，其中标记性成果权包括（　　）。

    A. 商标权　　　　　B. 商号权　　　　C. 地理标志权　D. 商业秘密权

2. 美国可口可乐公司拥有的知识产权包括（　　）。

    A. 专利权　　　　　B. 商号名称权　　C. 地理标志权　D. 商业秘密权

3. 驰名商标的认定机构有（　　）。

    A. 国家商标局　　　　　　　　　　B. 县级以上工商管理机关

    C. 商标评审委员会　　　　　　　　D. 中级以上人民法院

4. 发明专利的构成要件有（　　）。

    A. 新颖性　　　　　B. 创造性　　C. 独创性　　　　D. 实用性

5. 知识产权的使用方式有（　　）。

    A. 权利质权　　　　B. 转让　　　C. 使用许可　　　D. 作股本投资

6. H市的甲公司生产啤酒，申请注册的"向阳花"文字商标被国家有关部门认定为驰名商标。下列哪些行为属于商标侵权行为（　　）？

    A. 乙公司在自己生产的葡萄酒上使用"葵花"商标

    B. 设在G市的丙公司将"向阳花"作为自己的商号登记使用

    C. 丁公司将"向阳花"注册为域名，用于网上宣传、销售书籍等文化用品

    D. 戊公司自己生产的农药产品上使用"向阳花"商标

7. 某大学中文系英籍留学生马克用汉语创作了一篇小说，发表在《文学新星》杂志上，发表时未作任何声明。以下哪些是侵犯马克著作权的行为（　　）？

    A. 甲未经马克同意将该小说翻译成英文在中国发表

    B. 乙未经马克同意也未向其支付报酬将该小说翻译成藏语在中国出版发行

    C. 丙未经马克同意也未向其支付报酬将该小说改变成盲文出版

    D. 丁未经马克同意也未向其支付报酬将该小说收录进某网站供人点击阅读

8. 陈某为撰写学术论文须引用资料，为避免引发纠纷，陈某就有关问题向赵律师咨询。赵律师的下列意见中哪些是可以采纳的（　　）？

    A. 既可引用发表的作品，也可引用未发表的作品

    B. 只能限于介绍、评论或为了说明某问题而引用作品

    C. 只要不构成自己作品的主要部分，可将资料全文引用

    D. 应当向原作者支付合理的报酬

9. 王某的短篇小说《活在都市》被程某改编成剧本，由甲剧团以话剧的方式演出，该话剧被乙公司录像并制作成光盘发售。该事例中包含哪些受著作权保护的权利（　　）？

    A. 乙作为录像制作的权利

    B. 甲作为表演者的权利

C. 程某作为改编者的权利

D. 王某的著作权

10. 出版者的下列行为中，哪些应当经作者许可（　　　）？

A. 图书出版者对作品作文字性修改、删节

B. 图书出版者对作品的内容作修改、删节

C. 报社、杂志社对作品作文字性修改、删节

D. 报社、杂志社对作品的内容作修改、删节

三、判断题

1. 知识产权都有期限的限制。　　　　　　　　　　　　　　　　　（　　）

2. 商标转让合同和使用许可合同应当经过商标局的批准方能生效。（　　）

3. 中国单位或者个人将其在国内完成的发明创造向外国申请专利的，应当先向国务院专利行政部门申请专利，委托其指定的专利代理机构办理。　（　　）

4. 销售不知道是侵犯注册商标专用权的商品，能证明该商品是自己合法取得的并说明提供者的，不承担赔偿责任。　　　　　　　　　　　　　　（　　）

5. 知识产权是关于创造性智力成果和区别性商业标志的专有权利。（　　）

6. 驰名商标的保护不存在地域性。　　　　　　　　　　　　　　　（　　）

7. 作者去世后，发表权不再受到保护。　　　　　　　　　　　　　（　　）

8. 合作开发专利技术的一方当事人不同意申请专利的，另一方不得申请专利。（　　）

9. 广播电台电视台使用他人的录音制品，属于合理使用。　　　　　（　　）

10. 摄影作品的原件所有权转移，其展览权一并转移给原件所有人。（　　）

11. 工业产权包括专利权、商标权和著作权。　　　　　　　　　　　（　　）

12. 我国对商标和专利实行"注册保护"、对著作权实行"自动保护"的原则。（　　）

13. 我国商标法规定的商标类型是文字商标、图形商标和组合商标。（　　）

14. 我国计算机软件受著作权和专利法权的双重保护。　　　　　　　（　　）

15. 在有关方法发明专利的诉讼中，举证责任应由被告承担。　　　　（　　）

16. 两个以上的申请人，在同一种或类似商品上，申请相同或近似的注册商标专用权的，授予先使用人。　　　　　　　　　　　　　　　　　　（　　）

四、案例分析题

1. 2003年某市达康食品厂研制出一种新型保健饮料，使用商标为"达康"，产品投放市场后很受消费者欢迎，已成为当地知名的饮料品牌，但一直是以未注册商标使用的。2005年，同市的康健饮料厂自行研制一种无醇果汁饮料，并向商标局注册"达康"商标，经商标局初步审定后在《商标公告》上予以公告。达康食品厂看到后，欲向商标局提出异议。

根据商标法，回答下列问题：

（1）达康厂的异议理由是什么？

（2）如果商标局认为异议理由不成立，达康厂怎样进一步主张自己的权利？

（3）如果达康厂与康健厂同一天提出商标申请，商标局该怎样处理？

（4）如果达康厂直接向人民法院提起诉讼，应提出怎样的主张？

（5）此题给我们什么启示？

2. 作家王某写了一部反映"文革十年"的纪实报告文学交某出版社出版，该出版社为该书配发了若干幅"文革"时期的照片作为插图。在审定该书清样稿时，王某觉得照片能使作品增色，便未提出异议。图书发行后，摄影家张某发现照片是自己过去发表的作品，而王某和出版社在事前未征得他的同意，事后未支付报酬，书中也没有将他署名为照片作者，故起诉王某和出版社侵犯了其著作权。出版社承认侵权事实，愿承担相应责任。但是王某称自己只是该书文字部分的作者，照片为出版社配发，与自己无关，故否认其侵权责任。问题：

王某的理由是否成立？为什么？

3. 某医学院教授在科研中使用了魏某的药品专利，对该专利进行实验室分析后在其基础上研制出一种新药；该新药在医学院附属医院中作临床试验，医生在开处方时按照普通药品销售给患者使用；该教授亦将这一研究成果发表了一篇新药研制论文，论文中引用了魏某专利文献中的数据。问题：

（1）该教授在实验室中利用魏某的专利技术是否会构成侵权？为什么？

（2）该新药在临床试验中使用是否会对魏某的专利构成侵权？为什么？

（3）论文中引用魏某专利文献数据是否构成对魏某专利文献的著作权侵权？为什么？

4. 甲厂去年以来生产土豆片、锅巴等小食品，使用"香脆"二字作未注册商标。现甲厂决定提出"香脆"商标注册申请，使用商品仍为土豆片、锅巴。

根据上述情况，请回答以下各题：

（1）该商标注册申请能否被核准？为什么？

（2）如果商标局驳回该注册申请，甲厂不服，应在何时向谁提出复审请求？

5. 上海冠生园食品总厂是创立于 1918 年的老字号。自 1985 年以来，该厂与 18 家企业签订了商标使用许可合同，连同其他形式，允许在商品包装上使用冠生园企业名称的共有 34 个项目。经过一段实践，他们认为这样做弊多利少，并确定了收缩策略，终止了一部分商标使用许可合同。问题：

（1）商标使用许可合同订立后必须向商标局办理什么手续？

（2）商标使用许可合同中许可方和被许可方各自应承担什么义务？

（3）订立商标使用许可合同对许可人有何利弊？

（4）许可人应注意哪些问题？

第七章 国际货物运输法

国际货物运输是国际贸易的重要组成部分,在国际贸易商品交易中,合同的履行必须经过运输环节才能最终得以实现。国际货物运输主要方式包括国际海上货物运输、国际航空货物运输、国际铁路货物运输和国际多式联运。国际货物运输法就是调整这种货物跨国境运输的法律规范的总和。

在国际货物运输中,国际海上货物运输具有运量大、运费低、安全、便利的特点,在全球货物运输总量中,占有重要地位,因此在本章中,以阐述国际海上货物运输法律制度为主,同时介绍国际航空货物运输法、国际铁路货物运输法及国际货物多式联运法等相关法律法规。

课前案例思考

2000 年 5 月 8 日，申澳公司与印尼茂森合板厂签订购销合同，约定：由茂森合板厂向申澳公司提供三种规格的胶合板若干立方米，价格条件为 CIF 汕头，以信用证方式结算，信用证有效期至 2000 年 8 月 21 日。该批货物由新加坡联合船务公司负责运输。8 月 3 日，茂森合板厂传真通知申澳公司，该批胶合板已于 2000 年 8 月 1 日装上"新发"轮。8 月 24 日，申澳公司收到中国银行汕头分行要求其付款赎单的通知书，此时，货物尚未抵达汕头港。据调查，"新发"轮 2000 年 7 月 30 日至 8 月 6 日还在汕头港进行上一航次的卸货。申澳公司认为联合船务公司与茂森合板厂恶意串通，签发了虚假提单，属于提单欺诈行为。申澳公司遂向海事法院对印尼茂森合板厂和新加坡联合船务公司提起共同侵权之诉，请求赔偿因其违约而造成的损失。海事法院认为，联合船务公司在货物尚未开始装船时就签发了已装船提单，掩盖了茂森合板厂的真实履约情况，配合茂森合板厂隐瞒延迟装船的事实，构成了预借提单。茂森合板厂和联合船务公司的行为属于共同侵权行为，直接侵害了申澳公司的利益。于是判决茂森合板厂和联合船务公司赔偿申澳公司的损失。

在本案例中，何谓"预借提单"？具有哪些法律后果？海事法院的判决是否合理？

第一节　国际海上货物运输法

一、国际海上货物运输合同的概述

（一）国际海上货物运输合同的概念及特征

国际海上货物运输合同是指托运人按合同约定支付运费，承运人将指定的货物经海路由一港运至另一港的跨国性合同。从法律关系上看，国际海上货物运输合同具有以下特征：

1. 具有跨国性

国际海上货物运输合同具有跨国性和国际性，即从一国港口运往另一国港口，同一国家不同港口之间的运输合同不包括在内。

2. 属劳务合同

国际海上货物运输合同是提供劳务，也就是运输服务的合同。

3. 具有涉他性

国际海上货物运输合同往往涉及到合同当事人之外的第三人，此类合同的当事人为承运人和托运人，但还牵涉到收货人、提单持有人等。例如，在 CIF 合同中，虽然由卖方（托运人）与海运公司（承运人）签订合同，但船到目的港以后，承运人向买方或收货人交货时，如果货物有损，则由买方或收货人向承运人索赔，而非卖方。

（二）国际海上货物运输合同的分类

国际海上货物运输合同按照船舶经营方式的不同，可以分为班轮运输合同和租船运输合同。

班轮运输是指按固定的航线和预定的时间表航行，沿途停靠若干固定的港口，并按事先公布的费率收取运费的一种运输方式，适合于件、杂货运输，一个航程通常接受多个货主的货物。在班轮运输业务中，提单是承运人和托运人双方订立的运输契约的证明，提单的正面列明有关货物与运费等记载事项，背面印有承运人与托运人之间权利、义务与责任豁免的条款。

租船运输是指不定期、不定航线，由一个或多个货主租用整条船进行的运输，大宗货物，如糖、油、谷物、矿石、煤等多采用这种运输方式。租船合同是指船舶出租人提供船舶或船舶的部分舱位，装运约定的货物，从一个港口运至另一个港口，由承租人支付约定运费的运输合同，是承租人与出租人之间的权利和义务的主要依据。根据租船条件的不同，租船合同可分为航次租船合同和定期租船合同。

（三）海上货物运输合同当事人的权利和义务

1. 承运人的基本权利与义务

（1）承运人的基本义务如下。

1）适航的义务。根据我国《海商法》第四十七条的规定，承运人在船舶开航前和开航当时，应当谨慎处理和履行三个义务：①船舶处于适航状态；②适当地配备船员、装备船舶和配备供应品；③使船舶的货舱适合于安全收受、运送和保管所载货物。

2）管理货物的义务。我国《海商法》第四十八条规定的要点如下：①承运人应尽"妥善"与"谨慎"管理货物义务；②该义务包括装载、搬移、积载、运输、保管、照料和卸载所运货物的七个环节，贯穿于整个运输过程，而不是仅仅在开航之前和开航当时。

3）不得绕航的义务。①我国《海商法》第四十九条参照《海牙规则》，规定："承运人应当按照约定的或习惯的或地理上的航线将货物运往卸货港"；②我国《海商法》和《海牙规则》等都规定了"船舶在海上为救助或者企图救助人命或财产而发生的绕航"是合理绕航，还有一些其他的情形也属于合理绕航，合理绕航可以免于追究承运人的绕航责任；③规定承运人不得绕航的义务，主要是为了防止运输迟延对收货人造成损失。

4）签发提单和交付货物的义务。①货物由承运人接收或装船后，承运人应当签发提单，否则构成违约；②承运人应当在卸货港向提单指定的收货人凭提单交付货物。

5）损害赔偿的义务。由于承运人或其代理人、雇佣人的不可免责的过失造成货物的灭失或损坏，承运人应当承担赔偿责任。

（2）承运人的基本权利如下。

1）收取运费和其他费用。①按合同约定收取运费是承运人最基本的权利；②其他费用，包括滞期费、亏舱费、共同海损分摊费用以及承运人为托运人或收货人垫付的费用等；③滞期费，通常是指航次租船情况下，承租人因未能在合同规定的装卸时间内完成货物装卸，而向出租人支付的费用；④亏舱费，又称空舱费，指托运人因其提供的货物少于约定的数量，使船舶舱位发生剩余，而对承运人因此受到的运费损失的赔偿。亏舱费中应扣除因船舶亏舱，承运人所节省的费用，以及另装货物所取得的运费。

2）享有货物留置权。①按照法律规定或者合同约定，在未收到运费和其他费用时，承运人对应付上述费用的人的货物享有留置权；②经过法定时间，仍无人支付应向承运人支付的费用，或提供适当担保而提取所留置的货物，承运人可以向有管辖权的法院申请裁定拍卖；③如果货物易腐烂变质，或者货物的保管费用可能超过其价值，承运人可以申请法院提前拍卖；④拍卖所得价款，扣除货物在留置期间的保管费用和拍卖费用后，用于清偿运费以及应当向承运人支付的其他有关费用，不足的金额，承运人有权向货方追偿，剩余的金额，退还货方，无法退还并且自拍卖之日起满1年又无人领取时，上缴国库。

3）享有免责。①我国《海商法》实行承运人的不完全过失责任制，在第五十一条规定了12项承运人免予承担赔偿责任的原因，包括过失免责和无过失免责；②过失免责包括2项：船长、船员、引航员或者承运人的其他受雇人在驾驶船舶或管理船舶中的过失，火灾，但是由于承运人本人的过失所造成的除外；③承运人的无过失免责原因包括10项：天灾，海上灾难，战争行为，罢工、停工，海上救助或企图救助人命或者财产，托运人、货主或其代理人的行为，货物的自然特性或者固有缺陷，货物包装不良或者标志欠缺、不清，经谨慎处理仍未发现的船舶潜在缺陷，非由于承运人或者承运人的受雇人、代理人的过失造成的其他原因。

4）享有赔偿责任限制。①承运人的赔偿责任限制又称承运人单位责任限制，是指承运人对其不能免责的原因造成的货物灭失、损坏或迟延交付，有权依据法律规定或合同约定，将其赔偿责任限制在一定的范围；②我国《海商法》第五十六条规定，承运人对货物灭失或损坏的赔偿限额，按货物件数或其他货运单位计算时，每件或每货运单位为666.67SDR；或者按照货物毛重计算，每公斤为2SDR，两者中以限额较高的为准，这与《维斯比规则》的规定是一致的；③如果提单中载明了货物的实际价值或另有约定，则法定的赔偿限额便不适用；④我国《海商法》第五十九条第1款规定：货物的灭失、损坏或迟延交付是由于承运人的故意或明知可能造成损失而轻率地作为或不作为造成的，承运人不得享有责任限制。

（3）承运人的责任制度与责任期间如下。

1）承运人的责任制度。自从1924年的《海牙规则》制定以来，国际上普遍实行的海上货物运输承运人的责任制度是不完全过失责任制。1978年的《汉堡规则》即《联

合国海上货物运输公约》确立了一种新型的承运人责任制度——完全过失责任制。我国
《海商法》以《维斯比规则》的规定为责任基础，吸收了《汉堡规则》的一些先进成果，
形成了独特的国际海上运输承运人的责任制度，即主要采用不完全过失责任制，兼采完
全过失责任制。

2）承运人的责任期间。①我国《海商法》第四十六条规定承运人对集装箱装运的
货物的责任期间，"是指从装货港接收货物时起至卸货港交付货物时止，货物处于承运
人掌管之下的全部期间"这一责任期限俗称"港到港"规则；②同条规定：承运人对非
集装箱货物的责任期间，是从货物装上船时起至卸下船时止，货物处于承运人掌管之下
的全部时间，这一责任期限通常被称为"装前卸后条款"。实践中，货物装上船和卸下
船都是一个过程，因此有人对这一责任期间作了更为精确的表述，即"钩到钩"或"船
舷到船舷"的责任期间。

2. **托运人的基本权利和义务**

（1）托运人的基本义务如下。

1）托运人应按合同约定提供货物。①托运人应保证提供或申报的货物品名、标志、
件数、重量或体积等事项的正确性，按规定进行包装，作好标志；②对于危险货物，应
妥善包装，做出危险品标志和标签，并将其正式名称和性质以及应当采取的预防危害措
施书面通知承运人。

2）托运人或收货人有按合同规定及时交付运费及其他费用的义务。

3）收货人有及时收受货物的义务。①托运人或收货人应在目的港作好提货准备，
及时到船边或仓库提货；②提货时，若发现货物短少或损坏，应及时处理，如记录、检
查、检验等，以便向承运人索赔。

（2）托运人的基本权利如下。

① 取得舱位权。托运人有权按合同约定取得货物装船的舱位。

② 取得提单权。货物装船后，承运人应托运人的要求应签发提单。

③ 提货权。收货人凭正本提单可以在目的港向承运人主张货物的交付。

④ 索赔权。对承运人造成的损失有权获得赔偿。

二、海运提单

（一）提单的概念

提单（Bill of Lading）（简称 B/L）是货物的承运人或其代理人收到货物后，签发给
托运人的一种证件。提单说明了货物运输有关当事人，如承运人、托运人和收货人之间
的权利与义务。提单是一种物权凭证，其合法持有人就是货物的主人，因此提单是各种
货运单据中最重要的单据。

（二）提单的作用

1. 提单是货物收据

提单是承运人或其代理人签发的货物收据，证明承运人已按提单所列内容收到货物。

2. 提单是一种货物所有权的凭证

提单是一种货物所有权的凭证。提单的合法持有人凭提单可在目的港向轮船公司提取货物，也可以在载货船舶到达目的港之前，通过转让提单而转移货物所有权，或凭以向银行办理抵押贷款。

3. 提单是海上货物运输合同成立的证明文件

提单是海上货物运输合同成立的证明文件。提单上印就的条款规定了承运人与托运人之间的权利、义务，是法律承认的处理有关货物运输的依据，因而人们常认为提单本身就是运输合同，但是按照严格的法律概念，提单只是运输合同的证明。如果在提单签发之前，承托双方之间已存在运输合同，则不论提单条款如何规定，双方都应按原先签订的合同约定行事；如果事先没有任何约定，托运人接受提单时又未提出任何异议，这时提单就被视为合同本身。由于海洋运输的特点，决定了托运人并没在提单上签字，但因提单毕竟不同于一般合同，所以不论提单持有人是否在提单上签字，提单条款对他们都具有约束力。另外，提单一经托运人背书，转让给收货人，提单就成为承运人与提单受让人之间的运输合同，而不仅是合同证据，因此承运人也不得提出相反证据对抗提单受让人。

（三）提单的种类

（1）按货物是否已经装船，提单可分为已装船提单和备运提单。
（2）按收货人的抬头不同，提单可分为记名提单、不记名提单和指示提单。
（3）按提单上有无不良批注，提单可分为清洁提单和不清洁提单。
（4）按运输方式不同，提单可分为直达提单、海上联运提单和多式联运提单。
（5）按船舶经营的性质，提单可分为班轮提单和租船提单。
（6）按签发提单的时间，提单可分为：倒签提单、顺签提单、预借提单和过期提单。

（四）提单的内容

提单是托运人与承运人之间运输协议的证明，又是可以转让物权的证件，因此提单的内容涉及托运人、承运人、收货人或提单持有人等多方面关系人的权益和责任。提单的内容一般有正反两面。

正面的内容主要包括：船名、装运港、目的港、托运人名称、收货人名称（如托运人指定收货人时）、被通知人名称、货物名称、标志、包装、件数、重量或体积、运费、提单正本份数、提单签发日期、承运人或船长签字。

提单的反面是印就的具体运输条款，对有关承运人的责任、托运人的责任、索赔与诉讼等问题均有详细的规定。

案例分析 7-1

中国丰泰贸易公司与美国威克贸易有限公司签订的合同中约定：货物的装船日期为1991 年 11 月，以信用证方式结算货款。合同签订后，丰泰贸易公司委托我国盛宏海上运输公司运送货物到目的港美国纽约。但是，由于丰泰贸易公司没有很好地组织货源，直到 1992 年 2 月 15 日才将货物装船。中国丰泰贸易公司为了能够如期结汇取得货款，要求盛宏海上运输公司按 1991 年 11 月的日期签发提单，并以此向银行办理了议付手续，收清了全部货款。但是，当货物运抵纽约港时，美国收货人威克贸易有限公司对装船日期发生了怀疑，在审查航海日志之后，发现了该批货物真正的装船日期是 1992 年 2 月15 日，比合同约定的装船日期迟延三个多月，于是，威克公司向当地法院起诉，控告我国丰泰贸易公司和盛宏海上运输公司合谋伪造提单，进行欺诈，要求法院扣留盛宏运输公司的运货船只。

[思考问题]

通过本案例，试分析签发"倒签提单"托运人和船运公司应承担怎样的法律责任？

[分析提示]

倒签提单是一种违法行为，一旦被识破，产生的后果是很严重的。倒签提单行为的出现，就意味着其风险的出现，因为伪造单据属于托运人与船运公司合谋欺诈收货人的行为；收货人一旦有证据证明提单的装运日期是伪造的，就有权拒绝接受单据和拒收货物。收货人不仅可以追究卖方（托运人）的法律责任，而且还可以追究船运公司的责任。

三、租船合同

根据租船条件的不同，租船合同可分为航次租船合同和定期租船合同。

（一）航次租船合同

航次租船合同是指船舶出租人向承租人提供船舶或船舶的部分舱位，装运约定的货物，从一个港口运至另一个港口，由承租人支付约定运费的运输合同，航次租船合同是确定当事人权利义务的依据。航次租船合同既可以是单航次合同，也可以是连续航次合同。下面结合采用较多的金康合同的内容讲述航次租船合同的主要内容。

1. 合同双方当事人条款

这一条款主要写明双方当事人的名称、营业地址及身份，以便明确谁最终对本合同负责。

2. 船舶说明条款

出租人要如实说明船舶的有关情况，以便于承租人决定是否租用该特定的船舶和衡量是否履约。

船舶说明通常包括以下主要内容：船名、船舶国籍或船旗、船级、船舶吨位和船舶动态等项。

3. 预备航次

船舶在上一个卸货港时达成一项租船合同，驶往下一个租船合同的装货港的空放航次被称为预备航次。预备航次是租船合同的一部分，船方在预备航次中应尽快派船到指定装货港口，否则，船方须对因延迟而造成的承租人的损失负赔偿责任。此外，预备航次还涉及下列两项内容。

（1）受载期限条款。出租船舶到达约定的装货港，并做好装货准备的日期叫受载期限。由于船舶在营运中会因各种因素影响船期，故受载期限通常是规定为一段时间。

（2）解约日条款。解约日是承租人有权解除航次租船合同的日期。通常，解约日条款将受载期限的最后一天规定为解约日，有的规定为受载期限届满后的某一天。只要船舶未能在解约日之前到达装货港并做好装货准备，承租人有权解除合同。

4. 货物条款

货物条款是航次租船合同的条件条款。其内容包括货物的品名、种类、数量以及包装形态等方面。运送不同种类和性质的货物，对船舶的结构、设备以及管理上有不同的要求，而且与船舶的经营管理和经济利益密切相关。因此，货物条款是航次租船合同中关乎船东及租船人双方切身利益的重要内容。

5. 装卸港口

装卸港口一般有两种订法：一是具体列明装货港和卸货港名称，二是不具体列明港口名称，只规定一个大致的范围，由承租人选择，在第二种情况下，承租人选定港口后，应及时通知出租人。这两种情况对港口的安全责任是不同的，对于已列明的港口，安全的风险由出租人承担，而对于承租人指定的港口，其安全由承租人负责。安全分为实质上的安全和政治上的安全。

6. 装卸时间

装卸时间是合同当事人双方约定的货物装船或卸船，而无须在运费之外支付附加费的时间。在合同中订明装卸时间时，装卸时间的损失风险在承租人。如果是由于出租人违约造成的时间损失，承租人可向出租人索赔。如果由于自然灾害或第三方等外来原因引起时间损失，则应由承担时间损失风险一方自负。

7. 装卸费用

在航次租船合同中，应明确规定货物装卸费用由当事人哪一方承担。航次租船合同有关装卸费用的分担可以采用下列几种方法：

（1）船方负担货物的装卸费用（gross terms，GT）。

（2）船方不负担装货费用（free in，FI）。

（3）船方不负担卸货费用（free out，FO）。

（4）船方不负担装卸费用（free in and out，FIO）。

（5）船方不负责装卸和积载费用（free in and out and stow，FIOS）。

（6）船方不负责装卸和平舱费用（free in and out and trim，FIOT）。

8. 滞期费和速遣费条款

滞期费和速遣费条款是航次租船合同与班轮运输合同相区别的标志性条款。其中，滞期费是指承租人（因非出租人负责的原因）未能在合同规定的装卸时间内完成货物装卸作业的，应就自装卸时间届满时起到实际货物装卸完毕时止的滞期时间，向出租人支付的货币金额，用以赔偿出租人因船舶滞期产生的船期损失。速遣费则是指承租人在合同规定的装卸时间届满之前完成货物装卸作业而使船舶减少了在港停留时间的，由出租人向承租人支付的货币金额。一般来说，速遣费是滞期费的一半。

9. 运费条款

航次租船合同的运费条款规定的运费计价方式，可以按载货吨位计算，也可以是整船包干运费。

10. 绕航条款

该条款又称"自由绕航条款"。一般规定船长有权为任何目的、以任何顺序挂靠任何港口，有权在任何情况下拖带或救助他船，也可为拯救人命或财产而绕航。

11. 出租人责任条款

航次租船合同的出租人责任条款往往规定，出租人对于货物的灭失、损坏和延迟交付承担责任。但租船合同不受《海牙规则》的管辖，因此，航次租船合同中有关货物损害责任的条款，得由出租人和租船人双方协商确定，法律上无强制规定。

12. 责任终止和留置权条款

该条款规定，在货物装船完毕后，承租人对租船合同的责任即告终止。但在合同所规定的运费、空舱费和滞期费等费用未付清之前，船方对货物有留置权。

13. 法律适用和仲裁条款

该条款应当将解决合同纠纷的途径和确定适用的准据法一并加以规定。

（二）定期租船合同

定期租船合同是指船舶出租人向承租人提供约定的由出租人配备船员的船舶，由承租人在约定的期间按照约定的用途使用，并支付租金的合同。定期租船合同格式中，"纽约土产"是采用最为广泛的一种，该标准合同最初是由美国纽约土产交易所于 1913 年制定的，并先后于 1921 年、1931 年、1946 年和 1993 年进行了修改。下面结合"纽约土产"的内容介绍一下定期租船合同的主要内容。

1. 船舶规范

在定期租船合同中，船舶规范主要包括船舶名称、船籍、船级、吨位和容积、航速和燃油消耗和有关船舶的其他描述。

2. 交船

交船指出租人将处于适航状态的船舶交给承租人使用的行为。出租人应在租船合同规定的期间内将船舶交给承租人使用，否则承租人有解除合同的权利。

3. 租期

租期是承租人使用船舶的期限。租期可以用日、月或年来表示。由于租期届满时间很难与承租人安排的最后航次的结束相吻合，常常会出现"超期"还船的现象。

4. 有关承租人指示的条款

船长在合同期间应听从承租人的指示。船长在定期租船合同中扮演着双重角色，一方面他是出租人的雇员，另一方面他又是承租人的代理人。因此，出租人和承租人均会对船长发出指示，但承租人的指示只能是在合同规定的范围内发出的与船舶营运有关的指示。

5. 租金支付条款

租金可按日或按月结算，由双方选择一种计算方式。如果合同没有做出选择的话，应按日历月计算。如果最后一期租金不足一个月，则按日结算租金。

6. 停租条款

定期租船合同的时间损失在承租人，承租人是按时间交付租金，而不是按航次交付租金的，如果承租人将船舶搁置不用，他仍需向出租人支付租金，但有时船舶不能使用并非承租人的原因，承租人为了保障自己的利益，就要订入停租条款，规定在发生某些影响承租人使用船舶的情况时，承租人可以停付租金。

7. 转租条款

转租条款是定期租船合同中规定承租人在合同期间可以将船舶转租他人的条款，但承租人应当将转租情况通知出租人。租用的船舶转租后，原租船合同约定的权利和义务不受影响。

8. 运送合法货物条款

定期租船合同中规定可以装运的货物被称为合法货物，不准装运的货物通常由双方在合同中列明。如果承租人将船舶用于运输活动物或危险货物时，应事先征得出租人的同意，否则承租人应对违反上述规定而给出租人造成的损失负责。

9. 航区条款

定期租船合同的经营权在承租人，如合同中没有限制性的规定，承租人可以环球航行。出租人排除的航行区一般有战区、类似战区及双方有敌意行为的地区，冰封区，不合法贸易区，ITF 地区。承租人违反有关航区的规定的，出租人有权解除合同，并有权要求赔偿因此受到的损失。

10. 留置权条款

出租人为了得到本租船合同规定应付的任何款项，包括共同海损分摊，对所有货物和所有转租船舶的运费享有留置权。

11. 还船

租期届满时，承租人应以良好状态将船舶交还出租人。"良好状态"指除自然损耗以外的与交船时基本相同的良好状态。

除了上述条款以外，定期租船合同中还有法律适用条款、仲裁条款、共同海损条款、辛杰森条款、双方互撞责任条款、佣金条款、战争条款等。此外双方当事人在谈判中还可以另行附加其他的条款。

案例分析 7-2

1991 年 3 月 25 日，中国某海事法院受理了原告甲航运有限公司（下称甲公司）诉被告乙外轮代理公司（下称乙公司）航次租船合同运费滞期费纠纷案。基本案情是，1990 年 9 月 15 日，甲公司与乙公司签订了一份租船合同。该合同约定其他未提到条款按 1976 年国际标准《航次租船合同》（金康格式）范本实行。1990 年 9 月 20 日 23: 00 时，甲公司海轮抵达北海港，10 月 7 日 21: 00 时装货完毕。10 月 12 日 06: 00 时，甲公司海轮抵达马尼拉。除去约定的卸货时间，10 月 24 日 02: 08 时开始滞期。1991 年 3 月 26 日，甲公司向海事法院提起诉讼，并提交了合同及《航次租船合同》（金康格式）范本等证据，要求乙公司支付运费和滞期费及利息。该院根据我国《民法通则》及海事国际惯例判决被告乙公司向原告甲公司支付运费及滞期费25万美元及利息。二审维持了原判。

[问题思考]

本案例中，甲公司为何能够通过法律手段收回运费和滞期费及利息？合同条款起到怎样的作用？

[分析提示]

该案涉及海事国际惯例的识别及查明问题。甲公司和乙公司在租船合同中明确约定未提到条款按1976年《航次租船合同》（金康式）履行。该标准格式租船合同第6条对装卸时间的起算及时间计算方法做出了规定，第8条对船东货物留置权也进行了规定，成为当事人之间租船合同条款的一部分。根据案件事实，双方当事人明示同意适用金康格式的《航次租船合同》，符合国际惯例识别的主观标准；由当事人提供海事国际惯例范本符合国际惯例的查明方法。这是一件成功适用国际惯例的案例。

四、有关国际海上货物运输的公约（适用于班轮运输）

目前调整班轮运输的国际公约主要有三个，即《海牙规则》、《维斯比规则》和《汉堡规则》。中国未参加上述三个公约，但中国海商法在有关班轮运输的法律规定上是以海牙—维斯比体系为基础的，同时还吸收了《汉堡规则》的内容。

（一）《海牙规则》

《海牙规则》全称为《1924年统一提单的若干法律规则的国际公约》。《海牙规则》是在承运人势力强大的历史背景下产生的。《海牙规则》是目前在国际航运业影响最大的一个公约。该公约共有16条规定，其主要内容如下。

1. 承运人最低限度的义务

承运人最低限度义务，就是承运人必须履行的基本义务。《海牙规则》第三条第一款规定："承运人必须在开航前和开航当时，谨慎处理，使航船处于适航状态，妥善配备合格船员，装备船舶和配备供应品；使货舱、冷藏舱和该船其他载货处所能适当而安全地接受、载运和保管货物。"该条第二款规定："承运人应妥善地和谨慎地装载、操作、积载、运送、保管、照料与卸载。"即提供适航船舶，妥善管理货物，否则将承担赔偿责任。

2. 承运人的责任期间

按照《海牙规则》，货物运输的期间为从货物装上船至卸完船为止的期间。所谓"装上船起至卸完船止"可分为两种情况：一是在使用船上吊杆装卸货物时，承运人的责任期间从货物挂上船舶吊杆的吊钩时起至卸货时货物脱离吊钩时为止，即"钩至钩"期间；二是使用岸上起重机装卸，承运人的责任期间则以货物越过船舷为界，即"舷至舷"期间。至于货物装船以前，即承运人在码头仓库接管货物至装上船这一段期间，以及货物卸船后到向收货人交付货物这一段时间，按《海牙规则》第七条规定，可由承运人与托运人就承运人在上述两段发生的货物灭失或损坏所应承担的责任和义务订立任何协议、规定、条件、保留或免责条款。

3. *承运人的免责*

《海牙规则》对承运人实行不完全过失责任制，包括两类：一类是过失免责，另一类是无过失免责。过失免责是指船长、船员、引水员或承运人的雇用人在驾驶或管理船舶中的行为、疏忽或不履行职责所引起的货物灭失或损坏，承运人可以免除赔偿责任。无过失免责可分为以下几个方面。

（1）不可抗力或承运人无法控制的事项方面。

（2）托运人或货方的行为过失方面。

（3）特殊免责条款有三项：第一项是火灾；第二项是救助或企图救助海上人命或财产；第三项是谨慎处理仍不能发现的潜在缺点。

（4）总的无过失免责条款。承运人要援引这一项的免责权利时，必须举证证明有关货物灭失或损坏既非由于承运人的代理人或雇用人的过失或疏忽所造成。

案例分析 7-3

托运人皮尔逊啤酒有限责任公司出口一批货物，由承运人加拿大政府商业海运公司班轮运输。货物装船后，承运人加拿大政府商业海运公司向托运人皮尔逊啤酒有限责任公司签发了海运提单，提单背面订有适用《海牙规则》的条款。但船在开航前柴油发动机发生爆炸，致使轮船不能按时起航，货物也受到损害。经调查，起因是由于经船长授权的雇佣人员在对柴油发动机试车时疏忽所致。

[问题思考]

托运人皮尔逊啤酒有限责任公司可否对未能交货造成的损失要求承运人加拿大政府商业海运公司赔偿？

[分析提示]

承运人不承担赔偿责任。《海牙规则》对承运人实行不完全过失责任制，包括过失免责和无过失免责。其中过失免责是指船长、船员、引水员或承运人的雇佣人在驾驶或管理船舶中的行为、疏忽或不履行职责所引起的货物灭失或损坏，承运人可以免除赔偿责任。在本案中，开航前柴油发动机发生爆炸，是由于经船长授权的雇佣人员在对柴油发动机试车时疏忽所致，属于《海牙规则》规定的免责范围，因此不予赔偿。

4. 赔偿责任限额

《海牙规则》规定，承运人对货物灭失或损失的赔偿责任，在任何情况下每件或每单位不得超过 100 英镑，但托运人于装货前已申明该货物的性质和价值，并在提单上注明者不在此限。

5. 运输合同无效条款

运输合同中的任何条款或协议，凡是解除承运人按《海牙规则》规定的责任或义务，或以不同于《海牙规则》的规定减轻这种责任的，一律无效。

6. 托运人的义务和责任

（1）保证货物说明正确的义务。托运人应向承运人保证他在货物装船时所提供的标志、号码、数量和重量的正确性，并对由于这种资料不正确所引起或造成的一切灭失、损害和费用，给予承运人赔偿。

（2）不得擅自装运危险品的义务。如果托运人未经承运人同意而托运属于易燃、易爆或其他危险性货物，应对因此直接或间接地引起的一切损害和费用负责。

（3）损害赔偿责任。托运人对他本人或其代理人或受雇人因过错给承运人或船舶造成的损害，承担赔偿责任。托运人承担赔偿责任是完全过错责任原则。

7. 索赔通知与诉讼时效

收货人在提货时应检查货物，如发现短缺或残损，应立即向承运人提出索赔。如残损不明显，则在三日内提出索赔通知。如在提货时或提货后 3 日内没有提出索赔通知，就是交货时货物的表面状况良好的初步证据。

关于诉讼时效，《海牙规则》规定，货方对承运人或船舶提起货物灭失或损害索赔的诉讼时效为 1 年，自货物交付之日起算，在货物灭失的情况下，自货物应交付之日起算。

8. 公约的适用范围

《海牙规则》规定："本公约各项规定，适用于在任何缔约国所签发的一切提单"。同时规定，"本规则中的各项规定不适用于租船合同，但如果提单是在船舶出租情况下签发，便应符合本规则中的各项规定"。

（二）《维斯比规则》

《维斯比规则》全称为《1968 年修改统一提单的若干法律规则的国际公约议定书》。《维斯比规则》共十七条，但只有前六条才是实质性的规定，对《海牙规则》的第三、四、九、十条进行了修改。其主要修改内容有如下。

1. 明确规定提单对于善意受让人是最终证据

《海牙规则》规定，提单上载明的货物主要标志、件数或重量和表面状况应作为承运人按其上所载内容收到货物的初步证据。至于提单转让至第三人的证据效力，未作进一步的规定。《维斯比规则》为了弥补上述的缺陷，规定当提单背书转让给第三者后，该提单就是货物已按上面记载的状况装船的最终证据。承运人不得借口在签发清洁提单前货物就已存在缺陷或包装不当来对抗提单持有人。这一补充规定，有利于进一步保护提单的流通与转让，也有利于维持提单受让人或收货人的合法权益。一旦收货人发现货物与提单记载不符，承运人只能负责赔偿，不得提出任何抗辩的理由。

2. 提高了承运人对货物损害赔偿的限额

《海牙规则》规定承运人对每件或每单位的货物损失的赔偿限额为100英镑，而《维斯比规则》采用了双重责任限额制，即对货物的灭失或损害责任以每件或每单位10 000金法郎或每公斤30金法郎为限，两者以高者计。双重责任限额给了货方选择的余地，使货方在货物单件较重的情况下能获得较高的赔偿。

3. 强调了承运人及其受雇人员的责任限制

《维斯比规则》的规定如下。

（1）对承运人提起的货损索赔诉讼，无论是以合同为依据，还是以侵权行为为依据，均可以适用责任限制的规定。

（2）承运人的雇佣人或代理人也可以享受责任限制的保护。

4. 增加了"集装箱条款"

《海牙规则》没有关于集装箱运输的规定。《维斯比规则》增加"集装箱条款"，以适应国际集装箱运输发展的需要。该规则规定，如果提单上具体载明在集装箱内的货物包数或件数，计算责任限制的单位就按提单上所列的件数为准；否则，则将一个集装箱或一个托盘视为一件货物。

5. 诉讼时效

《维斯比规则》对《海牙规则》第6条作了两点修改。

（1）诉讼时效为一年，双方协商，可以延长时效。

（2）对第三者的追偿诉讼，在一年的诉讼时效期满后，仍有三个月的宽限期。

6. 适用范围

《海牙规则》仅适用于在缔约国签发的提单，《维斯比规则》将其适用范围扩大了，规定有下列情况之一，即可适用该公约。

（1）提单在缔约国签发。

（2）从一个缔约国的港口起运。

（3）提单中列有首要条款。

（三）《汉堡规则》

《汉堡规则》的全称为《1978 年联合国海上货物运输国际公约》，共 34 条。公约对《海牙规则》进行了实质性的修改，最主要的特点是扩大了承运人的责任。修改内容主要表现在下列几个方面。

1. 适用范围

《海牙规则》适用于在任何缔约国签发的一切提单。《汉堡规则》在此基础上扩大适用范围，规定：①装货港在一缔约国内；②预订的卸货港或实际的卸货港在一缔约国内；③提单或证明海上运输合同的其他单据是在缔约国内签发；④提单或证明海上运输合同的其他单据规定，公约的各项规定或使其生效的国内立法，约束该提单；⑤依租船合同签发的提单，如果该提单约束承运人和非承租人的提单持有人之间的关系。

2. 承运人责任起讫

从《海牙规则》规定的，从货物装上船时起至卸下船时止，货物处于承运人掌管之下的全部期间扩展为承运人在装货港接管货物时起至卸货港货交收货人为止货物在承运人掌管之下的整个期间。

3. 赔偿责任

《汉堡规则》把《海牙规则》中承运人的不完全过失责任改为承运人的推定完全过失责任制。即除非承运人证明他本人及代理人和所雇佣人员为避免事故的发生及其后果已采取了一切合理要求的措施，否则，承运人对在其掌管期间因货物灭失、损坏及延迟交货所造成的损失负赔偿责任。

4. 货物

《海牙规则》中货物的概念不包括舱面货物和集装箱装运的货物及活动物。《汉堡规则》规定，承运人只有与托运人达成协议或符合特定的贸易习惯或为法规或条例要求时，才能在舱面载运货物，否则要对舱面货物发生的损失负赔偿责任。对于活动物，只要承运人证明是按托运人对该动物做出的指示办事，则对动物的灭失、损坏或延迟交货造成的损失视为运输固有的特殊风险而不承担责任。

5. 赔偿金额

《汉堡规则》将《海牙规则》和《维斯比规则》的规定提高到每件或其他装运单位 835 计算单位或相当于毛重每公斤 2.5 计算单位的金额，以较高者为准。所谓计算单位是指国际货币基金组织规定的特别提款权。对于延迟交货，承运人的赔偿责任以相当于该延迟交付货物应付运费的 2.5 倍为限，但不得超过海上运输合同中规定的应付运费金额。

6. 保函

《汉堡规则》将保函合法化。规定托运人为取得清洁提单向承运人出具承担赔偿责任的保函在托运人和承运人之间有效，但对提单受让人包括任何收货人在内的第三方无效。在发生诈欺的情况下（无论是托运人或者承运人），承运人承担赔偿责任，且不能享受公约规定的责任限制利益。

7. 索赔与诉讼时效

《汉堡规则》将《海牙规则》和《维斯比规则》规定的 1 年时效改为 2 年。收货人应在收到货物次 1 日，将损失书面通知承运人。如货物损失属非显而易见的，则在收货后连续 15 日内，《海牙规则》规定 3 天内，我国《海商法》规定 7 天内，集装箱在运输交付货物次日起 15 天内，延迟交货应在收货后连续 60 天内将书面通知送交承运人，否则，收货人丧失索赔权利。

8. 管辖权

《海牙规则》和《维期比规则》均未对管辖权作规定。《汉堡规则》规定，原告就货物运输的法律程序，可就法院地做下列选择。
（1）被告主营业所所在地或惯常居所所在地。
（2）合同订立地，且合同是通过被告在该地的营业所、分支机构或代理机构订立的。
（3）装货港或卸货港。
（4）海上运输合同中指定的其他地点。

五、海事纠纷解决概述

（一）海事纠纷的概念与特点

海事纠纷是指在海事活动中当事人之间所产生的利益冲突。当事人之间因海事而起的纠纷性质上仍属于民事纠纷，可分为物权之争与债权之争。海事物权之争主要指船舶所有权、优先权、抵押权、留置权以及海运货物的相关物权权属争议；债权之争则集中表现为合同与侵权之债。

海事纠纷涉及范围极为广阔，主要包括契约性质、侵权性质两类，前者由海上运输合同，旅客行李运输合同，船舶租用合同，海难救助合同，海上打捞、拖航合同，海上保险合同，船舶建造、修理、拆解合同，船舶抵押合同等合同纠纷组成；后者则包括因船舶碰撞、船舶污染、非法航运造成损失、海运欺诈等侵权行为所引发的争议。海事纠纷又有其区别于一般民事纠纷的特点：首先，海事纠纷一般技术性较强，需要专业知识支持方可妥善处理；其次，海事纠纷多数具有涉外因素，易发生管辖或法律适用方面的

问题；第三，海事纠纷因海运的风险性特征，有一些自身特有的惯例或制度，如船舶所有人责任限制、共同海损理算规则等；此外，海事纠纷的标的往往数额较大，且经常与海运欺诈、走私等行政、刑事责任相关联，须认真对待，慎重处理。

（二）海事纠纷的解决途径

海事纠纷的解决途径主要包括和解、调解、仲裁、诉讼四种，当事人可以自主选择其中的一种或几种。

1. 当事人协商解决

由当事人自主通过友好磋商化解纠纷，一般仅适用于一些标的较小、争议不大的海事纠纷，体现了当事人双方互谅互让、立足长远的合作精神，具有经济、高效等特点。实践中，当事人在发生海事纠纷后往往首先采取协商途径寻求解决方案，当双方在自愿基础上协商一致后，常通过和解协议加以确认。

2. 调解

调解是指在中立的第三方主持下解决当事人纠纷的方法。调解相对于和解引入了中立的调解人，便于保证公证，又保留了当事人较大的意识自治空间和灵活、经济的特点，一直是我国解决民事纠纷的传统方式。我国《海上交通安全法》第 46 条、《仲裁法》第 51 条、《民事诉讼法》第 9 条规定："因海上交通事故引起的民事纠纷，可以由主管机关调解处理"，"仲裁庭在做出裁决前，可先行调解，当事人自愿调解的，仲裁庭应当调解"，"人民法院审理民事案件，应当根据自愿和合法的原则进行调解"，为上述三种机构的调解工作提供了法律根据。

3. 海事仲裁

当事人根据双方达成的书面仲裁协议（条款），将海事纠纷提交约定的仲裁机构进行裁决的制度，称为海事仲裁。

4. 海事诉讼

指事人通过起诉的方式将海事纠纷提交海事法院运用审判权解决的制度，是一国诉讼制度的组成部分。针对海事纠纷的特殊性，各国一般均专设海事法院处理此类纠纷，我国根据全国人民代表大会 1984 年 11 月 14 日通过的"关于在沿海港口城市设立海事法院的决定"，先后设立了广州、上海、青岛、天津、大连、武汉、海口、厦门、宁波等九个海事法院。海事诉讼在我国海事纠纷解决中占有重要地位。

5. 不同解决途径之比较

前述四种不同的纠纷解决方式各有其特点与作用，在实践中互相配合，共同服务于妥善解决争议这一目的，当事人可以根据具体案情选择一种或几种方式（仲裁与诉讼两者只可选其一）但不同途径的性质、效力有所差异，需加以比较。

一般而言，和解、调解、仲裁、诉讼四种方式中，当事人意思自治程度相应递减，而得出的解决方案的稳定性、法律效力承此顺序递增。在和解与调解过程中，当事人拥有充分的自主权，没有程序上的严格限制，具有灵活、简便、经济的特点，但和解协议只能作为当事人双方新的约定，调解书的效力则依赖于调解人的权威性，缺乏法律强制力的支持；仲裁和诉讼均有完整的制度、程序保障和制约，当事人只能在规则允许的范围内行使自己的权利，但由此得出的仲裁裁决或法院判决具有权威性和稳定性，具有法律上的强制执行力，是海事纠纷解决的最终途径。

第二节　国际铁路货物运输法

一、国际铁路运输合同与国际铁路货物运单

（一）国际铁路运输合同

国际铁路货物运输合同是铁路承运人将发货人的货物从一个国家的某地运至另一国家的某地，将货物交付给收货人，由发货人或收货人支付运费的合同。铁路运输合同一般是以签发运单的方法加以证明的。依照《国际货协》的有关规定，发货人在托运货物的同时，应就每批货物填写一定格式的运单和运单副本，签字后向始发站提出。

从承运人在始发站承运货物（连同运单一起）时起，即认为运输合同业已缔结。始发站在运单上加盖戳记后，即成为缔结运输合同的凭证。货物的承运以运单上加盖始发站日期戳为凭证，同时始发站还应在运单副本上加盖始发站日期戳，以证明货物的接收和承运日期。货物运输合同订立后，铁路应将运单副本退还给发货人，运单副本不具有运单的效力。

（二）国际铁路货物运单

1. 运单的概念与作用

运单是发货人、收货人和铁路之间运输合同存在的证明，对三方均有法律约束力。同时，运单也是铁路向收货人收取运杂费用和点交货物的依据。运单应随同货物由始发站到到达站的运送全程附送，最后交收货人。但运单不同于海运提单，不能转让。运单副本不具有运单的效力，但可以作为向铁路索赔的证据，同时也是卖方通过银行向买方结算货款的主要单证之一。

2. 运单的内容

（1）必须记载的内容。如到站名称；收货人名称和地址；货物名称；货物重量；零

担货物件数、包装标志；发货人负责装车时的车号及自有车辆的自重；单证明细表；发货人名称和地址。

（2）根据需要记载的内容。如货物交付方式；适用的运价规程；货物交付利息的金额数；发货人负责支付的费用；现款交付和运费的金额；发送国和各过境国的出口国境站，如有可能从出口国境站通过邻国的几个进口国境站办理货物运送时，应注明运送所要通过的进口国境站；发货人和收货人相互间关于办理海关手续的约定；发货人关于收货人不得变更合同的声明；押运情况。

（3）可附加记载的内容。该内容仅供收货人参考，对铁路无约束力，用以向收货人提示有关货物的情况，如货物的来向、去向及运输方、货物的保险等。

二、有关国际铁路货物运输的公约

目前，关于国际铁路货物运输公约主要有两个：《关于铁路货物运输的国际公约》（以下简称《国际货约》）和《国际铁路货物联运协定》（以下简称《国际货协》）。《国际货约》于 1961 年签订，1975 年 1 月 1 日生效，其成员国主要包括奥地利、法国、德国、比利时等西欧国家，我国不是《国际货约》的成员国。《国际货协》是由前苏联、波兰、捷克斯洛伐克、匈牙利、罗马尼亚等八个国家于 1951 年在华沙签订的，《国际货协》有些成员国同时也参加了《国际货约》。我国于 1954 年 1 月加入《国际货协》。由于保加利亚、匈牙利、罗马尼亚、波兰等国也参加了《国际货约》，我国与《国际货约》的成员国的进出口货物，也可以通过这些国家的铁路转运。

三、《国际货协》的主要内容

（一）运输合同的订立

《国际货协》规定，发货人在托运货物的同时，应对每批货物按规定的格式填写运单和运单副本，由发货人签字后向始发站提出。从始发站在运单和运单副本上加盖印戳时起，运输合同即告成立。

运单是铁路收取货物、承运货物的凭证，也是在终点站向收货人核收运杂费用和点交货物的依据。与提单及航运单不同，运单不是物权凭证，因此，不能转让。运单副本在加盖日期戳后退还发货人，并成为买卖双方结清货款的主要单据。

（二）托运人的权利和义务

1. 托运人的权利

托运人在《国际货协》允许的范围内有权变更合同内容。如发货人变更到站或将货物运回发货站；收货人有权在到达国境站后，要求变更到站和改变收货人，但申请须在到达国境站以前提出，费用由要求变更的当事人负责；运单中的货物毁损或腐坏的，可拒领货物并按规定向承运人索赔。

2. 托运人的义务

托运人有义务正确填写运单，并承担误填运单的法律后果；支付运费，发站国铁路的运费由发货人向发货站支付；过境国铁路的运费由发货人向始发站支付或由收货人向到站支付，如有几个过境国而发货人未付运费则由收货人向到站支付全程运费；到站提示取货时，如收货人拒绝收货时，则一切运费与罚款均由发货站向发货人收取，除非货物损坏已达不能按原用途使用的程度，一般不得拒绝收货。

（三）承运人的权利和义务

1. 承运人的权利

承运人有权收取运费和其他费用；在符合规定情况下，对货物有留置权；按规定拒绝或延缓执行托运人变更合同的要求；按规定引用责任限制和免责条款拒绝索赔；如果货物灭失或损坏，其赔偿不能高于货物全部灭失的价值。

2. 承运人的义务

货物由发货站运至到站后，承运人有义务负责将货物交给收货人；执行托运人按规定提出的变更合同的要求；从签发运单到交货为止，为承运人的责任期间，对货物逾期、毁损或灭失负赔偿责任，相关国铁路负连带责任。

（四）赔偿请求与诉讼时效

《国际货协》第 28 条规定：发货人和收货人有权根据运输合同提出赔偿请求，赔偿请求可以书面方式由发货人向发送站提出，或由收货人向收货站提出，并附上相应证据，注明款额。

《国际货协》第 30 条规定：由相关当事人根据运输合同向铁路提出赔偿请求和诉讼，以及铁路对发货人和收货人关于支付运送费用、罚款和赔偿损失的要求和诉讼，应在 9 个月期间内提出，关于货物运到逾期的赔偿请求和诉讼，应在 2 个月期间内提出。

案例分析 7-4

货主 A 公司委托国内 B 货运代理公司办理一批服装铁路运输出口，从满洲里运往蒙古。B 公司接受委托后，出具自己的全程运单给货主。A 公司凭此到银行结汇，运单转让给蒙古 D 贸易公司。B 公司又以自己的名义向国内铁路公司 C 订车。货物装车后，C 公司签发铁路运单给 B 公司，上面注明运费预付，收发货人均为 B 公司，但 C 公司并没有收到运费。后来，货物在运输途中遭到沾污受损。C 公司向 B 公司索取运费，遭拒绝，理由是运费应当由 A 公司支付，其只不过是 A 公司的代理人，且 A 公司也未支付运费给他们。A 公司向 B 公司索赔货物损失，遭拒绝，理由是其没有诉权。D 公司向 B 公司索赔货物损失，同样遭到拒绝，理由是货物的损失是由 C 公司造成的，应由 C 公司承担责任。

[思考问题]

根据题意，请回答：

（1）本案中 B 公司相对于 A 公司而言是何种身份？

（2）B 公司是否应负支付 C 公司运费的义务，理由何在？

（3）D 公司是否有权向 C 公司索赔货物损失，理由何在？

[分析提示]

（1）B 公司为 A 公司的承运人。由于货代公司是以其自己的名义签发全程运单，这一行为使其成为契约承运人，从而承担了承运人的责任和义务。

（2）B 公司应负支付运费的义务。因为 B 货运代理公司对 C 公司（实际承运人）而言，充当了托运人（货主）的角色，负有向实际承运人支付运费的义务。

（3）D 公司有权向 C 公司索赔货物损失。根据《国际货协》第 28 条规定，收货人有权根据运输合同，在提出相应证据，注明款额情况下，以书面方式向收货站提出赔偿请求。在本案中，D 贸易公司作为收货人有权通过收货站向 C 公司（实际承运人）索赔货物损失。

第三节　国际航空货物运输法

一、航空货物运输合同

（一）航空货物运输合同的概念

航空货物运输合同是航空承运人与货物托运人之间，依法就提供并完成以民用航空器运送货物而达成的协议。

（二）航空货物运输合同的特征

（1）在航空运输合同中，双方当事人都互相承担义务，承运人须将旅客或货物按照约定，安全及时地从一地运到另一地，旅客或托运人须向承运人支付运费和有关费用。

（2）航空货物运输合同是以托运人交付货物作为承运人履行合同义务的条件而非合同成立的条件。

（3）航空货物运输合同的基本内容与形式由承运人为与托运人订立合同而事先制

206

定，并在其经营或管理活动中反复使用，而作为托运人不能对合同基本内容与形式做出任何变更。

二、有关国际航空货物运输的公约

目前，规范国际航空货物运输的国际公约主要有三个：《华沙公约》、《海牙议定书》和《瓜达拉哈拉公约》：

（一）《华沙公约》

《华沙公约》全称为《统一国际航空运输某些规则的公约》，1929 年在华沙签订，1933 年 2 月 13 日生效。该公约规定了航空运输当事人的法律义务和相互关系，是国际空运的一项最基本的公约，我国 1958 年加入该公约。

（二）《海牙议定书》

《海牙议定书》全称为《修改 1929 年统一国际航空运输某些规则的公约的议定书》，订于 1955 年 9 月，1963 年 8 月 1 日生效。《海牙议定书》主要在责任限制、运输单证的项目、航行过失免责和索赔期限等方面对《华沙条约》作了修订，我国于 1975 年加入该议定书。

（三）《瓜达拉哈拉公约》

《瓜达拉哈拉公约》全称为《统一非缔约承运人所办国际航空运输某些规则以补充华沙公约的公约》，订于 1961 年，1964 年 5 月 1 日生效。《瓜达拉哈拉公约》的目的就是把《华沙公约》有关订约承运人的各种规定，适用于具体履行运输事宜的实际承运人，我国未加入该公约。

三、《华沙公约》和《海牙议定书》的主要内容

（一）航空货运单

航空货运单是订立合同、接受货物、运输条件以及关于货物重量、尺码、包装和件数的初步证据。

根据公约的规定，承运人有权要求托运人填写航空货运单。货运单一式三份，一份经托运人签字后交承运人；第二份附在货物上，由托运人和承运人签字后交收货人；第三份由承运人在收货后签字交托运人。《海牙议定书》改为承运人在货物装机以前签字。

航空货运单的主要内容如下。

（1）货运单的填写时间、地点。《海牙议定书》删除了这一要求。

（2）起运地、目的地及约定的经停地点。在必要时，经停地点可以由承运人加以变

更，但不得使该运输丧失其国际性。

（3）托运人、承运人或第一承运人及必要时收货人的名称、地点。

（4）货物名称、性质、包装件数、包装方式与标志、重量、数量、体积或尺寸及货物和包装的外观状况。

（5）运费金额、支付时间、地点、付费人。

（6）货物价值。

（7）货运单份数及随附单证。

（8）运输期限及航线。

（9）注明该货运单受《华沙公约》或《海牙议定书》约束。

根据《联合国国际货物销售合同公约》的规定，如果承运人接受了货物但未填写货运单，则承运人无权援引《华沙公约》关于免除或限制承运人责任的规定。

（二）托运人责任

根据《联合国国际货物销售合同公约》的规定，托运人承担如下责任：

（1）托运人对货运单上关于货物的各项说明和声明的正确性及由于延误、不合规定、不完备，给承运人及其代理人造成的损失承担责任。

（2）托运人在履行运输合同所规定的一切义务的情况下，有权在启运地、目的地将货物提回或在途中经停时终止运输，或将货物运交非货运单上指定的收货人，但不得使承运人或其他托运人遭受损害。

（3）托运人需提供各种必要资料以便完成货交收货人前的海关、税务或公安手续，并将有关证件附货运单交给承运人，并承担因资料或证件缺乏、不足或不合规定给承运人造成的损失。

（三）承运人的责任与免责

1. 承运人的责任

（1）承运人对航空期间发生的货损、货物灭失、延误承担责任。所谓航空期间，指在承运人保管之下，不论在航空站内、航空器上或航空站外降落的任何地点，不包括航空站外任何陆运、海运或河运。但如果这种运输是为了履行空运合同，是为了装货、交货或转运，则也视为航空期间。

（2）承运人对货物损失的赔偿责任为每公斤 250 法郎。如托运人在交货时特别声明货物价值，并交纳了必要的附加费，则承运人的赔偿额以所声明的价值为限。

2. 免除承运人责任的情况

（1）承运人证明自己和其代理人已为避免损失采取了一切必要措施或不可能采取这种措施。

（2）损失的发生是由于驾驶上、航空器的操作上或领航上的过失。

（3）货物的灭失或损失是由于货物的属性或本身质量缺陷造成的。

（4）损失是由受害人的过失引起或造成。

公约中规定的承运人免责和损害赔偿限额是一个最低标准，任何超出公约免责范围并规定更低赔偿金额的合同条款，一律无效。

当货物的损坏和灭失是由于承运人及其代理人和受雇人员故意的不良行为引起时，承运人则无权援引公约关于免责和限制责任的规定。

（四）索赔与诉讼时效

收货人在发现货损时，最迟应在收货后 7 天内提出异议，如发生延误，最迟应在收货后 14 天内提出异议。《海牙议定书》将这两个时限分别改为 14 天和 21 天。异议要写在运输凭证上或以书面方式提出。除非承运人有欺诈行为，否则，超过规定期限，收货人不能对承运人起诉。有关赔偿的诉讼，应在航空器到达目的地之日起 2 年内提出，否则，丧失追诉权。

诉讼地点由原告选择，可以是承运人营业所在地、目的地或合同订立地的法院。

根据公约的规定，由几个连续承运人办理的航空运输，第一承运人和每一段运输的承运人要对托运人和收货人负连带责任。

案例分析 7-5

1991 年某日，原告某保险公司接受某公司（托运人）对其准备空运至米兰的 20 箱丝绸服装的投保，保险金额为 73 849 美元。同日，被告 A 航空公司出具了一份航空货运单，该航空货运单注明：第一承运人为 A 航空公司，第二承运人为 B 航空公司，货物共 20 箱，重 750 公斤，该货物的"声明价值（运输）"未填写。在 A 航空公司准备将货物转交 B 航空公司运输时，发现货物灭失。1992 年，原告对投保人（托运人）进行了全额赔偿并取得权益转让书后，向 A 航空公司提出索赔请求。A 航空公司表示愿意以每公斤 20 美元限额赔偿原告损失，原告要求被告进行全额赔偿，不接受被告的赔偿意见，遂向法院起诉。法院认为，由于托运人在交托货物时，未对托运货物提出"声明价值"并交付必要的附加费，所以 A 航空公司在责任范围内承担赔偿责任是合理的。遂判决 A 航空公司以每公斤 20 美元限额赔偿原告 15 000 美元。

［思考问题］

在本案例中，法院判决是否合理？其依据是什么？

［分析提示］

法院判决合理。航空货运单是航空运输合同存在及合同条件的初步证据。该合同的"声明"及合同条件是合同的组成部分，并不违反 1955 年《海牙议定书》的规定，且为国际航空运输协会规则所确认，故应属有效，对承运人和托运人具有相同的约束力。该

批货物在 A 航空公司承运期间发生灭失，A 航空公司应负赔偿责任。原告在赔偿后取得代位求偿权，但由于托运人在交托货物时，未对托运货物提出"声明价值"并交付必要的附加费，所以 A 航空公司在责任范围内承担赔偿责任是合理的，原告要求被告进行全额赔偿的要求不能得到支持。

第四节　国际货物多式联运法

一、国际货物多式联运概述

（一）国际货物多式联运的概念

国际货物多式联运是在集装箱运输的基础上产生和发展起来的一种综合性的连贯运输方式，它一般是以集装箱为媒介，把海、陆、空各种传统的单一运输方式有机地结合起来，组成一种国际间的连贯运输。《联合国国际货物多式联运公约》的定义是："国际多式联运是指按照多式联运合同，以至少两种不同的运输方式，由多式联运经营人把货物从一国境内接运货物的地点运至另一国境内指定交付货物的地点。"

（二）国际货物多式联运的特征

（1）必须具有一份多式联运合同。该运输合同是多式联运经营人与托运人之间权利、义务、责任与豁免的合同关系和运输性质的确定，也是区别多式联运与一般货物运输方式的主要依据。

（2）必须使用一份全程多式联运单证。该单证应满足不同运输方式的需要，并按单一运费率计收全程运费。

（3）必须是至少两种不同运输方式的连续运输。

（4）必须是国际间的货物运输。这不仅是区别于国内货物运输，主要是涉及国际运输法规的适用问题。

（5）必须由一个多式联运经营人对货物运输的全程负责。该多式联运经营人不仅是订立多式联运合同的当事人，也是多式联运单证的签发人。

国际多式联运的主要特点是，由多式联运经营人对托运人签订一个运输合同统一组织全程运输，实行运输全程一次托运，一单到底，一次收费，统一理赔和全程负责。它是一种以方便托运人和货主为目的的先进的货物运输组织形式。

二、联合国《国际货物多式联运公约》

（一）联合国《国际货物多式联运公约》的产生背景

联合国《国际货物多式联运公约》是关于国际货物多式联运中的管理、经营人的赔偿责任及期间、法律管辖等的国际协议。它于 1980 年在联合国贸易和发展会议全权代表会上通过，但至今未能生效。我国没有参加该公约。

（二）联合国《国际货物多式联运公约》的主要内容

1. 适用范围

该公约适用于货物起运地和（或）目的地位于缔约国境内的国际货物多式联运合同。

2. 国内法律管辖的规定

该公约并不排除各缔约国国内法律管辖。

3. 关于责任的确定

实行统一责任制和推定责任制。

4. 关于责任期间的规定

多式联运经营人的责任期间为自接管货物时起，至交付货物时止。

5. 关于赔偿责任限制

赔偿责任限制为每件或每一运输单位 920 特别提款权，或按货物毛重计算，每公斤 2.75 特别提款权，两者以较高者为准。

6. 货物损害索赔

索赔通知应于收到货物的次工作日之前以书面形式提交多式联运经营人，延迟交付损害索赔通知必须在收到货物后 60 日内书面提交，诉讼或仲裁时效期间为两年。

7. 有管辖权法院

（1）被告主要营业所或被告的居所所在地。
（2）合同订立地。
（3）货物接管地或交付地。
（4）合同指定并在多式联运单据中载明的其他地点。
仲裁申诉方有权选择在上述地点仲裁。
公约附有国际多式联运海关事项的条款，规定缔约国海关对于运输途中的多式联运货物，一般不作检查，但各起运国海关所出具的材料应完整与准确。

三、贸发会议及国际商会的《多式联运单证规则》

（一）《多式联运单证规则》的产生背景

《多式联运单证规则》全称为《1991 年联合国贸易和发展会议/国际商会多式联运单

证规则》，是 1991 年由联合国贸易和发展会议与国际商会在《联合运输单证统一规则》的基础上，参考联合国《国际货物多式联运公约》共同制定的，共 13 条，是一项国际规则，供当事人自愿采纳。

（二）《多式联运单证规则》主要内容

（1）本规则经当事人选择后适用，一经适用就超越当事人订立的条款，除非这些条款增加多式联运经营人的义务。

（2）对一些名词做了定义。

（3）多式联运单证是多式联运经营人接管货物的初步证据，多式联运经营人不得以相反的证据对抗善意的单据持有人。

（4）多式联运经营人责任期间自接管货物时起到交付货物时止。多式联运经营人为其受雇人、代理人和其他人的作为或不作为承担一切责任。

（5）多式联运经营人的赔偿责任基础是完全责任制，并且对延迟交付应当承担责任。

（6）多式联运经营人的责任限制为每件或每单位 666.67 特别提款权，或者毛重每公斤 2 特别提款权。

（7）如果货物的损坏或灭失的原因是多式联运经营人的作为或不作为造成的，则不得享受责任限制。

（8）如果货物的损坏或者灭失是由托运人的原因造成的，则多式联运经营人应先向单据的善意持有人负责，而后向托运人追偿。

（9）货物损坏明显，则收货人立即向多式联运经营人索赔，如不明显，在 6 日内索赔。

（10）诉讼时效为 9 个月。

（11）规则对无论是侵权还是违约均有效。

（12）本规则适用于所有多式联运关系人。

案例分析 7-6

2000 年 11 月，国内甲公司与美国乙公司采用 FCA 术语签订了进口 3 套机械设备的贸易合同，并向中国人保投保一切险。甲公司委托丙海外运输公司负责从美国纽约到吴江的全程运输。货物到达上海港后，丙海外运输公司与江苏某运输公司约定，由后者负责将装在三个集装箱内的机械设备从上海运至目的地吴江。货到目的地以后，收货人发现两个集装箱破损，货物严重损坏。收货人向中国人保索赔，保险公司赔付后取得代位索偿权，向丙海外运输公司进行追偿。双方达成和解协议，丙海外运输公司赔付保险公司 11 万美金。之后，丙海外运输公司根据在上海港卸船时理货单记载"集装箱和货物完好"以及集装箱出场联和进场联"集装箱出堆场完好，运达目的地破损"的记载，认为江苏某运输公司在陆路运输中存在过错，将其告到海事法院，要求支付其赔付给保险公司的 11 万美金及利息。法院认为，丙海外运输公司是海陆国际多式联运的全程承运人，其与被告之间的合同应属国际多式联运的陆路运输合同，两个集装箱的损坏发生在上海至吴江的陆路运输区段，故被告应承担赔偿责任。

[思考问题]

在本案例中，法院判决被告应承担赔偿责任的法律依据是什么？

[分析提示]

法律规定对承运人的归责原则为过错推定责任，只要货物在该运输途中发生了损坏，若没有相反的证据，就推定承运人存在过错。本案的集装箱在卸下船时良好，在陆运出场时也完好无损，而到目的地进场时出现破损，那么在被告没有相反证据的情况下，自然推定集装箱及箱内的货物损坏发生在陆路运输区段，被告应承担赔偿责任。因此，当多式联运经营人对受害人赔付后，向发生货损区段的承运人追偿是合理的。

小　结

由于国际货物运输方式的不同，规范国际货物运输的法律主要包括国际海上货物运输法、国际铁路货物运输法、国际航空货物运输法及国际货物多式联运法等。有关国际海上货物运输、国际铁路货物运输、国际航空货物运输及国际货物多式联运的主要国际公约分别是《海牙规则》、《华沙公约》、《国际铁路货物联运协定》、《国际货物多式联运公约》。各种国际货物运输法律制度的核心是运输单据的法律效力和作用、承运人的责任，学习时应重点把握。

课后阅读资料

资料一

《统一杂货租船合同》（金康合同）简介

《统一杂货租船合同》（Uniform General Charter），简称《金康合同》或《金康格式》（GENCON），是国际上标准的航次租船合同范本。1922年由国际著名船舶所有人组织波罗的海国际航运公会（BIMCO）公布，分别于1976年、1994年进行修订。使用较多的是《GENCON 76》，可适用于各种航线及各类杂货的航次租船。

《金康合同1976》（《GENCON 76》）共2个部分。主要条款包括：第1部分，船舶经纪人；地点和日期；船舶所；承租人；船名；总登记吨／净登记吨；货物载重量吨数；现在动态；预计作好装货准备的日期；装货港口或地点；卸货港口或地点；货物；运费率；装卸费用；托运人；滞期费率；解约日；经纪人佣金及向何人支付；有关约定

特别规定的附加条款。第 2 部分，船舶的所有人与承租人；船舶所有人责任条款；绕航条款；运费支付；装卸费用；装卸时间；滞期费；留置权条款；提单；解约条款；共同海损；赔偿；代理；经纪人费用；普通罢工条款；战争风险；普通冰冻条款。《金康合同 1976》明确规定，如果相互同意应按本租船合同第 1 部分和第 2 部分中所订条件，履行本合同。当条件发生抵触时，第 1 部分中的规定优先于第 2 部分，但以所抵触的范围为限。

《金康合同 1994》（GENCON 94）共 19 条。其主要内容包括：船舶所有人与承租人；船舶所有人责任条款；绕航条款；运费支付；装卸（费用、风险、船吊、装卸工人损害）；装卸时间；滞期费；留置权条款；解约条款；提单；互有责任碰撞条款；共同海损和辛杰森条款；税收和使费条款；经纪人费用；代理；普通罢工条款；战争风险（Voywar1993）；普通冰冻条款；法律和仲裁。

《金康合同》作为重要合同范本，在世界上被广泛采用。国际标准合同（Uniform Contract Forms）是海事国际惯例的重要形式之一，既有非政府组织（如航运协会）制定的，也有某个大船运集团制定的。在海事审判中，经常碰到的有两种租船合同格式，即《金康格式》和《波尔的摩格式》。

 资料二

航次租船合同与定期租船合同的区别

1、航次租船合同的租金按约定的吨位和包干运费两种办法计算，并且规定用于货物装卸的期限和装卸时间计算办法，计算滞期费和速遣费。在定期租船合同中，出租人收取的租金按承租时间计算，并非按照货物的数量计算，承租人承担了船舶航速及货物装卸时间的风险。鉴于出租人并不控制货物的装卸，因此承租人只能要求出租人在航行过程尽力速遣，而航次租船合同一般无尽力速遣条款。另外，由于承租人负责货物的装卸，而装卸时间也计租金，定期租船合同因而无装卸时间及滞期费条款。

2、在航次租船合同中，如果出租人在开航前和开航时已尽适航义务，在运输过程中因船故或其他原因出现延迟，承租人一般没有拒付或收回运费的权利。而在定期租船合同中，出租人对船舶的维修义务较重，如船舶不能正常营运连续满 24 小时，对因此损失的营运时间，承租人不付租金。

3、在航次租船合同中，如果按 FIO 条件订立航次租船合同，承租人仅负责装卸费用；如果按 Gross Terms 订立航次租船合同，出租人承担全部运输费用，承租人不承担装卸费用。而在定期租船合同中，承租人除了负责装卸费用外，还应负责燃油、港口使费等营运费用。

4、在航次租船合同中，海难救助报酬由出租人独自享有。而在定期租船合同中，承租人有权获得海难救助报酬的一半。这种规定的理由，在于定期租船合同的承租人承担船舶的时间损失。海上救助无疑会耗费船舶的营运时间，承租人甚至有丧失营运机会的风险，而出租人的船员实际进行救助，因此定期租船合同双方分享救助报酬。

 资料三

《关于铁路货物运输的国际公约》（简介）

　　《关于铁路货物运输的国际公约》（Convention Concerning International Carriage of Goods by Rail，CIM），简称《国际货约》，是关于铁路货物运输的国际公约。它是在1890年制订的《国际铁路货物运送规则》（简称《伯尔尼公约》）基础上发展起来的。1961年2月25日由奥地利、法国、西德、比利时等国在瑞士伯尔尼签订，又于1970年2月7日修订，修订后的《国际货约》于1975年1月1日生效。国际铁路运输中央事务局总部设在伯尔尼。

　　《国际货约》分6部分，共70条和4个附件。其主要内容包括：第1部分，公约的目的和适用范围（第1～5条）；第2部分，运输合同（第6～25条）；第3部分，责任、法律诉讼（第26～53条）；第4部分，各种规定（54～61条）；第5部分，特殊规定（第62～64条）；第6部分，最终规定（第65～70条）。附件1，危险物品铁路运输国际规章；附件2，国际铁路运输中央事务局规章；附件3，修订委员会和专家委员规则；附件4，仲裁规则。

　　《国际货约》适用于至少两个缔约国之间的铁路联运。铁路的运输单据称为运单，内容包括接货地点、日期和交货地点及货物质量情况、件数、标记等，是运输合同成立的证据。承运人对货物的灭失、残损或延误负责，但因索赔人的错误行为、货物的内在缺陷或承运人所不能避免的原因造成者除外，责任豁免的举证责任在于承运人。承运人的责任限制为每公斤50金法郎，但由承运人的有意错误行为或严重错误所造成的损害的赔偿限额为上述赔偿限额的2倍。对承运人的诉讼时效为1年，但涉及承运人欺诈或有意错误行为的案件，诉讼时效为2年。

　　在《国际货约》的成员国中，有的同时还参加了《国际货协》，即参加《国际货约》国家的进出口货物，可以通过铁路直接转运到的《国际货协》成员国，它为国际间铁路货物的运输提供了便利条件。

 资料四

航空主运单与航空分运单

　　航空主运单（MAWB，Master Air Waybill）是由航空运输公司签发的航空运单，它是航空运输公司据以办理货物运输和交付的依据，是航空公司和托运人订立的运输合同,每一批航空运输的货物都有自己相对应的航空主运单。而航空分运单(HAWB,House Air Waybill)是集中托运人(航空货运代理)在办理集中托运业务时签发的航空运单。

在集中托运的情况下,集中托运人将若干批单独发运的货物组成一整批,向航空公司办理托运,采用一份航空运单集中发往同一目的地。这时航空运输公司要给集中托运人签发主运单,而集中托运人要给实际货主签发航空分运单,一份主运单项下可以有多份分运单,分运单上的收货人就是实际的货主。航空分运单作为集中托运人与托运人之间的货物运输合同,合同双方分别为托运人和集中托运人;航空主运单作为航空运输公司与集中托运人之间的货物运输合同,当事人为集中托运人和航空运输公司,货主与航空运输公司没有直接的契约关系。

不仅如此,由于在起运地货物由集中托运人将货物交付航空运输公司,在目的地由集中托运人或其代理从航空运输公司处提取货物,再转交给收货人,因而货主与航空运输公司也没有直接的货物交接关系。

 资料五

集装箱运输和国际多式联运

集装箱运输是指将货物装载于标准规格的集装箱内进行运输,适合于海洋运输、铁路运输和航空运输等各种运输方式。集装箱运输以其高效优质低成本的特点,成为当今最重要的一种货物装载形式。在集装箱运输的基础上,发展了把多种运输方式有机地结合起来的国际间连贯运输,即国际多式联运。

集装箱运输实际上是指货物运输过程中的一种装载形式。集装箱是一种能反复使用的便于快速装卸的标准化货柜。国际标准化组织推荐了三个系列十三种规格的集装箱,在国际运输中常用的集装箱规格为20英尺和40英尺两种。即 IA 型 8'X8'X40', IAA 型 8.6'X8'X40', IC 型 8'X8'X20'。集装箱按其装载货物所属货主,可分为整箱货和拼箱货。整箱货(FCL)可由货主自行装箱后直接送至集装箱堆场(CY),整箱货到达目的地后,送至堆场由收货人提取。堆场通常设在集装箱码头附近,是集装箱的中转站。如果一家货主的货物不足一整箱,需送至集装箱货运站(CFS)由承运人把不同货主的货物按性质、流向进行拼装,称为拼箱货(LCL)。货到目的地,拼箱货(LCL)应送至货运站由承运人拆箱后分别由收货人提取。

集装箱这种交接方式应在运输单据上予以说明。国际上通用的表示方式为:

FCL／FCL 或 CY／CY(整装整拆)

FCL／LCL 或 CY／CFS(整装拼拆)

LCL／FCL 或 CFS／CY(拼装整拆)

LCL／LCL 或 CFS／CFS(拼装拼拆)

每个集装箱有固定的编号,装箱后封闭箱门的钢绳铅封上印有号码。集装箱号码和封印号码可取代运输标志,显示在主要出口单据上,成为运输中的识别标志和货物特定化的记号。

国际多式联运是以集装箱装载形式把各种运输方式连贯起来进行国际运输的一种新型运输方式。按照《联合国国际多式联运公约》的解释，国际多式联运必须具备以下五个条件：①至少是两种不同运输方式的国际间连贯运输；②有一份多式联运合同；③使用一份包括全程的多式联运单据；④由一个多式联运经营人对全程运输负责；⑤是全程单一的运费费率。

在国际多式联运过程中，涉及货物装卸、交接和管理等许多复杂问题，因而承办多式联运的承运人只能在有限的几条路线上协调好多种运输方式的连贯性。我国自 20 世纪 80 年代初开展多式联运业务，已建立了数十条联运路线，但完整的管理体系和货运代理网络尚待形成。

思考与练习

一、判断题

1.《海牙规则》、《维斯比规则》和《汉堡规则》都是目前调整海上货物运输的重要的国际公约。　　　　　　　　　　　　　　　　　　　　　　　　　（　　）

2. 过期提单是收货人在船舶到港后才收到的提单。　　　　　　　　（　　）

3. 不清洁提单是提单本身在表面污损严重的提单。　　　　　　　　（　　）

4. 倒签提单是指提单日期早于货物实际装船日期的提单。　　　　　（　　）

5. 根据《国际货协》的规定，发货人和收货人都有权对运输合同做必要的修改，并且可以进行多次更改。　　　　　　　　　　　　　　　　　　　　　　（　　）

6. 在多式联运业务中，多式联运经营人是以中间人的身份，接受托运人的货物，并签发一张联运单证，然后由运输公司负责货物的全程运输。　　　　　　（　　）

7.《华沙公约》规定承运人对驾驶、飞机操作和领航过失免责。　（　　）

8. 国际货物多式联运是指以至少两种不同的运输方式将货物从一国接管货物的地点运至另一国境内指定交付货物的地点的运输。　　　　　　　　　　（　　）

9.《汉堡规则》把《海牙规则》中承运人的不完全过失责任改为承运人的推定完全过失责任制。　　　　　　　　　　　　　　　　　　　　　　　　　（　　）

10.《海牙议定书》是规范国际海上货物运输的国际公约。　　　　（　　）

二、单项选择题

1.《海牙规则》规定的诉讼时效为（　　）。
　　A. 半年　　　　　　B. 1 年　　　　　　C. 2 年　　　　　　D. 3 年

2.《海牙规则》实行的承运人责任制是（　　）。
　　A. 过失责任制　　　　　　　　　　B. 严格责任制
　　C. 无过失责任制　　　　　　　　　D. 不完全过失责任制

3. 在航空货物运输业务中，（　　）是托运人与承运人之间缔结的货物运输合同。
   A. 提货通知书　　　　　　　　　　　B. 航空货运单
   C. 货物托运书　　　　　　　　　　　D. 运输许可证

4. 按收货人抬头，提单可分为记名提单、不记名提单、指示提单。可以背书转让的提单是（　　）。
   A. 记名提单　　　　　　　　　　　　B. 不记名提单
   C. 空白提单　　　　　　　　　　　　D. 指示提单

5. 航次租船运输由谁负责船舶的营运管理（　　）。
   A. 买方　　　　　B. 卖方　　　　　C. 船东　　　　　D. 租船人

6. 《海牙规则》规定的承运人使船舶适航的责任，限于（　　）。
   A. 在开航前和开航时　　　　　　　　B. 开航前
   C. 航行中　　　　　　　　　　　　　D. 开航后至到达目的地时

7. 根据《海牙规则》的规定，承运人的责任起讫为（　　）。
   A. 自卖方仓库至买方仓库
   B. 自装运港至目的港
   C. 自装运港起吊至目的港脱离吊钩
   D. 从收货到交货为止

8. （　　）是参加国际铁路货物联运协定的各国铁路和发货人、收货人办理货物联运必须遵守的基本规则。
   A.《国际货协》　　　　　　　　　　B.《国际货约》
   C.《华沙公约》　　　　　　　　　　D.《国际货物多式联运公约》

9. 航空运输的国际公约是（　　）。
   A.《海牙规则》　　　　　　　　　　B.《维斯比规则》
   C.《汉堡规则》　　　　　　　　　　D.《华沙公约》

10. 国际航空货物运输中，如果发生货损货差，根据《华沙公约》，最高赔偿额为每公斤（　　）。
    A. 100 法郎　　　　　　　　　　　B. 150 法郎
    C. 200 法郎　　　　　　　　　　　D. 250 法郎

三、简答题

1. 在国际海上货物运输业务中，提单的作用有哪些？
2. 国际铁路货物运单的作用是什么？
3. 国际航空货物运输合同有那些特征？
4. 构成国际多式联运应具备哪些条件？

四、案例分析

1. 中国甲公司与美国乙公司于 2005 年 11 月 2 日以 FOB 青岛（乙公司委托甲公司

订舱）签订了从中国向美国出口一批纽约唐人街华人所需春节用产品的合同，乙公司通过银行开出信用证，规定的装船日期为 2006 年 1 月 10 日至 20 日天津装运。甲公司所订船舶在来天津的途中与他船相碰，经修理于 2006 年 1 月 30 日才完成装船。甲公司在出具保函的情况下换取了承运人签发的注明 2006 年 1 月 20 日装船的提单。船舶延迟到达目的港纽约，造成收货人丙公司与一系列需方签订的供货合同均延迟履行，并导致一些需方公司向丙公司提出了索赔。丙公司理赔后，转而向承运人提出了索赔。提单的抬头（Consignee）填写"To order"。问：

（1）该提单属什么种类的提单？

（2）卖方的行为属什么性质的行为？

（3）该提单须经过哪些手续才能转让给丙公司？

（4）该批货物的运费支付地在哪？运费支付人是谁？若运费遭拒付，承运人有何救济办法？

（5）承运人是否须向丙公司承担责任？

（6）承运人能否向甲公司追究责任？

2. 托运人布里奇斯粮食公司出口一批棉花，由承运人墨西哥政府商业海运公司班轮运输。棉花装船后，承运人向托运人签发了海运提单，提单背面订有适用《海牙规则》的条款。

但船在开航前油管发生泄漏，致使棉花受到损害，经调查，油管发生泄漏的起因是由于经船长授权的雇佣人员在对排水管道修理时疏忽所致。托运人对未能交货造成的损失要求承运人赔偿。

问：承运人是否应承担赔偿责任？为什么？

3. 美国亨利有限责任公司租用西班牙国籍"亚历山大"号油轮于 2005 年 4 月 1 日早在美国纽约港装运散装豆油 20973 吨，驶往目的港巴西利亚，价格条款为 CFR。船舶中途遇到 8 至 9 级大风，以至颠簸严重，船舷壳板有多处裂缝导致大量豆油外漏，最后求助于救助部门，前往救助难船。该船东认为是共同海损。货主认为是船舶是否适航的问题，请求赔偿。经联合小组检验查明：该船多处焊缝脱开，均有老痕。结论是：该轮处于不适航状态。

问：（1）承运人在开航前和开航时的职责是什么？

（2）货主能否得到赔偿？为什么？

4. 甲公司是一家英国公司，乙公司是一家设在上海的中外合资经营企业。甲乙签订了一份国际货物买卖合同，合同中规定乙公司是信用证付款。乙公司付款后，凭提单却没有提到货物。经查是因甲公司提交给银行的提单中，在收货人一栏中填写了不符合提单填写要求的问题。

问：请你判断收货人一栏的填写错误可能是如下那种情况？为什么？

（1）甲公司名称　　（2）乙公司名称　　（3）凭甲公司指示　　（4）凭乙公司指示

5. A 贸易公司与 B 船运公司签订了天津至纽约单航次的租船合同，合同规定：A 贸易公司租用 B 船运公司"星光"轮装运货物，约定了装卸时间、速遣费和滞期费，其他条款适用金康合同条款。结果 A 贸易公司超出了约定的装卸时间，B 船运公司要求 A 公司支付滞期费，但 A 公司借故拒绝，于是 B 船运公司将 A 公司的货物扣押，A 公司最终支付了滞期费。

问：B 船运公司是否有权扣押 A 公司的货物，其法律依据是什么？

6. 某年六月，某航空货运代理公司接受货主的委托负责将一台 15 公斤重的仪器从大连空运至开普敦。货运代理向货主签发了航空分运单，由于货主未声明货物价值，就按普通空运费率收取运费。因为大连与开普敦没有直达航班，须在香港中转。在中转途中，由于航空公司的疏忽，致使仪器遗失。为此，双方就该货物的赔偿问题发生争议，货主要求按货物实际价值赔偿，遭到货运代理及航空公司的拒绝。

问：（1）货运代理及航空公司拒绝按货物实际价值赔偿货主是否有法律依据？其赔偿金额应该是多少？

（2）货运代理或航空公司在受理托运时应注意哪些事项？

第八章　国际货物运输保险法

我国对外贸易起步较早，发展较慢，每年递增的贸易值中有相当一部分属于来料加工。近年来，尤其是中国"入世"五年以来，我国国际贸易环境有所改善，对外贸易值也持续攀升：2005年我国货物贸易值达到14 221亿美元，对外贸易值跃居世界第三位。但随之而来的负面效应也在加大：环境污染加剧、能源浪费、贸易风险加大……"每年外贸诈骗给中国企业造成的损失至少有数十亿美元。"中国企业在很多国家都遭遇过外贸诈骗，欧洲、非洲、亚洲等均有。除去商业风险外，货物在运输、储存过程中也会面临诸多风险，如火灾、霉变、盗窃、暴风雨，甚至于政治风险、军事风险等。如何保障利益？保险就成为国际贸易保障方式之一，我国保险业也出现了几大分工：财产保险为主，人身保险为主，出口信用保险等。在本章中，以阐述国际海上货物运输保险法律制度为主，同时介绍国际航空货物运输保险、国际陆上货物运输保险及邮包运输保险等相关法律法规。

课前案例思考

某年 9 月，"三海号"货轮装载着双氧水、筒纸、闹钟、机械设备等货物离开上海港，前往广东汕头港。在途径闽江口七星礁、波屿之间海域时，因受强台风（有气象部门出具的台风证明）及巨浪袭击，主机连接带折断出现故障，致使船舶无法及时避风。由于风大浪高，受台风及海浪的猛烈冲击货船在大海中剧烈摇摆，持续时间长达一个多小时，随时都有被大海吞没的危险。为求得货物少受损失，更为了保证人和船货的安全，船长方德平命令将装在船头及舱外的 50 吨，共 2 000 件塑料桶装双氧水及其他货物及时移入船舱内。船员们匆忙把双氧水移至装有筒纸的舱内，因装有双氧水的塑料桶经不住强烈的摩擦和滚动而破裂，导致双氧水外溢，污损筒纸，筒纸损失 4 万元。

货轮到达汕头港，卸货后，总计经济损失近 5 万元。船长未在汕头港宣布此次海损为共同海损。事后，筒纸收货人、被保险人以单独海损向保险公司索赔。

在本案例中，保险公司以此次海损为共同海损拒赔，可以吗？什么是单独海损？什么是共同海损？两者的定性对保险具有哪些法律后果？

第一节 国际货物保险基本知识

一、保险概述

（一）保险的定义和要素

"保险"原是 14 世纪意大利商业用语，英文为 insurance，后为各国采用。汉语中的"保险"是在 19 世纪 70 年代由日文"保险"一词演变而来，作形容词解为"稳妥可靠"、"安全无恙"，亦即"无危险"。

保险制度的产生，源于人类应付各种灾害风险的需要。据史料记载，公元前 4500 年在古埃及石匠中曾有一种互助基金组织，向每一成员收取会费以支付个别成员死亡以后的丧葬费，被认为是保险的最初雏形。因此可以说，保险是将少数人的意外损失分散，转嫁风险，并获得相应的赔付。

现代意义的保险有狭义和广义之分，广义上保险是指为了偿付自然灾害和意外事故带来的经济损失，以充分的物质准备来保障社会安定，建立专门用途的后备资金的一种经济活动；狭义的保险特指商事保险公司通过与投保人订立合同，建立保险基金用于人身伤亡、丧失工作能力、经济损失时，给予保险金的活动，如中国人寿保险公司所投保的重大疾病险、个人投保的汽车防盗险、个人贵重物品所投的保险。

无论广义或狭义的保险都需具备以下要素。

1. 危险的存在是保险的前提

保险和危险是同在的，但并不是所有的危险都可以成为保险中的危险，即"可保危险"。可保危险应是可能发生（具有偶然性、不确定性）并且不以获利为目的的危险事故，如台风、地震、闪电等。并且危险的发生是将来时，也就是指保险合同签订之后发生的危险。有些人为了骗保，故意实施危害，如：保了货物险，途中丢掉货物或放火烧掉；保了财产险，将物品故意毁掉，这些都不属保险范畴。

2．互助共济

保险基础是分散风险、分摊损失、获得补偿、融通资金，具有一定的公益性。

（二）保险法的基本原则

现代意义的保险发源于意大利，最早的保险立法也出现与此。《巴塞罗那法令》被世人公认为最早的海上保险法典，也是世界上最古老的保险法典。保险法先是由习惯法到惯例，再由惯例到成文法，最后英国《1906 年海上保险法》是真正成熟和完善的标志。我国最早的保险立法活动始于清朝末年。

理论上讲，保险法除具备一般民事活动应该具备的原则外，还包含以下原则。

1．保险利益原则

保险利益，又称"可保利益"，指被保险人或投保人对保险标的所具有的合法的利害关系。各国法律一般都明文规定，没有保险利益的保险合同不发生法律效力。

货物的可保利益应是合法、可确定或已经确定、并且可以用金钱计算，否则不能成为保险标的。一般来说，货物保险合同订立时不要求投保人对保险标的具有保险利益，保险事故发生时被保险人对保险标的必须具有保险利益。如果被保险人在发生损失时，对保险标的尚未取得保险利益，则在其得知损失发生后，不能再以任何方式或手段取得可保利益。

保险人也可以将对前款保险标的的保险进行再保险。除合同另有约定外，原被保险人不得享有再保险的利益。

案例分析 8-1

2002 年 1 月 4 日，中国人民保险公司上海市分公司（以下简称上海人保）就"仲宇"轮的保险向上海中福轮船公司（以下简称中福轮船）开具定期"沿海内河船舶保险单"，载明：被保险人为中福轮船；险别为一切险。保单"一切险"条款约定，保险人承保因碰撞、触碰等事故引起船舶倾覆、沉没，造成的船舶全损或部分损失；同时约定，对于船舶不适航（包括船舶技术状态、配员、装载等）造成船舶的损失，保险人不负责赔偿；又约定被保险人应当按期做好船舶的管理、检验和修理，确保船舶的适航性，否则保险人有权终止合同或拒绝赔偿。"仲宇"轮的船舶所有人为上海钟裕实业有限公司，船舶经营人为中福轮船，载重吨 1 300 吨，核定船舶设计平均吃水 3.25 米。2002 年 5 月 25 日，"仲宇"轮装载 1 260 吨货物从宁波北仑港出发驶往上海港，宁波海事局签发了出

港签证，船舶平均吃水 3.25 米。次日，该轮行至乌龟岛附近水域时，由于了望疏忽，对流压估计不足及操纵不当，船舶右舷中后部触碰水下障碍物，导致二舱破损进水，致使船舶沉没。此时船舶国籍证书、船舶检验证书、船舶营运证书均在有效期内。但上海人保认为，"仲宇"轮后货舱超载约 105 吨，不排除船体局部产生裂缝和屈曲进水，最终导致船舶沉没，事故系货物装载不符合规定、船舶不适航造成的，且中福轮船不是该轮所有人没有可保利益。中福轮船索赔不成，因而诉讼。

[问题思考]

什么是可保利益？"仲宇"轮的船舶经营人是否有索赔权利？

[分析提示]

上海海事法院认为中福轮船为"仲宇"轮的船舶经营人，对该轮具有可保利益；该轮沉没原因系触碰水下障碍物，属保险合同约定的一切险承保范围；该轮开航时的吃水情况与核定设计要求的差距极小，属正常范围，总体上并未超载。前货舱载货约 510 吨，后货舱载货约 750 吨，为配载严重不当。但在未超载情况下，仅以货物配载不当认为船舶不适航，依据不足。上海人保不能证明保险人有除外责任的情形，依法应承担保险赔偿责任。判决上海人保赔偿中福轮船船舶全损人民币 279.50 万元及其利息。

2. 最大诚实信用原则

保险合同是最大诚信合同（源于海上保险），对全世界保险业的产生和发展影响深远的《英国 1906 年海上保险法》规定："海上保险是建立在最大诚信基础上的合同，如果任何一方不遵守最大诚信，另一方可以宣告合同无效。"诚信就是诚实和守信用，即任何一方当事人对合同的另一方当事人不得有隐瞒、欺骗行为，必须善意、全面履行自己的合同义务，也是所有合同签订和履行的基础。

保险合同承保风险的特殊性决定，对合同双方的诚信要求，特别是对投保人的诚信要求非常严格。我国被保险人如有隐瞒或虚报，保险人可以解除保险合同，并且可以照收应当收取的保险费。

保险合同中的诚信原则主要体现在以下几个方面。

（1）告知（disclosure）。"告知"源于海上保险，是法定义务，指投保人在签订保险合同前或签订保险合同时，有把其知道的有关保险标的重要事项如实告诉保险人，做出说明的义务。多数情况下，告知义务被认为是投保人的义务。所谓重要事项，也称重要事实，是指一切可能影响到一位正常的、谨慎的保险人做出是否承保，以及确定保险费率或是否在保险合同中增加特别条款的事实。如：货物的品质是否完整，包装有无漏洞？需要注意的是，对重要事项的判断是以保险人对保险标的的风险分析为判断的依据，而不是以投保人、被保险人对保险标的的认识为依据。

各国确定告知义务形式时分为询问告知和无限告知两种：询问告知一般为书面，只对保险人的询问如实告知，如实填写了投保单即认为已尽了告知义务；无限告知不论询问与否，都必须主动向保险人告知自己知道的关于保险标的的一切重要事实。无限告知义务重于询问告知义务。

投保人对重要事项故意隐瞒不告，或投保人对重要事项的告知有错误，保险人即可以宣布保险合同无效，有权解除合同，对解除前发生的事故不负赔偿责任，也不退还保险费；因过失未能履行如实告知义务的，保险人可以解除合同，对合同解除前发生的保险事故不负赔偿责任，但可以退还保险费。

（2）保证（warranty）。源于海上保险，指投保人或被保险人签订保险合同时，向保险人做的特定承诺，保证做或不做某一事情，或者保证某种情况的存在或不存在，或者保证完成某一条件等。如：火灾保险中，保证没有储存易燃物品；盗窃险中，报警系统是否完好；货物运输保险中，货物是否已经霉变等。

（3）弃权（waiver）与禁止反言（estoppel）。弃权是针对保险人而言，放弃因对方违反相应义务所导致保险人具有的抗辩权及解除合同权等。禁止反言，是英美衡平法中的制度，是保险人对自己已有的言行将来不得反悔，禁止再向对方主张已经放弃的权利。

案例分析 8-2

原告 Container Transport International Inc.（简称"CTI"）是一家经营出租集装箱业务的公司，为了解决该公司与客户经常涉及的集装箱损失责任的争执，该公司同意在承租人缴纳额外的费用后，由 CTI 公司承担本应由承租人支付的一定金额的维修费用。该公司就该笔费用分别向 Crum&Forster，Lloyds 及 Oceanus 投了保。由于 Oceanus 认为，原告在向其投保时未向其告知前几年的索赔及保费数据，也没有向其告知在要求 Lloyds 公司续保时被拒绝的情况。由于这些重要情况未告知，因此被告有权宣告二者间保险合同无效。一审时原告胜诉，二审时保险人胜诉。

[问题思考]

为什么保险人胜诉？

[分析提示]

原告在向保险人投保时未告知前几年的索赔及保费数据，也没有告知在要求 LLOYDS 公司续保时被拒绝的情况。违背如实告知义务，因此保险人胜诉。

3. 近因原则

保险标的发生的损失可能是一个原因造成，也可能是两个或两个以上原因造成，如交易中的大米霉变，可能影响的因素就比较多，管理人员是否失职、途中是否发生暴雨、自身水分是否过高等，均会影响最后的保险理赔。

保险中的近因是指造成损失的最主要的、最有效的、最有影响的、起决定性作用的原因。按照各国保险法及保险合同的规定，保险人只承担以保单承保风险为近因造成的保险标的的损失。只有当近因属于保险责任，赔付人才赔付保险金，否则不必承担任何责任。如果同时出现的风险既有承保风险，又有除外责任时，可以划分承保风险与除外责任造成的损失的，保险人只负责赔偿承保风险造成的损失部分；否则，保险人不负责赔偿责任。

4. 损失补偿原则

保险的目的是补偿而不是通过保险获利。如果保险事故发生使被保险人遭受损失的，保险人必须在责任范围内对被保险人所受的实际损失进行补偿。补偿原则用于财产保险，除以生命为标的而购买的人寿保险外，一般情况下，这一原则不适用于人身保险和以给付为目的的生存保险、婚嫁保险等。

5. 代位追偿原则

当保险标的发生了保险责任范围内的损失，如果由于第三人过错造成的损失，被保险人从保险人处获得全部赔偿后，必须将其对该第三人享有的任何财产损失追偿的权利转让给保险人，由保险人以被保险人的名义从第三人处索回，即代位追偿。只要保险人支付了保险金，就取得了代位权。代位追偿的金额以赔付的金额为限，超出部分应该归还被保险人。

案例分析 8-3

一个英国典型案例：Yorkshire Insurance V. Nisbet Shipping 该案中，一艘英国船舶因为另一艘加拿大船舶的过失被撞沉，保险人向船东、被保险人赔付了全部船价7.2 万英镑。其后船东向加拿大船东索赔并得到全部赔偿。但在加拿大船东支付时，英镑贬值，实际支付的加元等于 12.5 万英镑。船东向保险人偿还了 7.2 万英镑，多余部分自己留下。保险人起诉被保险人，索要 12.5 万英镑与 7.2 万英镑间的差额。

[问题思考]

保险人是否可以索取这部分差额?为什么?

[分析提示]

保险人代位追偿的金额以赔付的金额为限，超出部分应该归还被保险人。

6. 委付

委付与代位不同，委付是海上保险特有的一种法律行为，指在保险标的发生推定全损的情况下，被保险人明确表示把保险标的的全部权利和义务转移给保险人，而向保险人请求赔偿全部保险金额。例如，某国远洋货轮"亚历山大号"满载货物从 S 港起航，途中遇飓风，货轮触礁货物损失惨重。货主向其投保的保险公司发出委付通知。

委付仅仅适用于推定全损的情况下，保险人可以接受委付，也可以不接受，但应当在合理的时间内将接受或者不接受的决定通知被保险人。接受委付后，保险公司取得残存货物的所有权。委付不得附带任何条件，一旦经保险人接受，不得撤回。

二、保险合同

保险合同是保险人和投保人约定保险权利和义务关系的协议，是有偿、双务、"射幸"（碰运气）合同，应以书面形式订立。作为合同的一种类型，保险合同的订立也要经过要约和承诺两个阶段，经双方当事人意思表示一致而成立，一般以保险人在投保单上签章为标志。

（一）保险合同的内容

保险合同的内容，指保险合同当事人的权利和义务。由于一般是由保险人预先拟定，所以保险内容大多体现在条款中，主要包括下列几项：保险人名称和住所；投保人、被保险人名称和住所，受益人名称和住所；保险标的；保险价值（即投保财产的实际价值）；保险金额（即约定的保险人的最高赔偿数额）；保险责任和除外责任；保险期间；保险费及支付办法；违约责任和争议处理；订立合同的年、月、日。此外，保险人和投保人也可以商定一些约定条款以作补充。

（二）保险合同中的当事人、辅助人

1. 当事人

（1）保险人。又称承保人，与投保人订立保险合同，收取保险费并承担赔偿和给付保险金责任的一方当事人。

（2）投保人。又称要保人，是经申请与保险人订立保险合同，并按照保险合同交付保险费的人，可以是为自己的利益，也可以是为他人的利益或两者兼有而订立，但必须具有保险利益。

（3）被保险人。指财产或人身受保险合同保障，享有保险金请求权的人。投保人可以是被保险人，我国《海商法》规定财产保险中被保险人与投保人必须同一，即被保险人就是投保人。

2. 辅助人员

保险合同的内容涉及面广，且不同国家制度不同，因此有些合同在订立、履行过程中往往需要他人来辅助。

（1）保险经纪人。是被保险人的代理人，基于投保人利益，为投保人与保险人订立保险合同，提供中介服务，并依法收取佣金的单位。按英美保险业务的惯例，多数海上保险合同的订立是经保险经纪人之手，被保险人不同保险人直接接触，而是委托保险经纪人代其投保，报酬由保险人支付。

（2）保险代理人。是根据保险人的委托，向保险人收取代理手续费，并在保险人授

权范围内代为办理保险业务的单位和个人。

3. 保险人的义务

（1）赔偿或给付保险金的义务。在发生保险事故时，或者是在保险合同约定的给付保险金的条件具备时，保险人依照约定向被保险人或受益人给付保险金。这是保险人最主要的义务。需要注意：受损的必须是保险标的；必须是由保险事故引起的损失；保险金的赔偿或给付，必须在保险合同规定的限额内。

（2）及时签单的义务。保险合同成立后，保险人应及时向投保人签发保险单或其他保险凭证。

（3）保密的义务。保险人对在办理保险业务中知道的投保人、被保险人的业务和财务情况负有保密的义务。

（4）不得随意解除保险合同的义务。

4. 投保人或被保险人的义务

（1）如实申报。被保险人或投保人在填写保单时，必须对货物、货物性质、价值等重要事实如实申报，否则，保险人可以解除合同，并对保险标的发生的损失不予赔偿。

（2）缴纳保险费。

（3）及时提货。被保险货物抵达保单所载目的地，被保险人应及时提货。

（4）保全货物。对承保范围内遭受危险的货物，应迅速采取合理措施，减少或防止货物损失。

（5）通知。当获悉航线改变或发现保单所载货物运输工具、航程有遗漏或错误时，或合同变更时，被保险人应立即通知保险人，在必要时需另加保费，保险单继续有效。

（6）索赔。当发现货物遭受损失时，应立即按保单上所载明的检验条款申请检验，并向承运人、受托人或海关、港务当局索取货损、货差证明，并以书面方式提出索赔。在向保险人提出索赔时，要提供保险单正本、提单、发票、装箱单、磅码单、货损货差证明等有关单据和凭证。

（7）代位追偿权行使时的协助义务。

（三）保险合同的保险标的

保险标的是保险合同的主要条款，也是保险合同的重要内容，影响保险合同权利和义务的规定。保险标的，又称保险对象，保险标的直接决定保险的险种。对投保人来说，只有在投保时明确保险标的，才能在遭遇保险事故时，向保险人索赔；对保险人来说，明确了保险标的，就可判断投保人对保险标的有无保险利益，确定相应的保险金额和应承担的保险责任范围。

保险标的必须符合以下三个条件。

（1）属于被保险人所有或与他人共有而由被保险人负责的财产。

（2）由被保险人经营管理或替他人保管的财产。

（3）其他具有法律上承认的与被保险人有经济利害关系的财产。

被保险人对上述财产必须具有保险利益才可投保。

以我国海上货物运输为例，海上货物运输保险中保险标的与可保利益相结合，以下财产可以成为保险标的：船舶；货物；船舶营运收入，包括运费、租金、旅客票款；货物预期利润；船员工资和其他报酬；对第三人的责任；由于发生保险事故可能受到损失的其他财产和产生的责任、费用。

因此保险标的既可以是有形财产，也可以是无形财产，但以法律规定为前提。

（四）保险合同的形式

保险合同的形式应为书面形式，大多数国家不承认口头合同的效力。书面保险合同大致有以下几类。

1. 投保单

投保单（Insurance Policy）通常由保险人事先印制，投保人逐项据实填写后交给保险人，经保险人接受后合同成立。投保单本身不是正式的合同文本。

2. 保险单

保险单也称保单，是保险人和投保人订立的保险合同正式书面凭证。由保险人制作，签章并交付给投保人，发生保险范围内的损失或灭失时，投保人可凭保单要求赔偿。其内容包含被保险人、保险标的（如填明货物数量及标志）、运输工具、险别、起讫地点、保险期限、保险价值和保险金额等项目外，还附有保险人责任范围及保险人和被保险人的权利、义务等方面的详细条款。

3. 预约保险单

预约保险单又称开口保单，与流动保单类似，只是在保单中未规定保险总金额。承保货物一经启运，被保险人通知保险人后，保单自动生效。合同终止取决于被保险人和保险人之间的约定。

4. 重复保险单

重复保险单指被保险人在同一保险期间内与数个保险人，就同一保险利益、同一保险事故分别订立数个保险合同。重复保险金额的总额不得超过保险标的价值。

5. 保险凭证

保险凭证（Insurance Certificate）是一种简式保险合同，通常仅载有正式保险单正面的条款，如：被保险人名称、保险货物名称、运输工具种类与名称、投保险别、保险期限、保险金额等，而对保险单背面有关保险人和被保险人权利、义务的条款不予登载。在当事人采用流动保单或预约保单投保时，被保险人得不到正式保单，只能得

到保险凭证。

保险凭证是表示保险公司已经接受保险的证明文件，内容比保险单简单，可分为以下几类。

（1）定值保险单。载明保险标的约定价值的保险单。

（2）航程保险单。以一次或多次航程为期限的保险单。

（3）流动保险单。保险人与被保险人就总的承保条件，如承保风险、保险费率、承保期限等事先约定，细节留待以后商定的保单。根据流动保单，被保险人按照承保期间内能启运的货物价值预交保险存款，在每批需要承保的货物装运后通知保险人，保险单自动生效，每批货值从货物的总价值中扣除，直至保险总额用完，保险合同终止。

（五）保险合同的成立

1．签发投保条

（1）被保险人将有关情况告诉保险经纪人，授权保险经纪人在保险费率范围以内投保。

（2）保险经纪人起草投保条。投保条的内容包括：经纪人名称、船舶、航程、保险期间、保险财产、保险金额、建议的保险费率。保险人阅读后，决定是否签署。

经过签署的投保条，也可以看作保险合同，但与保险单有本质的区别：保险单在法律上对双方当事人有约束力，投保条在法律上对双方当事人没有约束力，在信誉上对双方当事人有约束力。由于签署后的投保条，在信誉上约束当事人双方，如果在投保条签署之后，保险单签署前保险标的发生损失，保险人照例赔偿。

2．签署保险单

签署投保条之后，根据投保条，再正式签署保险单。

三、保险单证的转让

一个有效的保单转让后，原合同关系消失，保险合同的权利义务也随之转移。从法律上说，卖方转让已经保险的货物，与转让该项货物的保险单是两码事，不能将两者等同。当卖方转让已经保险的货物时，该项货物的保险单不能自动转让给买方，要由被保险人在保险单上背书，表示转让的意思，才能产生转让效果。

值得注意的是，转让保险单时，转让人必须有所有权。而且，不论采取何种转让方式，保单的转让必须在货物所有权转让之前，或与货物所有权转移同时进行。如果货物的所有权已经转移，然后再办理保险，这种转让无效。

如：根据海上货物运输保险习惯，如果被保险人所有的货物所有权发生转移，承保该货物的保险单及其权益也随之转让，无须经保险公司同意。保险单转让一般采用空白背书方式，由被保险人在保单背面签名，也可以写上受让人名称，称为记名背书。

即使保险标的发生损失后，保险单仍然可以转让。如：CIF 合同条件下，卖方办理保险，即使货物在运输途中已经灭失，卖方仍然可以向买方提供全部装运单据，要求买方付款。买方在付清货款，取得单据后，只要货物的损失在承保范围之内，买方就有权凭这些单据直接向保险人请求赔偿，保险人不能拒绝。

四、保险索赔

国际货物买卖过程中，由哪一方负责办理投保，应根据买卖双方商订的价格条件来确定。如按 FOB 条件和 CFR 条件成交，保险即应由买方办理；如按 CIF 条件，保险就应由卖方办理。当被保险人的货物遭受承保责任范围内的风险损失时，被保险人向保险人提出索赔要求。按《INCOTERNS 2000》E 组、F 组、C 组包含的 8 种价格条件成交的合同，一般应由买方办理索赔。按《INCOTERNS 2000》D 组包含的 5 种价格条件成交的合同，则视情况由买方或卖方办理索赔。

国际贸易中，如由卖方办理投保，卖方在交货后即将保险单背书转让给买方或其收货代理人，当货物抵达目的港（地），发现残损时，买方或其收货代理人作为保险单的合法受让人，应就地向保险人或其代理人要求赔偿。中国保险公司为便利我国出口货物运抵国外目的地后及时检验损失，就地给予赔偿，已在 100 多个国家建立了检验或理赔代理机构。我国进口货物的检验索赔，由有关的专业进口公司或其委托的收货代理人在港口或其他收货地点，向当地人民保险公司要求赔偿。被保险人或其代理人向保险人索赔时，应做好下列几项工作。

1. 及时通知保险公司

当被保险人得知或发现货物已遭受保险责任范围内的损失，应及时通知保险公司，并尽可能保留现场。由保险人会同有关方面检验，勘察损失程度，调查损失原因，确定损失性质和责任，采取必要的施救措施，并签发联合检验报告。

2. 索取残损或短量证明

当被保险货物运抵目的地，被保险人或其代理人提货时发现货物有明显的受损痕迹、整件短少或散装货物已经残损，应向理货部门索取残损或短量证明。

3. 采取合理的施救措施

保险货物受损后，被保险人和保险人都有责任采取可能的、合理的施救措施，以防止损失扩大。因抢救、阻止、减少货物损失而支付的合理费用，保险公司负责补偿。被保险人能够施救而不履行施救义务，保险人对于扩大的损失甚至全部损失有权拒赔。

4. 备妥索赔证据，在规定时效内提出索赔

保险索赔时，通常应提供保险单、运输单据、商业票和重量单、残损及短量证明的证据、向承运人等第三者责任方请求赔偿的函电或其证明文件，必要时还需提供海事报告、索赔清单等。按国际保险业的惯例，保险索赔或诉讼的时效为自货物在最后卸货地卸离运输工具时起算，最多不超过两年。

案例分析 8-4

我某公司按 CIF 条件向欧洲某国进口商出口一批草编制品。合同中规定采用 CIF 术语，由我方向中国人民保险公司投保一切险，并采用信用证方式支付。我出口公司在规定的期限、指定的我国某港口装船舶完毕，船公司签发了提单，然后在中国银行议付了款项。第二天，出口公司接到客户来电，称装货的海轮在海上失火，草编制品全部烧毁，并要求我公司出面向中国人民保险公司提出索赔，否则要求退回全部货款。

[问题思考]

公司该如何处理？

[分析提示]

CIF 条件，保险应由卖方办理。当被保险人的货物遭受承保责任范围内的风险损失时，被保险人向保险人提出索赔要求。如由卖方办理投保，卖方在交货后即将保险单背书转让给买方或其收货代理人，当货物抵达目的港（地），发现残损时，买方或其收货代理人作为保险单的合法受让人，应就地向保险人或其代理人要求赔偿。

保险公司的赔偿方式有两种：不论损失程度（irrespective of percentage，IOP）和计免赔率。

对有些在运输途中容易发生破碎或短少的瓷器、玻璃制品、矿砂等，保险公司在赔偿时一般有计免赔率的规定，免赔率分为绝对免赔率和相对免赔率。绝对免赔率（deductibles）是指保险公司只负责赔偿超过免赔率的部分损失；相对免赔率（franchise）是指当损失超过规定的免赔率时，则全部损失都赔，如未超过则不赔。有时投保人要求取消这种免赔率，即不论损失程度多少都赔，保险公司也可接受，不过要加收保险费。一般加收的标准是免赔率每降低 1%，费率则增加 0.5%。

第二节　国际货物保险法律规定

国际货物运输保险属于服务贸易的一种，是进出口商对进出口货物按照一定的险别向保险公司投保，预先支付规定的保险费，而保险公司对进出口商约定在国际运输中发生保险事故造成货物损失和产生的责任，按约定数额给予赔偿的一种法律关系。因此国际货物运输保险是特定条件下的货物保险，所承保货物主要是有商品性质的贸易货物，一般不包括个人行李或随运输所消耗的各类供应和储备物品。货物通过投保运输险，将不定的损失变为固定的费用，在货物遭到承保范围内的损失时，可以及时得到经济上的补偿，不仅有利于进出口企业加强经济核算，而且也有利于进出口企业保持正常营业，从而有效地促进国际贸易的发展。

目前国际上没有统一的货物运输保险法，主要参照海上货物运输保险来进行。实践中，保险人和被保险人的权利义务关系是由各国国内法和当事人双方订立的保险合同确定。

一、海上保险

（一）海上保险定义

海上保险又称水险，是财产保险的一种，指保险人对约定的海上一切事故（如自然灾害、意外事故）所造成的保险标的损失和产生的责任负责赔偿，其本质是补偿因海上风险造成的损失。

海上保险传统上仅保障船舶、货物和运费在海上及在启运地码头和目的地码头的风险。由于多式联运的出现，海上设施及各种责任的增加，现代海上保险已从海洋扩展到内河、陆地和空中，保险的种类也从传统船舶、货物和运费保险扩展到海上作业、海上资源开发，以及与之相关的财产、利益和责任的保险。

现代意义的海上保险始于 14 世纪，当时在意大利的一些港口城市，海上保险渐成一种普遍的商业活动，并开始使用保险单，15 世纪出现了保险法。英国是世界保险业最发达，保险法律制度最完善的国家之一。长期以来，英国一直都是国际保险业务的中心，其《1906 年海上保险法》是世界上影响最大的一部海上保险法。目前，国际保险市场上，有各种各样的保险组织以及由这些组织制订的保险条款，其中以英国"劳埃德保险会社"、"伦敦保险人协会"等保险组织及其制订的海上保险条款影响最大。

国际上，目前尚无调整海上货物运输保险的统一实体法，因而许多国家都允许当事人通过保险合同中的法律适用条款，约定选择适用某一国家的国内法来解决法律适用问题，通常都选择保险人营业所所在地法。

（二）海上货物运输保险

海运保险是各类保险中发展最早的一种，主要是由于商船在海洋航行中的风险大、海运事故频繁所致。在国际海运保险业务中，各国保险界对海上风险与海上损失，都有其特定的解释。无论从境外进口货物还是从境内出口货物，凡可能遭受海上风险的财产（如船舶、货物），期得的收入（如运费、佣金）以及对第三者所应负的责任，都可以向保险人投保，以转嫁进出口货物运输中的风险。我国海商法体现出海上保险是补偿合同，从财务角度看，犹如没有发生损失一样。保险人只负责金钱赔偿，不负责使保险标的恢

复原状，或归还原物。

二、海上货物运输保险的承保与不承保的风险与损失

保险承保范围决定了保险人的责任范围，海上保险并非承保一切海上风险。

（一）风险

1. 海上风险

海上风险（perils of sea），又称海难，指海上发生的自然灾害和意外事故。

（1）自然灾害。自然灾害是指不以人的意志为转移的自然界力量所引起的灾害。如：恶劣气候（heavy weather），由于飓风、巨浪引起的船只颠簸和倾斜，造成船舶、机器损坏，或者由此引起货物相撞、挤压、破碎、渗漏、凹瘪等损害；雷电（lightning），雷电直接造成的损失、雷电引起火灾造成的损失；海啸（tsunami）、地震与火山爆发（earth quake or volcanic eruption）等。

（2）意外事故。意外事故是指运输工具在运输过程中由于偶然的、非意料中的原因造成的事故。如搁浅；触礁；爆炸，锅炉爆炸、货物自身化学反应引起爆炸；碰撞，船与船、或者船与码头、灯标等撞击；沉没；火灾，船、及船上设备着火，货物自身的燃烧；失踪，船舶失去联系（4 至 6 个月，没有统一规定）等。

2. 外来风险

由于外来原因引起的风险，包括一般外来风险和特殊外来风险。

（1）一般外来风险。一般外来风险是指被保险货物在运输途中，由于以下原因造成的风险：偷窃，玷污，破碎，受热、受潮，渗漏，串味，碰损，短量（重量少了），短少和提货不着（件数少了），淡水雨淋，钩损，生锈等。

（2）特殊外来风险。特殊外来风险是指由于军事、政治、国家政策法令、行政措施等原因造成的损失。如战争、罢工、船只被扣、拒收等。

（二）损失和费用

海上损失和费用是指被保险货物在海洋运输中，因为遭受海上风险，引起的损失与费用。

案例分析 8-5

某货轮在航行途中因设备故障起火，该船的第四舱内发生火灾，经灌水灭火后统计损失，被火烧毁货物价值 5 000 美元，因灌水救火被水浸坏货物损失 6 000 美元，船方

宣布为共同海损。

[问题思考]

试根据上述案例分析回答下列问题：　该轮船长宣布共同海损是否合理？

[分析提示]

在海洋运输途中，船舶、货物或其他财产遭遇共同危险，为了解除共同危险，有意采取合理的救难措施，所造成的特殊牺牲，或支付的特殊费用，称为共同海损，而该案中是否面临共同危险是解题关键。

1. 海上损失概念

海上损失简称海损，是指被保险货物在海上运输过程中，由于海上风险所造成的损坏或灭失。根据保险市场的一般解释，凡与海路连接的陆运过程中发生的损坏或灭失，也属于海损范围。

2. 海上损失分类

（1）就货物损失的程度而言，海损可以分为全部损失和部分损失。

全部损失（total loss）简称全损，是指运输途中整批货物或不可分割的一批货物的全部损失，分为实际全损和推定全损。实际全损（actual total loss）是指货物全部灭失，或完全变质已失去原有的使用价值，或不可能归还被保险人。如：货物烧尽、船舶爆炸、运送的食盐沉入海底。英国海上保险法将船舶失踪经过一段合理时间后（通常满六个月）仍无音讯也纳入此类。推定全损（constructive total loss）是指货物发生保险事故后，认为实际全损已经不可避免，或者为避免实际全损所需支付的费用与继续将货物运抵目的地的费用之和超过保险价值。如修理费要超过货物修复以后的价值，或修理费和继续运到目的地的费用，将超过货物到达目的地的价值。

除了全部损失以外的一切损失，也就是不属于实际全损和推定全损的损失，属于部分损失（partial loss）。

（2）就货物损失的性质而言，部分损失的海损可以分为共同海损（general average）和单独海损（particular average）。

案例分析 8-6

某货物从天津新港驶往新加坡，在航行途中船舶货舱起火，大火蔓延到机舱，船长为了船、货的共同安全，决定采取紧急措施，往船中灌水灭火。火虽然被扑灭，但由于主机受损，无法继续航行，于是船长决定雇用拖轮将船拖回新港修理。检修后继续驶往新加坡。事后调查，这次事件的损失有：A.1 000 箱货物被火烧毁；B.600 箱由于灌水灭

火受到损失；C.主机和部分甲板被烧毁；D.拖船费用；E.额外增加的燃料和船长、船员工资。

[问题思考]

请问：从上述各项损失的性质来看，各属于什么损失？

[分析提示]

A、C属单独海损，不是为船货共同安全所致；B、D、E属共同海损，为船货共同安全所致。

1）共同海损简称 G.A.。在海洋运输途中，船舶、货物或其他财产遭遇共同危险，为了解除共同危险，有意采取合理的救难措施，所造成的特殊牺牲，或支付的特殊费用，称为共同海损。如：遭遇风浪时，为了避免全船沉没，船长下令把部分价值较小的重量重的货物抛入大海；再如船舶搁浅，船长雇人卸下部分货物以减轻重量，再雇拖船，使船浮起。

在船舶发生共同海损后，凡属共同海损范围内的牺牲和费用，由有关获救受益方（即船方、货方和运输方三方）根据获救价值按比例分摊。实践中共同海损一般由保险人负责，以保险单为依据，如果分摊价值低于保险价值，全由保险人赔；若高于保险价值，保险人只按两者的比例进行赔偿，差额由船，货各方分摊。

共同海损的成立必须具备下列三个条件。

① 共同海损必须确有危及船、货共同安全的危险存在，共同海损的危险必须是真实存在的，或者是不可避免发生的，一般是不可预测的。

共同海损的危险必须是共同的。如果只危及货物，或船舶一方的安全，不能作为共同海损处理。例如：冷藏设备失灵，把变质的货物抛入大海，这与船舶安全无关。

② 采取的措施必须是为了解除共同危险，主动、有意采取的合理行为。

例如：搁浅时抛货物入海，应该抛那些重量大，价值小的货物。对于不合理的措施造成的损失，不能作为共同海损，要由做出决定的一方负责。

③ 做出的牺牲和费用必须是特殊的，支出的费用是额外的，而且共同海损的措施必须有效果。如果是为了正常履行合同做出的牺牲，支出的费用，不属于共同海损。

2）单独海损（particular average，P.A）是指仅涉及航海中船舶或货单方面利益遭受的，不属于共同海损部分的利益的损失。这种损失，只能由遭受损失一方，或引起损失一方，承担责任，如果在保险范围内，请求保险人承担赔偿责任。

3. 海上费用

保险货物遭受保险责任范围以内的事故，除了使货物本身遭受损失以外，还会产生费用方面的损失。这种费用，保险人也应该予以赔偿。

（1）施救费用是指当保险标的遭受保险责任范围以内的事故时，被保险人、他的代理人、雇员、或受让人，为了防止损失扩大，采取抢救措施而支出的合理费用，包括诉讼费。

（2）救助费用（salvage charge）是当保险标的遭受保险责任范围以内的事故时，被保险人、他的代理人、雇员、或受让人以外的人，对受损货物采取救助措施而支付的费用。

案例分析 8-7

某轮船搁浅后，由于船长对当地水文、气象不甚了解，错误地以为遭遇了危险，因而雇请拖轮前来救助。事后，经调查发现，船舶搁浅是由潮汐变化所致，待高潮来临时，完全可以自行起浮。事后船方就雇用拖轮所支付的救助费向货方主张共同海损，遭拒后诉至法院。

[问题思考]

本案中支付的救助费用是否是共同海损？为什么？

[分析提示]

共同海损的危险必须是真实存在的，或者是不可避免发生的，一般是不可预测的。单纯的主观推断出的危险不是真正的危险，基于错误判断而采取的措施不属于共同海损。

除上述各种风险损失外，保险货物在运输途中还可能发生其他损失，如运输途中的自然损耗以及由于货物本身特点和内在缺陷所造成的货损等。这些损失不属于保险公司承保的范围。

三、中国人民保险公司规定的海运货物保险条款

中国人民保险公司参照国际保险市场的一般习惯做法，结合我国实际情况，自行制定了各种保险条款，总称为"中国保险条款"（China Insurance Clause，CIC），其中包括《海洋运输货物保险条款》和《海洋运输货物战争险条款》。

（一）基本险

按照我国保险习惯，中国人民保险公司所规定的基本险包括平安险（free from particular average，FPA）、水渍险（with average or with particular average，WA or WPA）和一切险（all risks）。

1. 平安险

平安险这一名称在我国保险业沿用已久，原意指"单独海损不负责赔偿"。平安险原来的保障范围只赔全部损失，但在长期实践过程中对平安险的责任范围进行了修订，

当前平安险的责任范围已经超出只赔全损的限制。概括起来，这一险别的主要责任范围如下。

（1）被保险货物在运输途中由于恶劣气候、雷电、海啸、地震、洪水等自然灾害造成整批货物的全部损失或推定全损。若被保险的货物用驳船运往或运离海轮时，则第一驳船所装的货物可视作一个整批。

（2）由于运输工具遭到搁浅、触礁、沉没、互撞，与流冰或其他物体碰撞及失火、爆炸等意外事故所造成的货物全部或部分损失。

（3）在运输工具已经发生搁浅、触礁沉没、焚毁等意外事故的情况下，货物在此前后又在海上遭受恶劣气候、雷电、海啸等自然灾害所造成的部分损失。

（4）在装卸或转运时由于一件或数件甚至整批货物落海所造成的全部或部分损失。

（5）被保险人对遭受承保责任内危险的货物采取抢救、防止或减少货损的措施所支付的合理费用，但以不超过该批被毁货物的保险金额为限。

（6）运输工具遭遇海难后，在避难港由于卸货引起的损失及在中途港或避难港由于卸货、存仓、运送货物所产生的特殊费用。

（7）共同海损的牺牲、分摊和救助费用。

（8）运输契约中如果订有"船舶互撞责任"条款，则根据该条款规定应由货方偿还船方的损失。

平安险是三种基本险中保险人责任最小的一种，原则上对自然灾害造成的单独海损不赔，但对于意外事故发生的单独海损及运输工具在运输途中的意外事故前后发生的单独海损，保险公司仍要赔偿。

案例分析 8-8

1994年2月，中国某纺织进出口公司与大连某海运公司签订了运输1 000件丝绸衬衫到马赛的协议。合同签订后，进出口公司又向保险公司就该批货物的运输投保了平安险。2月20日，该批货物装船完毕后启航，2月25日，装载该批货物的轮船在海上突遇罕见大风暴，船体严重受损，于2月26日沉没。3月20日纺织品进出口公司向保险公司就该批货物索赔，保险公司以该批货物由自然灾害造成损失为由拒绝赔偿，于是，进出口公司向法院起诉，要求保险公司偿付保险金。

[问题思考]

本案中保险公司是否应负赔偿责任？

[分析提示]

被保险的货物在运输途中由于恶劣气候、雷电、海啸、地震、洪水等自然灾害造成整批货物的全部损失或推定全损。案中船体严重受损，于2月26日沉没，该批丝绸衬衫全部损失，应由保险公司赔偿。

2. 水渍险

水渍险的责任范围除了包括上述"平安险"的各项责任外，还负责被保险货物由于恶劣气候、雷电、海啸、地震、洪水等自然灾害所造成的部分损失，即水渍险包括平安险及平安险中不承保的那部分单独海损。

案例分析 8-9

我国某纺织品公司按 CIF 条件向澳大利亚出口坯布 300 包，并按合同规定我方投保了水渍险，货物在运输途中因船舱内淡水管道滴漏，致使 30 包坯布浸有水渍。

[问题思考]

保险公司是否对此损失予以赔偿？为什么？

[分析提示]

保险公司对此损失不予赔偿，但损失方可凭清洁提单向船公司进行索赔。

理由：保险公司可以适用保险人营业地国家的法律。该案中，卖方在中国人民保险公司投保，应适用中国法律。水渍险的责任范围是货物在海上运输过程中，由于自然灾害或意外事故造成货物的全部或部分损失，即水渍险只对海水浸渍负责，而对淡水所造成损失不负责任。假如该批货投保了一切险，便可以向保险公司索赔。所以本例不能向保险公司索赔，但可凭清洁提单向船公司进行索赔。

3. 一切险

一切险的责任范围除包括上列"平安险"和"水渍险"的所有责任外，还负责被保险货物在运输过程中由于外来原因（指一般附加险承担的责任）所造成的全损或部分损失，除对某些运输途中自然损耗的货物，经保险公司与被保险人约定在保险单上载明的免赔率外，保险公司都给予赔偿。但投保一切险并不意味着保险公司承担了一切损失责任。

案例分析 8-10

1994 年 6 月 12 日，中国天宏进出口公司受我国某蜡烛生产企业的委托与瑞典天使贸易公司签订了出口一批蜡烛的合同。合同约定与本合同有关的争议适用瑞典法律。主要成交条件是：CIF 哥登堡每箱 32 美元，9 月装船。1994 年 7 月 20 日，该批蜡烛 7 500 箱经中国商检部门检验合格后装上了某远洋公司的 "Qimen" 轮上，鉴于蜡烛如放在 40℃ 左右的地方时间长会变形，因此托运人指示承运人在运输中应注意适当通风。承运人收货后签发了清洁提单。依合同约定的贸易条件，中方公司向中国人民保险公司投保了一切险。在运输途中 "Qimen" 轮与日本籍 "海城丸" 号发生碰撞，导致一货舱进水，使装于该货舱的 700 箱蜡烛及其他货物湿损。为修理该船，以便继续航行，该轮开进附近的避难港，并发生了避难港费用和必要的船舶修理费用。 "Qimen" 到达目的港后，收货人发现余下的 6800 箱蜡烛已变形，不能用于正常的目的，收货人只能按市价 30％ 出售，经查蜡烛变形是运输中未适当通风导致温度过高所致。

[问题思考]

关于 6800 箱变形的蜡烛损失可以向谁索赔？

[分析提示]

蜡烛变形是运输中未适当通风导致温度过高所致，承运人应当赔偿收货人的损失，因为承运人负有管货的责任。卖方已为货物投保了一切险，一切险承保的范围除平安险和水渍险范围以外，还包括由于外来原因造成的货物损失，因蜡烛未适当通风导致变形属于一切险的范围。买方付款赎单后有权凭提单和卖方提供的保险单据直接向保险公司索赔。

上述三种险别，被保险人可以从中选择一种投保。不过，上述三种基本险别中，明确规定了除外责任。所谓除外责任（exclusion），指保险公司明确规定不予承保的损失或费用。如被保险人故意或过失导致的损失；被保险货物本质缺陷；损失责任开始前，被保险货物已经存在数量短差或品质不良等情况。

（二）附加险

海运保险业务中，进出口商除了投保货物的上述基本险外，还可根据货物的特点和实际需要，酌情再选择若干适当的附加险。附加险分为一般附加险和特殊附加险。

1. 一般附加险

由于被保险货物的品种繁多，货物的性能和特点各异，而一般外来风险又多种多样，因此一般附加险的种类很多，如下所示。

（1）偷窃提货不着险（theft，pilferage and non－delivery，TPND）。保险有效期内，被保险货物被偷走或窃走，以及货物运抵目的地以后，货物整件未交的损失，由保险公司负责赔偿。

（2）淡水雨淋险（fresh water rain damage，FWRD）。货物在运输中，由于淡水、雨水以及冰雪融化所造成的损失。海运保险中的淡水包括船上淡水舱、水管漏水以及舱汗等。

（3）短量险（risk of shortage）。承保货物数量短缺或重量短少的损失，通常包装货物的短少，保险公司必须要查清外包装是否发生异常现象，如破口、破袋、扯缝等，但不包括正常的途耗。

（4）混杂、玷污险（risk of intermixture and contamination）。承保货物在运输过程中，因混进杂质或被污染所造成的损失。例如煤炭混进了泥土、草屑，白色衬衫被油类或彩色涂料污染。

（5）渗漏险（risk of leakage）。承保流质、半流质、油类等货物，在运输过程中由于容器损坏而引起的渗漏损失；或用液体浸泡、储存的货物因液体外流而变质、腐烂等损失。

（6）碰损、破碎险（risk of clash and breakage）。碰损主要针对金属、木质等货物，破碎则主要是对易碎货物（如玻璃、瓷器）来说的。前者是指在运输途中，因为受到震动、颠簸、挤压而造成货物本身的损失；后者是在运输途中由于受震、受压、受撞等造成货物破裂、断碎的损失。

（7）串味险（risk of Odour）。承保货物运输过程中因受其他带异味货物的影响而造成的串味，例如，药材受到一起堆储的樟脑球异味的影响。

（8）受热、受潮险（damage caused by heating and sweating）。承保货物运输过程中，由于气温骤变，或者因为船上通风设备失灵等使舱内水气凝结、发潮、发热引起货物的损失。

（9）钩损险（hook damage）。承保袋装、捆装货物在装卸或搬运过程中因为使用钩子，操作不当所造成的损失，如粮食包装袋因吊钩钩坏而造成粮食外漏所造成的损失。

（10）包装破裂险（loss for damage by breakage of packing）。承保货物运输过程中因包装破裂造成物资的短少、玷污等损失及因被保险货物运输过程中继续安全运输需要而产生的修补包装、调换包装所支付的费用。

（11）锈损险（risk of rust）。承保货物运输过程中因为生锈造成的损失。不过这种生锈必须在保险期内发生，如原装时就已生锈，保险公司不负责任。

一般附加险不能单独投保，只有投保基本险别后，才可加保上述附加险，但这些险别已全部包含在一切险中。

2. 特别附加险

特别附加险属附加险类，但不属于一切险的范围。目前中国人民保险公司承保的特别附加险如下。

（1）交货不到险（failure to delivery risks）。承保被保险货物自装上船开始，不论何种原因六个月内不能运抵原定目的地交货所造成的损失。

（2）进口关税险（import duty risk）。

（3）黄曲霉素险（aflatoxin risk）。承保货物所含黄曲霉素超过进口国限制标准被拒进口、没收或强制改变用途所受的损失。

（4）出口货物到香港（包括九龙在内）或澳门存仓火险责任扩展条款（fire risk extension clause for storage of cargo at destination Hong Kong, including Kowloon, or Macao）。这一条款将责任扩展至卸离运输工具后存放于银行指定仓库时的 30 日内。

（5）拒收险。

（6）舱面险。

（7）卖方利益险。

3. 特殊附加险

特殊附加险最为常见的有两种：一是战争险，二是罢工险。根据国际保险习惯，罢工险通常与战争险同时承保，只需在保单注明。战争险同样不能作为一个单独的项目投保，而只能在投保上述三种基本险别之一的基础上加保。

战争险的保险责任起讫是从货物装上海轮开始至货物运抵目的港卸离海轮为止，即只负水面风险。如果货物不卸离海轮或驳船，则最长延至抵达目的港之当日午夜起算满15天为止；如中途港转船，不论在当地卸载与否，以海轮抵达该港或卸货地点的当日午夜起算满15天为止，待货物再装上续运的海轮时，保险公司继续负责。

（三）保险责任起讫及期限

我国《海洋运输货物保险条款》除规定了上述各种基本险别的责任外，还对保险责任的起讫作了具体规定。在海运保险中，三种基本险的保险责任起讫，主要采用"仓至仓"条款（warehouse to warehouse clause，W/W Clause），即保险责任自被保险货物运离保险单所载明的起运地仓库或储存处所开始，包括正常运输中的海上、陆上、内河和驳船运输在内，直至该项货物到达保险单所载目的地收货人最后仓库或储存所或被保险人用作分配、分派或非正常运输的其他储存处所为止。但被保险的货物在最后卸载港全部卸离海轮时起算满60天，不论被保险货物是否进入收货人仓库，保险责任即告终止。

"仓至仓条款"是运输货物保险中较为典型的条款，货物保险人对被保险货物的保障程度贯穿于货物运输全过程的各个环节，整个运输过程无一漏洞，将一切可能发生的情况一一作了规定，如除了将空间的"仓至仓"以时间概念即60天予以限定之外，如果发生被保险人无法控制的延迟、绕航、被迫卸货、重装、转载或承运人终止运输契约等航程变更的情况，使保险货物运到非保险单所载明的目的地时，在被保险人及时通知保险人并在必要时加缴保险费的条件下，保险责任的有效性又有两种情况：第一种情况，若货物在当地出售，则保险责任至交货时为止，但无论如何均以全部卸离海轮后60天内为止；第二种情况，货物在60天内继续运往原保险单所载目的地，保险责任仍按前述期限终止。目前世界上几乎所有国家的海上货物运输保险都采纳了"仓至仓条款"，它已成为国际贸易中规范运输货物保险人与被保险人之间责任起讫的国际性条款，国际贸易中其他运输方式，也大都效仿了海上运输货物的"仓至仓条款"的原则来限定各自保险责任期间。

案例分析 8-11

印度A公司向中国B公司出售1.2万吨白糖，装运期是2000年3月或4月。2000年3月20日，卖方负责租订的轮船到达转运港，并马上装货，货快装完时，忽然发生了火灾，由于白糖受到烟熏和灭火水的浸湿，致使2 000吨受损，丧失销售性。于是，受损白糖被重新卸岸，其余的 1 万吨安全运往目的港。

[问题思考]

如何减少损失？投保何种险别？

[分析提示]

买卖双方在海上运输中的风险，一般是以货越过船舷为界限来划分的。即货物装船前的风险由卖方承担，装船后的风险由买方承担，所以货物在装船前对卖方具有的保险利益，装船之后转移到对买方具有保险利益，可以投保一切险。

必须注意的是，"仓至仓条款"具备如此性质，人们有时会忽视因贸易风险的转移引起的保险利益的变化。依照国际贸易习惯，买卖双方在海上运输中的风险，一般是以货越过船舷为界限来划分。即货物装船前的风险由卖方承担，装船后的风险由买方承担，所以货物在装船前对卖方具有的保险利益，装船之后转移到对买方具有保险利益。因此，尽管"仓至仓条款"涵盖全部运输过程，若损失在装船前发生则索赔权仅在卖方，若损失在装船后发生则索赔权大都转到了买方。

那么，进出口企业应如何巧妙利用"仓至仓条款"才能做到既节省费用又使自己的利益得到充分保障，这是我国企业应当注意的问题。

四、英国伦敦保险协会规定的货物保险条款

国际保险市场上，各国保险组织都分别有自己的保险条款。其中具有较大影响的是英国伦敦保险协会所制定的《协会货物条款》（institute cargo clause，ICC）。

伦敦保险业协会货物条款最早制定于 1912 年，现行是 1982 年 1 月 1 日修订公布，1983 年 4 月 1 日开始使用的新的保险条款，由英国伦敦保险协会及"劳埃德保险业协会"共同制定。目前劳埃德保险业协会已成为世界保险行业中名气最大、信誉最好、资金最雄厚、历史最悠久、赚钱最多的保险公司，承保范围广泛，包括太空卫星、超级油轮乃至电影明星的人身安全等。

协会新货物条款规定了 ICC（A）险、ICC（B）险、ICC（C）险、战争险、罢工险和恶意损害险六种险别，ICC（A）险、ICC（B）险和 ICC（C）险可以单独投保，必要时，战争险和罢工险也可征得保险公司的同意，作为独立的险别进行投保。

ICC（A）险相当于中国人民保险公司中的一切险。其责任范围最广，采用承保"除外责任"之外的一切风险的概括式规定办法。其除外责任有以下四条：①一般除外责任，如因包装原因造成的损失、使用原子或热核武器造成的损失、标的物潜在缺陷等；②不适航、不适货除外责任，如装船时已知船舶不适航；③战争除外险；④罢工除外责任。

ICC（B）险和 ICC（C）险则采用列明风险的办法，即把承保的风险一一列举出来，ICC（B）险大体相当于水渍险（WPA），但比原水渍险增加了船舶搁浅和倾覆、地震、

火山爆发等条款；ICC（C）险承保的责任范围最小，比原平安险（FPA）责任范围小，仅对"重大意外事故"风险负责。

协会新战争险和罢工险条款与旧条款相比差别不是很大，但在需要投保时也可作为独立的险别进行投保。

恶意损害险属新增加的附加险别，故其内容比较简单，承保除被保险人外的其他人（如船长）的故意破坏行为所造成的被保货物的灭失或损坏，但出于政治动机的人的行为除外。该风险在 ICC（A）中列为承保风险，但 ICC（B）险和 ICC（C）险中均列为除外责任。所以投保时，如欲取得这种风险的保障，应具体险别具体分析，是否应加保。

伦敦保险业协会货物保险条款和中国人民保险公司的货物保险条款相比，主要有以下不同：第一，用英文字母 A、B、C 表示原来的一切险、水渍险和平安险，避免了过去因险别名称含义不清且与承保范围不符产生的误解，消除了原险别之间的交叉与重叠。第二，增加了承保陆上风险的规定，如 B、C 条款承保由于陆上运输工具的颠翻、出轨、碰撞引起的货损以及湖水、河水侵入船舶造成的损害。第三，独立投保的保险条款：协会货物保险条款除 A、B、C 条款外，还有协会战争险条款、罢工险条款均可独立投保，或在投保了 A、B、C 条款后加保。

当我国按 CIF 条件出口时，一般都以中国人民保险公司制定的保险条款为依据，但如果国外客户要求按英国伦敦保险协会货物保险条款为准，我们也可酌情接受。

五、陆上货物运输保险

陆上货物运输保险是货物运输保险的一种，主要承保以火车、汽车等陆上运输工具进行货物运输的保险。国际上保险公司对于采用畜力、畜力车等落后运输工具运送货物的风险，一般不予承保。中国人民保险公司陆上运输货物保险条款也明确规定以汽车、火车为限。

陆上货物运输保险基本险为陆运险（overland transportation risks）和陆运一切险（overland transportation all risks）两种，此外，还有陆上运输冷藏货物险，也具有基本险的性质。

（一）陆运险的责任范围

保险公司对陆运险的承保范围大至相当于海运险中的"水渍险"。

（1）被保险货物在运输途中遭受暴风、雷电、地震、洪水等自然灾害；或由于陆上运输工具（主要是指火车、汽车）遭受碰撞、倾覆或出轨，在驳运过程，包括驳运工具搁浅、触礁、沉没、碰撞；或由于遭受隧道坍塌、崖崩或火灾、爆炸等意外事故所造成的全部损失或部分损失。

（2）被保险人对遭受承保责任内危险的货物采取抢救，防止或减少货损的措施而支付的合理费用，但以不超过该批被抢救货物的保险金额为限。

244

（二）陆运一切险的责任范围

除包括上述陆运险的责任外，保险公司对被保险货物在运输途中由于外来原因造成的短少、短量、偷窃、渗漏、碰损、破碎、钩损、雨淋、生锈、受潮、霉、串味、玷污等全部或部分损失，也应赔偿。

陆运货物在投保上述基本险之一的基础上，经过协商还可以加保陆上运输货物保险的附加险，如陆运战争险。陆运战争险与海运战争险，由于运输工具有其本身的特点，具体责任有一些差别，但就战争险的共同负责范围来说，基本上是一致的。即对直接由于战争、类似战争行为以及武装冲突，如货物由于捕获、扣留、禁制和扣押等行为引起的损失应负责赔偿。

如投保陆运险，则可酌情加保一般附加险和战争险等特殊附加险。如投保陆运一切险，就只需加保战争险，而不需再加保一般附加险。陆运货物在加保战争险的前提下，再加保罢工险，不另收保险费。陆运货物战争险的责任起讫，是以货物置于运输工具时为限。

（三）陆上运输货物保险的除外责任

（1）被保险人的故意行为或过失所造成的损失。

（2）属于发货人所负责任。

（3）被保险货物的自然消耗、本质缺陷，特性及市价跌落，运输延迟所引起的损失或费用。

（4）由于战争、工人罢工所造成的损失。

（5）保险责任开始前，被保险货物已存在品质不良或数量短差所造成的损失。

（四）保险责任的起讫期限

保险责任的起讫期限与海洋运输货物保险的"仓至仓条款"基本相同，是从被保险货物运离保险单所载明的启运地发货人的仓库或储存处所开始运输时生效。包括正常陆运和有关水上驳运在内，直至该项货物送交保险单所载明的目的地收货人仓库或储存处所，或被保险人用作分配、分派或非正常运输的其他储存处所为止。但如未运抵上述仓库或储存处所，则以被保险货物到达最后卸载的车站后，保险责任以 60 天为限。

六、航空货物运输保险

航空货物运输是以飞机为运输工具的货物保险。我国空运出口货物，如由我方保险，则应按有关规定向人保公司办理投保手续。空运进口货物，应按预约保险合同的规定办理投保手续。

空运货物保险的基本险有航空运输险（air transportation risks）和航空运输一切险（air transportation all risks）。这两种基本险都可单独投保，在投保其中险别的基础上，经投保人与保险公司协商可以加保航空运输货物战争险等附加险，加保时需另付保险费。在加保战争险前提下，再加保罢工险，则不另收保险费。

（一）责任

航空运输险的承保责任范围与海运水渍险大体相同；航空运输一切险除包括上述航空运输责任，对被保险货物在运输中由于外来原因造成的包括被偷窃、短少等全部或部分损失也负赔偿责任。在航空运输货物保险的情况下，除外责任与前面所述的海洋运输货物保险的除外责任相同。

（二）责任起讫

航空运输险和航空运输一切险的责任起讫也采用"仓至仓"条款，从被保险货物运离保险单所载明起运地仓库或储存处所开始运输生效。在正常运输过程中继续有效，直至该项货物抵运保险单所载明目的地交到收货人仓库或储存处所或被保险人用作分配、分派或非正常运输的其他存处所为止。如保险货物未到达上述仓库或储存处所，则以被保险货物在最后卸货地卸离飞机后 30 天为止。航空运输货物战争险的责任期限，是自货物装上飞机时开始至卸离保险单所载明的目的地的飞机时为止。

七、邮包保险

邮包运输通常需经海、陆、空辗转运关，实际上是属于"门到门"运输，在长途运送过程中遭受自然灾害、意外事故以及各种外来风险的可能性较大。

办理国际邮包运输时，应当正确选用邮包的保价与保险。凡经过保价的邮包，一旦在途中遗失或损坏，即可向邮政机构按保价金额取得补偿。因此，对寄往办理保价业务的国家，可予保价。鉴于有些国家和地区不办保价业务，或有关邮政机构对保价邮包损失赔偿限制过严，或保价限额低于邮包实际价值，则可采取保险，也可采取既保险、又保价的做法。根据中国人民保险公司规定，凡进行保价的邮包，可享受保险费减半收费的优待。我国通过邮包运输进口的货物，按邮包运输进口货物预约保险合同的规定办理投保手续。

不论通过何种运送工具，凡是以邮包方式将贸易物货运达目的地的保险均属邮包保险。邮包保险按其保险责任分为邮包险（parcel post risks）和邮包一切险（parcel post all risks）两种。前者与海洋运输货物保险水渍险的责任相似，后者与海洋运输货物保险一切险的责任基本相同。

邮包保险的责任范围如下。

（1）被保险邮包在运输途中由于恶劣气候、雷电、海啸、地雷、洪水等自然灾害，或由于运输工具遭受搁浅、触礁、沉没、碰撞、倾覆、出轨、坠落、失踪，或由于失火爆炸意外事故所造成的全部或部分损失。

（2）被保险人对遭受承保责任内危险的货物采取抢救，防止或减少货损的措施而支付的合理费用，但以不超过该批被救货物的保险金额为限。

邮包一切险的责任除上述邮包险的各项责任外，还负责被保险邮包在运输途中由于外来原因所致的全部或部分损失。

在投保邮包运输基本险之一的基础上，经投保人与保险公司协商可以加保邮包战争险等附加险。加保时，也需另加保险费，在加保战争险的前提下，如再加保罢工险，则不另收费。邮包战争险承保责任的起讫，自被保险邮包经邮政机构收讫后储存处所开始运送时生效，直至该项邮包运达保险单所载明的目的邮政机构送交收件人为止。

邮包运输货物保险的除外责任和被保险人的义务与海洋运输货物保险相比较，其实质是一致的。其责任起讫为自被保险邮包离开保险单所载起运地点寄件人的处所运往邮局时开始生效，直至该项邮包运达保险单所载目的地邮局，自邮局签发到货通知书当日午夜起算满15天为止。但是在此期限邮包一经交至收件人的处所时，保险责任即告终止。

小　结

国际贸易中，货物在运输、储存过程中会面临诸多风险如火灾、霉变、盗窃、暴风雨等，甚至于政治风险、军事风险等等。因此，各国产生了诸多规避风险的做法，而保险是最常用的手段。国际货物海运保险是诸多保险中最为成熟的一种险别，应着重掌握，学会如何规避风险。

课后阅读资料

 资料一

英国《1906 海上保险法》有关条款——保险利益

第四条　赌博契约无效

1. 每一个赌博的海上保险合同均无效。

2. 下列情况下的海上保险合同为赌博契约：

（a）被保险人不具有本法定义的保险利益，而且所签定的合同也不要求这种利益；

（b）保单上注明："不论具有利益与否"，或"无需进一步利益证明"，或"保险人无救助利益"，或其他类似的措词。但如果不可能发生救助，则注明"保险人无救助利益"者不在此列。

第六条 何时要具有利害关系

1. 被保险人在投保时可以不具有利害关系,但在保险标的发生损害时必须具有利害关系。

但是,如果保险标的以"不论是否灭失"进行保险,除签定保险合同时被保险人已经知道保险标的已发生损害而保险人却不知道外,被保险人即使是直到损害发生后才具有利害关系,依然可以得到赔偿。

2. 被保险人如果在保险标的发生损害时不具有利害关系,那么在其知道发生损害后也不能以任何方法或手段获得这种利害关系。

第九条 再保险

1. 海上保险合同的保险人对其承保的风险具有保险利益,可以进行再保险。

2. 除保单另有规定外,原被保险人对再保险既无任何权利也无利害关系。

 资料二

出口信贷国家担保制

国家鼓励出口的一大措施:出口信贷国家担保制。出口信贷国家担保制是一种国家出面担保海外风险的保险制度,属于政策性保险,收取费用一般不高。

一般商业保险公司所不承担的出口风险,均可向该担保公司承保,主要有两类:一是政治风险,二是经济风险。前者是由于进口国发生政变、战争以及因特殊原因政府采取禁运、冻结资金、限制对外支付等政治原因造成的损失;后者是进口商或借款银行破产无力偿还、货币贬值或通货膨胀等原因所造成的损失。该制度主要目的担保本国出口商或银行在海外的风险,以扩大出口。发达国家基本都实行这一制度,我国主要由中国出口信用保险公司开办该项业务,既推动货物、技术、服务出口,又利于企业防范和控制国际贸易风险,也为企业融资提供便利。

 资料三

"委付"与"代位追偿权"的区别

(1)委付转让的是保险标的的所有权及其他依附于所有权上的权利和义务,具有物权的特点;代位追偿权实质上是一种债权转移,是债的主体变更,债的内容与客体并未发生变化。

(2)委付仅仅适用于推定全损;代位追偿权既适用于全损,也适用于部分损失。

(3)保险人承受保险标的的权利和义务不以支付赔款为前提,仅需保险人接受委付;而保险人的代位追偿权以向被保险人实际支付赔款为前提。

 248

（4）在委付的情况下，保险人可以获得大于其赔偿金额的数额；在代位追偿中，保险人只能获得不超过赔偿被保险人的数额。

（5）保险人接受委付时，不仅取得标的物的所有权，而且还承担该标的物产生的其他义务；代位追偿是保险人的权利，保险人取得该权利时，无须承担其他义务。

思考与练习

一、选择题

1. 保险人在取得代位追偿权后，如果向第三者获得的追偿金额超过保险人给被保险人的赔款，超过部分应归（　　　）。

    A. 保险人　　　　　　　　　　B. 被保险人

    C. 第三者　　　　　　　　　　D. 保险人与被保险人共有

2. 保险作为一种经济补偿手段，具有的职能是（　　　）。

    A. 分散分险　　　　　　　B. 补偿损失　　　　　　C. 防灾防损

    D. 履行赔款义务　　　　　E. 集中保险基金

3. 近因是指（　　　）。

    A. 导致损失的有效原因　　　　　B. 导致损失的唯一原因

    C. 导致损失的主要原因　　　　　D. 导致损失的直接原因

4. 船舶搁浅时，为使船舶脱险而雇用驳船强行脱浅所支出的费用，属于（　　　）。

    A. 实际全损　　　　　　　　　　B. 推定全损

    C. 共同海损　　　　　　　　　　D. 单独海损

5. 某外贸公司出口茶叶 5 公吨，在海运途中遭受暴风雨，海水涌入舱内，致使一部分茶叶发霉变质，这种损失属于（　　　）

    A. 实际全损　　　　B. 推定全损　　　　C. 共同海损　　　　D. 单独海损

6. 根据我国《海洋货物运输保险条款》的规定，承保范围最小的基本险别是（　　　）。

    A. 平安险　　　　B. 水渍险　　　　C. 一切险　　　　D. 罢工险

7. 根据伦敦保险协会《海运货物保险条款》的规定，承保风险最大的险别是（　　　）。

    A. ICC（A）　　　B. ICC（B）　　　C. ICC（C）　　　D .ICC（D）

8. 对于共同海损所做出的牺牲和支出的费用，应由（　　　）。

    A. 船方承担　　　　　　　　B. 货方承担　　　　　　C. 保险公司承担

    D. 所有与之有利害关系的受益人按获救船舶、货物、运费获救后的价值比例分摊

9. 我国保险公司把国际海洋运输货物的保险险别分为平安险、水渍险和一切险三种基本险别，请指出下列情况哪些属于平安险的保险范围（　　　）。

    A. 某载运国际运输货物的船舶在驶往某国的途中触礁沉没，货物灭失

    B. 某国际航行船舶在驶往国外途中着火，部分货物灭失

C. 某批进口货物在卸货过程中有两箱货物落入海中，造成货物灭失

D. 某批出口货物在装卸过程中，吊车将货物包装钩破，造成货物损失

10. 某货轮在航行途中，甲舱起火，船长误以为乙舱也同时起火。命令对两仓同时施救。甲舱共有两批货物，A 批货物全部焚毁，B 批货物全部遭水浸。乙舱货物也全部遭水浸。在上述损失中（　　）。

A. 甲舱 B 批货物与乙舱货物都属单独海损

B. 甲舱 B 批货物与乙舱货物都属共同海损

C. 甲舱 B 批货物属共同海损，乙舱货物属单独海损

D. 甲舱 B 批货物属单独海损，乙舱货物属共同海损

11. 邮包险和邮包一切险的保险责任起点是（　　）。

A. 被保险邮包离开保险单所载起运地点寄件人的处所运往邮局时开始

B. 被保险邮包离开保险单所载起运地点寄件人处所所在邮局开始

C. 保险单签订时开始

D. 以上都不是

12. 陆上、航空、邮递货物保险的除外责任与海上货物运输险的除外责任（　　）。

A. 完全一致 　　　　　　　　B. 基本相同

C. 基本不一致 　　　　　　　D. 毫无相似之处

13. 航空运输一切险的承保责任范围＿＿＿＿＿＿＿包括由于被偷窃、缺少等一般外来原因造成的全部或部分损失。（　　）。

A. 不 　　　　　　　　　　　B. 部分

C. 有时 　　　　　　　　　　D. 以上答案都不对

二、判断分析

1. 保险最早源于古罗马。　　　　　　　　　　　　　　　　　　　　　　（　　）

2. 代位追偿与委付实质上是相同的保险原则，只是起源国家不同。　　　（　　）

3. 投保单和保单均是银行结汇的重要单据，代表保险合同的正式文本。　（　　）

4. 保险具有互助共济性，实质上也是一种赌博形式。　　　　　　　　　（　　）

5. 陆运险的承保责任范围与海洋运输货物保险条款中的水渍险相似，但运输工具仅以火车及汽车为限。　　　　　　　　　　　　　　　　　　　　　　　　　　（　　）

6. 单独海损是由承保风险所直接造成的被保险货物的部分损失。　　　　（　　）

7. 共同海损是部分海损中的一种。　　　　　　　　　　　　　　　　　（　　）

8. 保险公司对战争险与基本险的责任起讫相同，都采用仓至仓条款　　（　　）

9. 出口的茶叶在装运途中，最大的问题是怕串味。因此，投保货运险时，除投保一切险之外，还应加保串味险。　　　　　　　　　　　　　　　　　　　　　　（　　）

10. 偷窃提货不着险和交货不到险均在一切险范围内，所以，只要投保一切险，收货人若提不到货，保险公司应负责赔偿。　　　　　　　　　　　　　　　　　　（　　）

11. 我某外贸公司以 FOB 条件进口大宗货物一批,我方在货物装运前已向国内某保险公司按 CIC 条款投保了海洋运输货物一切险。因此,保险国内公司的责任应从货物离开卖方仓库开始至运抵买方仓库为止。　　　　　　　　　　　　　(　　)

三、简答论述题

1. 实践中有一种倾向,言及最大诚信原则,仅及于投保人和被保险人,而对保险人约束甚少,这种认识你赞同吗? 体现在哪些方面?

2. 一些珍贵的物品、无法鉴定价值的财产(如货币、文件、字画、古董等)或处于紧急危险状态下的财产,是否属于可保财产? 为什么?

3. 简述陆运货物保险基本险与海运货物保险基本险的区别。

4. 简述单独海损与共同海损区别是什么。

5. 试述海上运输货物保险的平安险、水渍险及一切险在承保范围上的差别。

四、案例分析题

1. 中国某公司从国外进口一批木料,进口时并没有检验其成分含量,经报关放行放置仓库约一年多,要使用时发现略有潮湿,因而怀疑当初进口的货物不符合合同规定,经分析确实怀疑正确。

问: 如果投保是否可向保险公司索赔? 为什么?

2. 我某公司以 CFR 条件出口一批大豆,我方凭证装船后,及时以电报向对方发出装船通知,并提请保险。但货轮驶出港口后不久即触礁,货物全部沉没。我方及船公司代理知情后立即电告对方。买方收到装船电报后随即收到我方货物沉没的电报。买方于是立即向保险公司投保,手续办妥后持电报向保险公司索赔。

问: 在此情况下,保险公司对该批货物是否负责赔偿? 为什么?

3. 1997 年 6 月 20 日,中保财产保险公司山东日照市某区支公司与某开发公司签订了一份渔船保险保险单,因投保人暂无款支付保费,便向保险公司打了一张保费欠条。同年 7 月 2 日,被保险渔船发生保险合同约定的保险事故损失。投保人向保险公司索赔时遭到拒绝。

问: 是否应予赔偿? 为什么?

4. 中国某进出口公司与伊拉克签订了一项石油进口合同,价格条件 FOB 价,后因美伊战争爆发,我方接货货轮驶抵伊拉克,到战争结束后,我方才能派船接货。而外商以我方未能按期接货为由,要求我方赔偿其仓储费。运出货物后,由于战争原因,货物被扣留。

问: 我方应如何处理?

5. 2005 年德福有限责任公司从青岛向香港出口罐头一批共 500 箱,按照 CIF HONGKONG 向保险公司投保一切险。但是因为海运提单上只写明进口商的名称,没有详细注明地址，货物抵达香港后，船公司无法通知进口商来货场提货，又未与德福有限责任公司的货运代理联系，自行决定将该批货物运回起运港青岛港。

在运回途中因为轮船渗水，有229箱罐头受到海水浸泡。货物运回青岛港后，德福有限责任公司没有将货物卸下，只是在海运提单上补写进口商详细地址后，又运回香港。进口商提货后发现罐头已经生锈，所以只提取了未生锈的271箱罐头，其余的罐头又运回青岛港。德福有限责任公司发现货物有锈蚀后，凭保险单向保险公司提起索赔，要求赔偿229箱货物的锈损。保险公司经过调查，拒绝赔偿。

问：保险公司是否可以拒绝赔偿？理由是什么？

6. 我国梦想副食品有限责任公司与韩国生日食品有限责任公司于2005年2月6日签订购买500吨泡菜的合同，空运。装机期限为2005年2月20日至2月24日。由于韩国生日食品有限责任公司租来运货的"天使"货车在开往该国港口途中遇到飓风，承运人中途停车。停车期间，遭到盗贼光顾，将个别泡菜包装袋割破，裸露在外（承运人不知）。结果装货至2005年3月3日才完成。梦想有限责任公司为这批货物投保了航空运输一切险。2005年3月4日飞机途中引擎出现问题，机内油料不足，加上遇到天气骤变，与地面失去联络。由于狂风暴雨，飞机又缺燃料，机长下令丢弃个别重量重的物品后又丢弃三分之一泡菜。后来飞机坠机，造成部分泡菜包装破毁，给梦想有限责任公司造成很大损失。

问：案中有什么损失，应由谁承担？为什么？

7. 我国万利嘉企业有限责任公司，出口比利时一批衬衣，550箱，CIF条件。货物在中国保险公司投保了水渍险。2004年7月18日安得卫普港卸货，发现丢失86箱。2006年9月25日请求保险公司赔偿。保险公司拒绝赔偿。

问：保险公司拒绝赔偿是否有理？为什么？

8. 1997年中国江苏睿智粮油进出口有限责任公司A与韩国某公司B签订一份大豆买卖合同。合同具体规定了水份、杂质等条件，以中国商检局证明为最后依据，单价为每吨300美元，FOB天津港，麻袋装，每袋净重100公斤，共计1000公吨，买方须于1997年8月派船只接运货物。B公司未按期派船前来装运，一直延误了数月才派船来华接货。大豆装船交货，运抵目的地后，B公司发现大豆生虫，且存在短装，短量400公吨。于是委托当地检验机构检验，并签发了虫害证明。A公司接到对方索赔请求，一方面拒绝赔偿，一方面要求对方支付延误时期A方支付的仓储保管费及其他费用。另外，中国商检局的检验货样，至发生争议后仍然完好，未发生虫害。据查，可能是船只运输过程中豆粒分散不均，豆包装放置位置不同通风效果不一样，越往舱底豆粒中透出的发霉味越重，且虫害越重。后经船员证实，船只行进中未遇恶劣天气。

问：(1) B公司如何可以减轻自身损失？减轻哪部分损失？为什么？

(2) A公司要求B公司支付延误时期的大豆仓储保管费及其他费用能否成立？为什么？

第九章　国际商贸纠纷解决途径

在国际商贸活动中，不可避免的会在当事人之间产生纠纷和摩擦，除了可以通过双方当事人自行协商、请第三人居中调解外，最有效的解决途径就是通过法律渠道，提请仲裁机构或有管辖权的法院依法解决，这样，才能更有效地维护当事人的合法权益。

💡 **课前案例思考**

1996年2月28日，河北某外贸进出口公司作为卖方（以下简称河北公司）与日本某株式会社（以下简称日本公司）签订了 96BHB×××号售货合同，该合同主要条款如下：出口商品为某化工产品，数量为5个20英尺的货柜，分5批交货，结算方式为银行信用证。

而事实上，日本公司仅履行了购买前两批货物的义务，对于其余三批货物拒绝按照合同规定开立信用证，并以货物质量有问题等种种无理借口拒绝购买余下三批货物。河北公司多次去函敦促日本公司履约，但该日本公司没有答复，1996年5月18日河北公司正式委托河北国际商会的法律顾问作为代理人向中国国际经济贸易仲裁委员会提请仲裁。1998年9月17日，中国国际经济贸易仲裁委员会做出裁决，裁定日本公司赔偿河北公司包括差价损失、预期利润、仓储费损失、利息损失、仲裁费等共计 63 627.20美元和126 652.78元人民币。同时由于代理人主张得当，连同全部律师费和赴京开庭差旅费也裁定由被申请人承担。

在获得胜诉裁决后，为了能使日商按照裁决书的裁定履行裁决，经河北公司同意，河北国际商会的法律顾问向日本公司发出了敦促函，并转委托日本的合作律师敦促日方履行裁决书。此举产生了明显的效果，外商于1998年底将 63 627.20美元直接汇给河北公司，并委托某中国公司将 126 652.78元人民币汇给河北公司，现在这两笔款项已经到账。

在国际商事交易中，产生商事纠纷是在所难免的事情，如何利用正确方法保护自身的权利，是我们在国际交往中面临的问题。正像上述的河北公司一样，通过合法手段才能挽回公司的损失。

第一节　国际商事仲裁

一、仲裁的概念与特点

（一）仲裁的概念

仲裁是指合同双方当事人在争议发生之前或在争议发生之后达成书面协议，自愿将争议提交给双方同意的第三方裁决的一种争议解决方式。它强调的是仲裁的合意性、第三方（仲裁员）的必备性和仲裁裁决的强制性。仲裁方依据相关法律，按照公平的原则进行独立的仲裁审理并做出裁决，裁决对各方具有法律约束力及终局性。

（二）仲裁的特点

仲裁的主要特点如下。

1. 自愿

仲裁必须经双方当事人协商同意，未经当事人同意，任何人不能将争议提交仲裁。同时当事人的意志贯穿整个仲裁过程，从仲裁机构的选择，仲裁庭的组成，仲裁地点及仲裁程序都在当事人自愿的基础上协商进行。

2. 保密

仲裁审理大多秘密进行，仲裁裁决没有经过当事人同意一般也不能够公开。除了当事人、代理人、证人和鉴定人以外，任何无关人员不能参加仲裁庭的开庭审理；参加仲裁庭审理的当事人以及任何人有关人员也不能向外界透露关于案件的任何问题。

3. 迅速

由于仲裁采取的是一裁终裁，当事人不能上诉；而司法诉讼程序相对复杂，允许当事人上诉，所以花费的时间较长，费用也较高，因此仲裁是一种比司法诉讼更为迅速的争议解决方式。

（三）仲裁与其他商事纠纷解决途径的区别

世界各国对于国际商事争议，除了双方协商解决外，一般都采取调解、仲裁和诉讼三种方式处理。

协商是各方当事人在自愿的基础上，根据平等互利及合法的原则，就争议事项直接进行磋商谈判，达成一致意见从而解决争议的方式。协商不需要第三方介入，完全是当事人的自治行为，可以省去仲裁或诉讼的麻烦和费用，而且气氛比较友好，有利于维护双方的往来关系。

调解一般是在双方当事人发生争议后，由第三人（即调解人）就争议进行协调，促使双方达成和解协议的一种争议解决方式。调解可以由第三人主持进行，也可以在法院或仲裁机构的主持下进行。调解以双方当事人的自愿为基础，如果一方当事人不愿接受，就不能进行调解。调解所达成的协议，并不必然具有约束力，一般在调解达成协议后，当事人还可以反悔。

仲裁是介于调解与诉讼之间的一种比较灵活简便的解决争议的方法。双方当事人在争议发生后，如果事先在合同中订有仲裁条款或者事后达成书面仲裁协议的，争议事项应该提交有关仲裁机构仲裁解决。

对于双方当事人的争议，如果事先调解不成，或调解达成调解协议，但当事人事后反悔，拒绝执行，又或者当事人不愿调解，而双方当事人又没有订立仲裁协议的，可以通过诉讼方式解决。一方当事人可以向有管辖权的法院提起诉讼，法院经审理之后做出的判决对双方具有约束力，如果一方当事人不自觉执行，另一方当事人可以请求法院强制执行。

调解、仲裁和诉讼既有联系又有区别。调解不成的，双方当事人可以根据仲裁协议提交仲裁，没有订立仲裁协议的，则可以通过诉讼解决。在仲裁或诉讼期间，还可以进行调解，三者相辅相成。

就调解和仲裁而言，调解是在双方自愿的基础上达成解决争议的协议，协议由双方自愿执行。因此它最大的特点是自愿。而仲裁是在双方自愿的基础上，把争议交给双方选定或同意的仲裁机构进行审理，并做出裁决。仲裁裁决对双方都有约束力，如果一方没有自动执行仲裁裁决，另一方可以向法院或其他执行机构提出申请，要求强制执行。因此仲裁除了自愿外，还具有强制执行的特点。

就仲裁与诉讼来说，仲裁是协议管辖，仲裁机构对案件的管辖权来自于双方当事人自愿订立的仲裁协议。而诉讼一般是法定管辖，法院的管辖权由法律明确规定，当事人不能任意选择。对案件进行仲裁的机构是仲裁机构，仲裁机构一般是民间组织。对案件进行审理的是法院，法院是国家的审判机关。诉讼解决争议时，审判地点和人员、审判规则都是依照法律的规定，当事人没有选择余地，而仲裁具有较大的灵活性，当事人有权选择仲裁机构，指定仲裁人员，选定仲裁地点。诉讼程序严格而复杂，审判时间长，费用相对较高，而仲裁则手续简便，灵活性大，费用较低。诉讼审理一般是公开的，而仲裁审理一般不公开，更有利于保护当事人的商业秘密，维护其商业信誉。

近来在西方国家，尤其是美国，产生了一种新的解决争议方式，这就是选择性争议解决方式（alternative dispute resolution, 即 ADR）。主要包括协商、调解等解决方式。这种解决争议的方法对于我国来说十分常见，在我国，自古解决争议的方式就是强调先友好协商、调解，在协商、调解没有效果的情况下才提交仲裁或诉讼，并且在仲裁或诉讼中也可以进行调解。这种纠纷解决方式充分体现了中华民族以和为贵，和气生财的思想。

二、国际商事仲裁概述

（一）国际商事仲裁的概念与法律特征

1. 国际商事仲裁的概念

国际商事仲裁，是指在国际经济贸易活动中，当事人双方事先或事后达成仲裁协议，将有关的争议提交给某临时仲裁庭或常设仲裁机构进行审理，并做出具有约束力的仲裁裁决的制度。

根据联合国国际贸易法委员会《国际商事仲裁示范法》的规定，有下列情况之一的被认为是国际仲裁：仲裁协议的当事各方在缔结协议时，他们的营业地点位于不同的国家；或下列地点之一位于当事各方营业地点所在国以外。

（1）仲裁协议中确定的或根据仲裁协议而确定的仲裁地点。

（2）履行商事关系的大部分义务的任何地点或与争议标的关系最密切的地点。

（3）当事各方明确地同意，仲裁协议的标的与一个以上的国家有关。

在我国，由于香港、澳门、台湾的特殊性，当事人住所、争议的标的物或法律事实发生在以上三地的，也被认为是"国际"仲裁。

2.　国际商事仲裁的特征

（1）国际商事仲裁是一种自愿解决争议的方法。当事人之间订立仲裁协议，约定通过仲裁方式解决他们之间已经发生或将来可能发生的争议，这是通过仲裁解决争议的前提。

（2）仲裁解决争议具有较大的灵活性。当事人可就由谁来仲裁、仲裁适用的规则、仲裁地点、仲裁所使用的语言、仲裁费用的承担等做出约定。除非当事人双方另有约定，仲裁一般不采用公开审理的方法，这样，当事人的商业信誉和商业秘密就可能得到较好的保护。

（3）仲裁裁决具有准司法性。国际商事仲裁虽然是以当事人的自愿为基础的，但一旦达成仲裁协议，就对当事人产生法律的约束力，当事人必须将争议提交仲裁；仲裁员作为裁判者，有权不经过当事人同意就做出对双方当事人有约束力的裁决；裁决做出后，一方当事人不履行裁决的，另一方当事人可以向法院申请强制执行。

（4）仲裁是一裁终局。它不像法院诉讼那样采取两审终审制，因而有利于迅速解决争议，为当事人节省时间和费用。

正是由于仲裁所具备的上述特点，使它成为解决国际合同争议的主要方法。绝大多数国际合同中有通过仲裁解决争议的条款——仲裁协议。许多国际之间订立的双边或多边国际公约或协定，一般也含有通过仲裁解决争议的条款。

（二）国际商事仲裁的种类

国际商事仲裁的种类很多，按照不同的标准，可做出不同的分类。但一般而言，主要有以下三种分类方法。

1.　按照国际商事仲裁协议主体的法律地位不同，可分为不同国家的国民之间和国家与他国国民之间的商事仲裁

（1）不同国家的国民之间的商事仲裁。这里的国民，不仅包括自然人、法人，也包括其他法律实体。其特点是尽管当事人双方属于不同的国家，但他们在国际商事交易中所处的法律地位是平等的，因此具有对等的权利与义务。我们平常所说的国际商事仲裁，绝大多数属于此类。

（2）国家与他国国民之间的商事仲裁。此类仲裁的特点是一方当事人为主权国家或政府行政主管部门，另一方为其他国家的国民。他们之间的争议是由于国家的管理行为而引起的。按照一些国家的法律，此类争议不能通过仲裁方式解决，只能向法院起诉。但基于国家法律、双边或多边国际公约，这些争议也可以通过仲裁解决。如由世界银行主持制定《解决国家与他国国民间投资争议公约》，设立解决国际投资争议中心，通过调解与仲裁的方式，为解决国家与他国国民之间的投资争议提供便利。在一些双边投资保护协议中，也有通过仲裁方式解决东道国与对方国家的投资者之间的争议的规定。

2. 在不同国家的国民之间的商事争议中，按照参与仲裁程序的利害关系人人数的不同，可以分为争议双方当事人之间的仲裁、争议多方当事人之间的仲裁

（1）争议双方当事人之间的仲裁。仲裁庭的管辖权来源于双方当事人之间的协议。订立仲裁协议的双方当事人在发生协议约定的争议后，将其提交约定的仲裁机构解决。而仲裁机构所解决的争议，也仅限于双方当事人之间的争议，对第三人没有管辖权。

（2）争议多方当事人之间的仲裁。在国际商事合同中，如果争议涉及两个以上的公司或个人就可能会出现多方当事人加入同一仲裁程序的情况。据有关资料披露，国际商会国际仲裁院 1994 年受理的仲裁案件中，五分之一是涉及多方当事人的仲裁。

3. 根据审理国际商事争议的仲裁机构是否固定，可以分为临时仲裁机构的仲裁、常设仲裁机构的仲裁

（1）临时仲裁机构的仲裁。临时仲裁是指根据双方当事人的仲裁协议，在争议发生后由双方当事人推荐的仲裁员临时组成仲裁庭，负责审理当事人之间的有关争议，并在审理终结做出裁决后即解散仲裁庭。临时仲裁具有极大的灵活性，而且费用低廉，速度较快，在临时仲裁中，仲裁程序的每一个环节都由当事人双方共同控制。当事人双方不但可以决定仲裁庭的人数和仲裁员的产生办法及其权限，也可以决定仲裁地点和仲裁程序的进行。

（2）常设仲裁机构的仲裁。常设仲裁机构是指依据国际公约或一国国内法成立的，有固定的名称、地址、组织形式、组织章程、仲裁规则和仲裁员名单，并具有完整的办理机构和健全的行政管理制度，用来处理国际商事争议的仲裁机构。在国际商事仲裁实践上，一些重大的仲裁案件，大多由这类仲裁机构仲裁解决。即使在临时仲裁的情况下，当事人也可以请求常设仲裁机构提供某些管理方面的服务，比如代为指定仲裁员等。这类仲裁机构一般都比较规范，有专门的秘书处实施管理方面的工作（包括确认收到并转交仲裁申请书和答辩状，按规定收取仲裁费，协助组成仲裁庭，安排开庭等事项，提供纪录、翻译等）。

（三）国际商事仲裁的法律规则

1. 国际公约

在世界范围内，最有影响的国际公约是于 1958 年在纽约召开的联合国国际商事仲裁会议上通过的《承认和执行外国仲裁裁决公约》，简称《纽约公约》。该公约共 16 条。它主要规定：①各缔约国应当承认当事各方所签订或在互换函电中所载明的合同中的仲裁条款或仲裁协议的效力；②除公约规定的拒绝承认与执行外国仲裁裁决的情况外，各缔约国应当承认与执行该项在外国做出的仲裁裁决；③规定了各国可以拒绝承认与执行外国仲裁裁决的各项条件。我国在 1987 年加入了该公约。

此外，还有一些有影响的公约，如由世界银行主持制定的《解决国家与他国国民之

间投资争议的公约》、地区性的《欧洲国际商事仲裁公约》，以及《美洲国家商事仲裁公约》等。

2. 国内仲裁立法

各国有关仲裁的立法都可以调整国际商事仲裁，有些国家在其民事诉讼法中含有关于仲裁的规定，比如德国民事诉讼法、日本民事诉讼法、法国民事诉讼法等；另有些国家则制订了专门的仲裁法，如美国 1926 年联邦仲裁法、英国 1996 年仲裁法。这些仲裁法，既可以调整国内仲裁，也可以调整国际仲裁。还有一些国家专门制订了调整国际仲裁的法律或法规，如埃及在 1988 年制订的《埃及国际商事仲裁法案》。有的国家则根据联合国国际贸易法委员会主持制订的 1985 年《国际商事仲裁示范法》制订本国的国际商事仲裁法，如俄罗斯国际商事仲裁法、保加利亚国际商事仲裁法。

我国调整国际商事仲裁的国内立法主要有两部。一是 1994 年颁布的《中华人民共和国仲裁法》，其第 7 章 "涉外仲裁" 规定了我国涉外仲裁机构的组成、仲裁员的聘任、保全措施、涉外仲裁的撤销、承认与执行等问题；二是 1991 年颁布的《中华人民共和国民事诉讼法》，其第 28 章规定了国际经济贸易、运输和海事争议的仲裁问题。

3. 国际商事仲裁案件应当适用的仲裁规则

国际商事交易当事人可以在仲裁协议中约定所适用的仲裁规则。一般的国际商事仲裁常设机构都有自己的仲裁规则。当事人在将争议提交某一仲裁机构时，就意味着适用该机构的仲裁规则。临时仲裁机构则广泛应用 1976 年的《联合国国际贸易法委员会仲裁规则》。

（四）国际商事仲裁常设机构

国际商事仲裁常设机构是依据国际公约或一国的国内法设立的，有固定的名称、地址、组织形式、组织章程、仲裁规则和仲裁员名单，并具有完整的办事机构和健全的行政管理制度，旨在通过仲裁方式解决国际商事争议的专门机构。这些常设仲裁机构如下。

1. 国际商会仲裁院

尽管现在世界上以国际命名的常设仲裁机构很多，但除了少数例外，其他的常设国际商事仲裁机构都是隶属于国家，就其性质而言，实际上是一国的涉外仲裁机构。到目前为止，独立于任何国家的民间性常设国际仲裁机构只有国际商会仲裁院。在国际商事仲裁领域，国际商会仲裁院（arbitration court of international chamber of commerce，ICC）是最具影响的仲裁机构。它设立于 1923 年，是附属于国际商会的一个全球性国际常设仲裁机构，总部设在巴黎。在解决国际商事争议方面，国际商会规则下的仲裁一直受到商业界人士的青睐，到 2000 年为止，共 11，500 多件案子提交仲裁院。由于国际商会仲裁院至今还和台湾发生联系，所以我国没有和它建立正常的关系。

2. 斯德哥尔摩商会仲裁院

瑞士斯德哥尔摩商会仲裁院（Stockholm chamber of commerce，SCC）成立于 1917 年，是斯德哥尔摩商会属下的一个专门处理商事争议的独立机构。SCC 设立的目的在于解决工业、贸易和运输领域的争议。由于瑞士在政治上处于中立地位，加上该仲裁院历史悠久，有一套完整的仲裁法规，具有丰富的仲裁经验，还愿意根据《联合国国际贸易法委员会仲裁规则》来审理裁决有关当事人提交给它的任何商事争议，因此在保证仲裁程序迅速及时地进行与仲裁的独立性和公正性方面，该仲裁院在国际社会享有很高的声誉，目前已经发展成为东西方国家商事仲裁的中心。

3. 美国仲裁协会仲裁院

美国仲裁协会（American arbitration association，AAA）是美国仲裁社团和工商团体设立的一个常设仲裁机构，成立于 1926 年，总部设在纽约。它是一个非政府的、非盈利的、独立的组织，由从全国各行业和各种社会集团中选任的董事会管理。它有 400 多名专职管理人员，备有一份 6 万多名能处理各种案件的仲裁员名单。该仲裁机构既受理美国国内的商事争议，也受理国际商事争议。

美国仲裁协会的受案范围广泛，从国际经贸纠纷到劳动争议、消费者争议、证券纠纷，无所不包。从案件数量上讲，美国仲裁协会的受案量世界第一，但其中劳动争议等美国国内案件占绝大部分。

4. 解决投资争端国际中心

解决投资争端国际中心（international center for settlement of investment disputes，ICSID）是在世界银行赞助下，作为《解决国家与他国国民之间投资争议公约》的常设实施机构，于 1965 年在美国华盛顿设立。订立公约和成立中心的目的是：专门为解决一国与其他缔约国国民之间的投资争议，提供调解与仲裁的便利，排除投资者本国政府的介入，使投资争议的解决非政治化。中国于 1992 年 7 月正式批准加入该公约。

5. 中国国际经济贸易仲裁委员会

中国国际经济贸易仲裁委员会（China international economic and trade arbitration commission，CIETAC）是中国国际贸易促进委员会下设的一个民间性常设仲裁机构，于 1954 年设立，总部在北京。从 1994 年起，中国国际经济贸易仲裁委员会的受案数量达到世界第一位，已经跻身于国际上最重要的常设仲裁机构的行列。案件当事人涉及除中国以外的 45 个国家和地区，仲裁裁决的公正性得到了国内外的一致认可。近年来，中国国际经济贸易仲裁委员会受理案件的争议金额也有大幅增长：2001 年受理 731 件，案件争议金额达到 105.5 亿元，有史以来首次突破百亿元。

该仲裁机构的特点如下。

（1）受案范围广泛，受理国际或涉外的契约性和非契约性的经济贸易纠纷。

（2）有适合国际通行做法的自己的仲裁规则，但也可以优先适用当事人选择的其他仲裁规则。

（3）提供广泛的国际商事争议仲裁员名单。中国国际经济贸易仲裁委员会名册上的290 名仲裁员，来自外国和港澳地区的仲裁员为 87 人，占总人数的 30%，他们来自美国、埃及、意大利、荷兰、新加坡、德国、加拿大、瑞士、法国等 22 个国家和地区，都是在国际经济贸易、科学技术和法律等方面具有专门知识和实践经验的知名人士。

除上述常设仲裁机构之外，日本国际商事仲裁协会、瑞士苏黎士商会仲裁院等也是世界较为著名的国际商事常设仲裁机构。

三、国际商事仲裁协议

（一）国际商事仲裁协议的概念和法律特征

1. 国际商事仲裁协议的概念

国际商事仲裁协议是指在国际商事活动中，双方当事人同意将他们之间已经发生的或将来可能发生的争议提交仲裁解决的一种书面协议。仲裁协议是仲裁的基石，它既是一方当事人将争议提交仲裁的依据，也是仲裁机构受理案件的依据。

国际商事仲裁协议有两种形式：一种是合同中的仲裁条款（arbitration clause）；另一种是专门的仲裁协议书（submission to arbitration agreement）。《纽约公约》第 2 条和联合国国际贸易法委员会《国际商事仲裁示范法》第 7 条第 2 款均规定，仲裁协议必须采用书面形式。

2. 国际商事仲裁协议的法律特征

国际商事仲裁协议具有以下法律特征：

（1）它是特定的法律关系的当事人将他们之间的争议提交仲裁解决的意思表示。这种特定的法律关系，既包括由于国际货物买卖、运输、保险、支付、投资、技术转让等方面的契约性法律关系，也包括由于海上船舶碰撞、产品责任、医疗和交通事故等侵权行为等非契约性的法律关系。

（2）仲裁协议是使某一特定的仲裁机构取得对案件管辖权的依据，同时也是排除法院对该特定案件实施管辖的理由。因为按照《纽约公约》第 2 条第 3 款的规定："当事人就诉讼事项订有本条所称之仲裁协议者，缔约国法院受理诉讼时应依当事人一方之请求，令当事人提交仲裁，但仲裁协议经法院认定无效、失效或者不能施行者，不在此限。"

（3）协议的有效性是仲裁裁决得以承认与执行的基本前提。如果某项仲裁裁决被有执行权的法院认为是根据无效的仲裁协议做出的，被请求执行该裁决的法院会拒绝承认与执行此项裁决。

（4）仲裁条款具有独立性。仲裁条款是合同的一个条款时，如果合同被确认为无效，不影响该合同中的仲裁条款的法律效力。"仲裁条款可独立于它所依据的合同而独立存

在"这一原则，最早在英国确立，以后许多国家通过法律的形式将这一原则固定下来，最终成为国际商事仲裁的公认原则。我国《仲裁法》第 19 条规定："仲裁协议独立存在，合同的变更、解除、终止或者无效，不影响仲裁协议的效力。"我国《合同法》的第 57 条也明确规定："合同无效、被撤销或者终止的，不影响合同中独立存在的有关解决争议方法的条款的效力。"

案例分析 9-1

日本某公司与中国某公司关于买卖上海蟹签订了一份合同，规定由日本公司向中国某公司购买上海蟹。合同中明确规定："争议由中国国际经济贸易仲裁委员会仲裁"。后来双方发生争议，日本公司向中国国际经济贸易仲裁委员会申请仲裁。在指定仲裁员和提交答辩之后，被诉人中国某公司对仲裁委员会的管辖权提出了抗辩。其抗辩理由是：本案合同规定"乙方（申诉人日本某公司）用电传或传真确认合同生效"，而日本公司至今没有办理确认手续，因此本案合同（包括仲裁条款）尚未生效，因而中国国际经济贸易仲裁委员会对此案无管辖权，该案不能仲裁。

[问题思考]

我国仲裁机构是否有权仲裁？

[分析提示]

本案合同中的仲裁条款完全有效，根据我国《仲裁法》第 19 条规定："仲裁协议独立存在，合同的变更、解除、终止或者无效，不影响仲裁协议的效力。"仲裁委员会有权按照双方所签订的仲裁条款对该合同双方所发生的争议进行仲裁。

（二）国际商事仲裁协议的内容

无论仲裁协议表现为合同中的仲裁条款，还是当事人之间就已经发生的争议订立单独的仲裁协议书，都必须包括以下内容。

1. 将争议提交仲裁解决的意思表示

即双方当事人同意将争议通过仲裁的方式、而不是通过司法诉讼的方法解决的约定，这是仲裁协议最为重要的内容。

2. 提交仲裁的事项

即将什么样的争议提交仲裁解决，这是对仲裁庭的管辖权做出界定的依据。如果仲裁裁决的事项超出了该项协议的范围，那么超出协议规定范围的事项所做的裁决就不能得到法院的承认与执行。

3. 仲裁庭的组成或仲裁机构

即准备由哪一个仲裁机构及由哪些仲裁员构成的仲裁庭解决争议，这里负责解决争议的仲裁庭，可以是临时仲裁庭，也可以是常设仲裁机构下的仲裁庭。

此外，当事人还可以就其他与仲裁有关的事项做出约定，如仲裁地点、仲裁应当适用的规则等。

4. 仲裁裁决的效力

仲裁裁决的效力是指仲裁裁决一经做出，对当事人有无约束力，法院是否有权经当事人的起诉而重新审理的问题。从仲裁的一般特点来说，仲裁优于诉讼的一个特点就是仲裁的裁决是终局的。一旦做出，即具有法律约束力，当事人不能上诉，也不能向法院起诉，正是基于这一点，仲裁才被当事人广泛采纳成为商事争议的解决方式，它有利于争议迅速、及时的解决，避免因滥诉而耗费精力、时间和金钱。

根据我国《仲裁法》规定，涉外仲裁的裁决都是终局的，具有法律约束力，当事人不得上诉，不得向法院起诉，也不得向其他机构提出变更裁决的请求，只能自觉履行裁决义务。除非发生法定情况，即程序不合法，或裁决违背公共利益，法院才有权否定涉外仲裁裁决的效力。

综上所述，当事人在签订仲裁协议时必须明确请求仲裁的意思表示、仲裁事项、选定的仲裁委员会这三项必备内容。

四、国际商事仲裁庭及其管辖权限

（一）仲裁庭的组成

根据组成仲裁庭的仲裁员人数的不同，可以分为由一位仲裁员组成的独任仲裁庭、由两位以上仲裁员组成的仲裁庭。其中常见的仲裁庭是独任仲裁庭和由三位仲裁员组成的仲裁庭。

《中国国际经济贸易仲裁委员会仲裁规则》对合议庭仲裁员和独任仲裁员的指定分别做了明确规定：对于合议庭仲裁员，当事人双方各指定一名仲裁员，首席仲裁员由双方当事人共同选定或者委托仲裁委员会主任指定；对于独任仲裁员，则由双方当事人共同选定或者委托仲裁委员会主任指定。

我国《仲裁法》对仲裁员的资格做了比较严格的限制。按照该法第 13 条的规定：仲裁委员会应当从公道正派的人员中聘任仲裁员。仲裁员应当符合下列条件之一：

（1）从事仲裁工作满 8 年。

（2）从事律师工作满 8 年。

（3）曾任审判员满 8 年。

（4）从事法律研究、教学工作并具有高级职称的。

（5）具有法律知识，从事经济贸易等专业工作并具有高级职称或者具有同等专业水平的。

（二）仲裁庭的管辖权

仲裁庭的管辖权是指仲裁庭对何种争议有接受当事人申请、审理并做出裁决的权利。确定仲裁管辖的唯一依据是，当事人之间的具有法律效力的仲裁协议。当事人协议将他们之间已经发生的争议提交某一仲裁机构或仲裁庭，该仲裁机构或仲裁庭就获得了对该争议的管辖权。

仲裁庭的管辖权的另一个问题是，仲裁庭能否就仲裁协议是否存在、是否具有法律效力、自己是否对有争议的管辖权异议做出决定。按照各国的仲裁立法与实践，如果仲裁协议是采取欺诈手段订立的，或当事人不具备订立此项协议的行为能力，都会导致仲裁协议的无效。而根据无效的仲裁协议，仲裁庭是不能取得管辖权的。在另外一些情况下，一方当事人将争议提交仲裁，而另一方当事人将相同的争议提交法院，而对方当事人在仲裁程序或诉讼程序开始后均对仲裁庭或法院的管辖权提出异议，按照联合国国际贸易法委员会《国际商事仲裁示范法》规定的精神以及各国国际商事仲裁立法与实践，仲裁庭和法院均有权决定仲裁庭的管辖权。

案例分析 9-2

1997 年 9 月 8 日，某甲公司与别国某乙公司订立了一份购销合同，甲公司为进口方，乙公司为出口方，合同标的是 200 吨晴纶纱，合同规定了货物的单价及总金额，只是没有规定仲裁条款。在合同履行中，买方甲公司没有按照合同规定给付货款，卖方乙公司几次催要，甲公司借口乙公司所交付的晴纶纱不合格而拖欠不给，乙公司无奈到仲裁机构去申请仲裁。仲裁机构受理案件后，通知甲公司，并要求甲公司进行答辩。甲公司如期进行了答辩，并且在答辩中没有提出仲裁机构对案件的管辖权问题。但是甲公司答辩后，觉得在该案中做了被告，面子上不好看，突然发现双方在合同中并没有规定仲裁条款，因此写了一份起诉书，递交了法院。法院受理该案后，通知乙公司答辩。乙公司拒绝答辩，并且向法院声明，因为仲裁机构已经受理该案，所以法院对此案无权审理。

[问题思考]

该争议是否可以通过仲裁解决？

[分析提示]

法院认为虽然甲乙两公司没有规定仲裁条款，但是，仲裁机构受理案件后，双方都没有提出异议，视为同意用仲裁解决争议。所以法院认为，仲裁机构已经取得了对本案的管辖权，法院对本案无权审理，遂将该案交由仲裁机构继续审理。

（三）仲裁庭的权利和义务

1. 仲裁庭的权利

仲裁庭的权利主要来源于三个方面：一是当事人之间订立的有效的仲裁协议；二是仲裁所适用的仲裁规则；三是仲裁应当适用的法律。据此，仲裁庭的权利主要包括以下内容：

（1）决定其管辖权限。仲裁庭的管辖权和它的管辖权限是有所区别的。如果仲裁庭对某一特定的案件没有管辖权，它就无权审理此案。但如果仲裁庭对该案享有管辖权，那么，紧接着要考虑的问题就是它对案件的管辖权限范围。例如，在合同履行中发生的侵权行为的损害赔偿争议，仲裁庭有权决定该项争议是否属于仲裁条款项下的争议。

（2）决定仲裁程序和证据事项。除非当事各方另有约定，仲裁庭有权就审理中的程序事项做出决定。例如，有权决定仲裁程序的阶段、使用的文字、申请与答辩采取的形式、文件提供的方式、采用的证据规则等。

（3）做出保全措施和令一方当事人提供费用担保的决定。仲裁庭有权做出对争议标的临时性保全措施的决定。联合国国际贸易法委员会的《国际商事仲裁示范法》，以及美国仲裁协会、国际商会国际仲裁院、伦敦国际仲裁院的仲裁规则，均有类似规定。但值得注意的是，我国《仲裁法》没有规定我国仲裁机构可以享有做出保全措施决定的权利。按照我国《仲裁法》的有关规定，当事人申请财产保全的，仲裁委员会应当将当事人的申请依照民事诉讼法的有关规定提交人民法院；当事人申请证据保全的，仲裁委员会应当将当事人的申请提交证据所在地的基层人民法院。

（4）决定仲裁应当适用的法律。即在当事人没有约定的情况下，仲裁庭有权决定仲裁应当适用的法律，包括仲裁协议应当适用的法律、仲裁程序应当适用的法律和解决争议的实体问题应当适用的法律。

（5）做出仲裁裁决的权力。仲裁庭有权对自己有管辖权并已经受理的争议做出裁决。仲裁裁决是立即生效的终局裁决。国际商事仲裁裁决一般应该注明裁决所依据的理由，除非当事人双方另有约定。裁决还应当以双方当事人在仲裁程序中提出的所有请求事项做出裁决。如有漏裁事项，当事人有权在收到裁决后，在法律或仲裁规则规定的期限内可以要求仲裁庭做出补充裁决。

2. 仲裁庭的义务

仲裁庭的义务主要包括以下内容。

（1）根据仲裁协议，确定仲裁审理的范围。根据仲裁协议确定仲裁审理的范围，是仲裁庭组成后的首要义务。一般来说，国际商事仲裁案件大多由常设仲裁机构审理，而这些常设仲裁机构一般均设有秘书处，负责机构的日常性的工作。秘书处对仲裁所提供的管理方面的服务，主要集中在仲裁庭组成之前。仲裁庭组成后，秘书处将该仲裁庭审理的案卷移交给仲裁庭，由仲裁庭直接与当事人取得联系。但在某些仲裁机构，秘书处

的工作还要负责沟通仲裁庭与当事人之间的联系,如中国国际经济贸易仲裁委员会和美国仲裁协会就是这样。

(2)独立、公正地审理当事人提交的仲裁案件。独立、公正地审理当事人提交的仲裁案件,及时地做出仲裁裁决,是仲裁庭最重要的责任和义务。该项义务具体体现在以下两个方面。第一,如果当事人在仲裁协议中约定了仲裁应当适用的仲裁规则和法律,仲裁庭应当严格地遵守当事人之间的约定。如果当事人未能就应当适用的仲裁程序规则做出约定,或者所适用的仲裁规则对特定的事项没有做出约定,仲裁庭可按其认为适当的方式进行仲裁。第二,仲裁庭要公平地对待每一方当事人,给各方当事人充分地表达各自观点的机会,而且这种机会应当贯穿于仲裁程序的始终。在开庭审理之前,任何一方当事人向仲裁庭提供的仲裁申请或答辩材料,都应向对方当事人提供。在开庭审理过程中,仲裁庭应当给双方当事人以充分的表达各自意见的机会。开庭审理后,当事各方还可以在仲裁庭规定的期限内就其争议的事项提供补充材料。对于仲裁庭指定的专家提出的报告,也允许当事人发表意见。

(3)在当事人约定或仲裁规则规定的期限内做出裁决。仲裁庭应当在当事人约定的或适用的仲裁规则规定的期限内依法做出仲裁裁决。中国国际经济贸易仲裁委员会1998年仲裁规则规定,普通仲裁程序,仲裁庭应当在其组成之日起9个月内做出裁决。简易仲裁程序,开庭审理的案件应当在开庭审理之日起30日内做出仲裁裁决;书面审理的案件应当在仲裁庭成立之日起90日内做出裁决。除非在仲裁庭的要求下,仲裁委员会秘书长认为确有必要和确有正当理由时,可延长此项期限。

五、国际商事仲裁的适用法律

(一)仲裁程序的适用法律

1. 仲裁程序适用法律的确定

仲裁程序适用法律是指仲裁程序进行中所涉及的一些具体问题,如仲裁庭的组成、案件的审理、保全措施、裁决的做出等所应当适用的法律。

国际商事仲裁程序适用法律的确定有以下因素需要考虑。

(1)在机构仲裁的情况下,当事人选择将争议提交特定的仲裁机构仲裁,就意味着适用该机构的仲裁规则。除非当事人在仲裁协议中约定适用某一规则时,该特定的规则才对同意适用该规则的当事人有拘束力。

(2)仲裁规则的适用不得违反或规避仲裁应当适用的法律所规定的当事人必须遵守的各项规定。联合国国际贸易法委员会的《国际商事仲裁示范法》第1条第2款规定:"仲裁应受本规则支配,但本规则的任何规定如与双方当事人必须遵守的适用于仲裁的法律规定相抵触时,应服从法律的规定。"这里所说的法律,通常情况下为仲裁所在国的仲裁法。

（3）当事人可以约定在一国进行的仲裁，适用另一国的仲裁法。

综上所述，仲裁规则适用的特点是：①它是选择性的，只有当事人选择适用了某一特定的规则，该规则才能对选择的当事人有拘束力；②当事人所选择适用的仲裁规则不得与应当适用的仲裁法的规则相抵触。

2. 仲裁程序法的适用范围

仲裁程序法是规范如何进行仲裁的法律规范的总称。通常情况下，仲裁程序规范如下问题：

（1）仲裁员的指定方法。如果双方当事人不能就独任仲裁员、首席仲裁员的指定达成一致，或者一方当事人未能在仲裁规则规定的期限内指定仲裁员，法院可根据当事人的请求，对仲裁员做出指定。

（2）仲裁庭的权利和义务，包括仲裁员或仲裁庭违反其所承担的义务时的补救办法。

（3）对仲裁裁决的异议及其处理办法。各国仲裁法一般均对此做出规定，包括对仲裁裁决的撤销、承认与执行的条件。

（二）解决争议实体问题的适用法律

解决争议实体问题的适用法律，是指用什么样的标准判断当事人之间争议的是非曲直。国际商事交易涉及不同国家的法律，不同国家可能就相同的事项做出不同的规定。中国国际经济贸易仲裁委员会解决当事人之间的争议的准则是：根据事实，依照法律和合同规定，参考国际惯例，遵循公平合理原则，独立公正地做出裁决。可见，在审理国家商事仲裁案件的过程中，在查明事实的基础上，适用什么样的法律和规则，确定当事人各方的权利与义务，是做出公正合理裁决的至关重要的环节。

1. 争议所依据的合同是判定当事人权利义务的基本文件

鉴于国际商事仲裁所涉及的争议的绝大多数来自于国际商事合同，因此，合同就成为决定当事人之间权利与义务的基本法律文件。仲裁庭首先应适用的是合同中的规定，只有在合同对双方争议的事项没有做出明确规定并在合同中找不到解决问题的依据时，仲裁庭才考虑从该合同应当适用的法律（合同准据法）中寻求解决问题的答案。此外，如果当事人双方就合同的解释和履行等问题发生争议，应当从该合同应当适用的准据法中寻找答案。

2. 合同准据法及其确定

合同准据法是决定合同当事人权利与义务所依据的法律。通常情况下，合同准据法不仅适用于合同的解释和履行，而且还适用于违反合同的后果，包括依法律的规定确定损害赔偿的金额、债务消灭的各种方法、诉讼时效和无效合同的后果等。按照各有关国家的国际私法和有关的国际公约的规定，一般除了合同履行方式适用履行地法外，所有

产生于国际商事合同项下的直接或间接事项，都应该适用合同准据法。

3. 当事人在合同中共同选择的法律

如果争议双方在合同中共同选择了应适用的法律，仲裁庭应当适用当事人选择的法律做为准据法。尊重并适用当事人选择的法律，已成为国际公约和各有关国家的国内法所公认的处理各国法律冲突的基本原则。例如，1961年《欧洲国际商事仲裁公约》第7条第1款专门就此做了明确规定："当事人可以通过协议自行决定仲裁庭就争议所适用的法律。"

4. 由仲裁庭决定准据法的适用

有时国际商事争议当事人在合同中并未就合同的适用法律做出约定，而只就争议解决的仲裁机构或应当适用的仲裁规则做出约定。在这种情况下，只能由仲裁庭决定应当适用的准据法。联合国国际贸易法委员会《国际商事仲裁示范法》第33条第1款规定："仲裁庭应适用当事双方预先指定的适用于解决争议实体问题的法律。当事人未有此项指定时，仲裁庭应当适用法律冲突法所决定的可以适用的法律。"仲裁庭在决定解决争议应当适用的法律时，有以下两种情况。

（1）仲裁庭通过应当适用的法律冲突规则决定应当适用的准据法。这是传统的确定准据法的方法。第一，由仲裁机构适用仲裁地的国际私法中关于适用法律的规则；第二，由仲裁庭直接决定应当适用的冲突规则。无论采用上述哪一种方法，按照各国普遍认可的国际私法关于合同适用法律的基本原则，一般均适用与合同有最密切联系的国家的法律解决争议的实体问题。在具体的准据法的适用上，最终取决于仲裁庭对该"最密切联系的法律"的解释，进而对应当适用的准据法做出解释。

（2）仲裁庭直接决定应当适用的准据法。这种规定反映了国际商事仲裁的最新发展情况，它突破了传统上的适用法律的方法。如果合同当事人没有选择解决争议的准据法，由仲裁庭直接决定应当适用的准据法。

六、国际商事仲裁裁决的效力与执行

（一）国际商事仲裁裁决及其做出的方式

国际商事仲裁裁决是仲裁庭就当事人提交仲裁解决的事项做出的决定，此项决定无论在仲裁程序进行中的哪一阶段做出，对争议各方都具有拘束力。

在仲裁程序开始后，如果一方当事人对仲裁庭的管辖权提出异议，在此情况下，仲裁庭如果不解决管辖权问题，仲裁程序就无法继续进行。为了确定仲裁庭对所审理的案件有管辖权，仲裁庭可以就管辖问题先行做出裁决。在仲裁程序进行过程中，仲裁庭还可以就当事人提出的某些事项做出中间裁决或部分裁决。如果当事人已经就中间裁决或部分裁决履行完毕，最终裁决可以不涉及那些争议已经得到解决的事项。当仲裁程序结束后，仲裁庭还可以就裁决中遗漏的某些事项，做出追加裁决。

裁决应当采用书面形式，并附有裁决所依据的理由。在由三位仲裁员组成仲裁庭的情况下，如果不能就裁决的内容达成一致意见，裁决应当根据多数仲裁员的意见做出。如果不能形成多数意见，则按首席仲裁员的意见做出。裁决应当由同意该裁决书内容的仲裁员签署，仲裁员的不同意见应记入笔录，并写明裁决书做出的时间和地点。合同仲裁协议的中英文文本不一致时，就会产生效力优先的问题。根据国际惯例，合同中的条款，手写形式条款的效力优先于打印条款，后约定的条款效力优先于先约定的条款。

（二）仲裁裁决的效力与裁决的撤销

1．仲裁裁决的效力

裁决一经做出，即对当事人具有法律约束力。如果一方当事人不能自动履行，另一方当事人可请求法院强制执行。

案例分析 9-3

1990 年 9 月 13 日，外国某国际贸易公司（下称甲贸易公司）与我国某省外贸公司（下称乙外贸公司）在我国某市签订了一项购销制造乳胶手套设备的合同。合同规定：甲贸易公司向乙外贸公司出售一套乳胶手套制造设备，价款 CIF 南通 53 万美元，其中 75%即 397 500 美元以信用证支付，25%即 132 500 美元以产品补偿。合同中还规定如果出现争议，双方应提交中国国际经济贸易仲裁委员会仲裁。

合同签订后，甲贸易公司交付了设备，乙外贸公司支付了 75%的货款。后来，双方就设备投产后的产品质量及补偿产品的价格等问题产生争议。为此，甲贸易公司与乙外贸公司签订了《备忘录》，将原合同中以产品补偿货款 25%的付款方式变更为以现款方式。付款期限届满时，甲贸易公司仍没有收到货款。在付款期限过后，甲贸易公司在多次催要剩余货款而乙外贸公司始终拒付的情况下，于 1994 年 1 月 19 日，依照合同中的仲裁条款向中国国际贸易仲裁委员会申请仲裁。

1994 年 11 月 12 日，仲裁委员会做出裁决：乙外贸公司于 1995 年 1 月 15 日前后分两次支付给甲贸易公司货款 132 500 美元，逾期加计年利率 12.5%的利息。1995 年 2 月 21 日，因乙外贸公司未按仲裁裁决履行，甲贸易公司依据《中华人民共和国民事诉讼法》第 195 条的规定，向仲裁机关所在的北京市中级人民法院申请强制执行。

[问题思考]

如果仲裁庭在做出裁决后，一方没有按照裁决结果履行，合同另一方如何保护自己的权利？

[分析提示]

北京市中级人民法院接到甲贸易公司申请执行书后，经审查认为该申请符合《中华人民共和国民事诉讼法》第 195 条的规定，决定予以执行。该院首先向被执行人乙外贸公司发出执行通知，后派员前去执行。

1995 年 3 月 2 日，乙外贸公司将货款及逾期利息共计 138 053.96 美元和应承担的申请执行费人民币 2693.64 元，用支票汇往北京市中级人民法院。同年 4 月 3 日，北京市中级人民法院将执行的货款及利息交付申请执行人——甲贸易公司。

2. 仲裁裁决的撤销

如果裁决存在着法律规定的可以撤销的理由，当事人就可以在法律规定的期限内，向对此有管辖权的法院申请撤销该仲裁裁决。联合国国际贸易法委员会《国际商事仲裁示范法》第 34 条规定：当事人申请撤销仲裁裁决应当在收到裁决书之日起 3 个月内提出。

申请人申请撤销仲裁裁决应当有法律规定的理由，并提供证据证明这些理由。可撤销仲裁裁决的理由，归纳起来，主要有下五种情况。

（1）仲裁裁决所依据的仲裁协议无效。包括订立仲裁协议的任何一方当事人为无行为能力者，或者仲裁协议本身根据当事人所同意适用的法律为无效协议。

（2）仲裁程序不当，即未能将有关指定仲裁员或进行仲裁程序的事项向当事人发出适当通知，或者由于其他原因没有给当事人表达其对争议事项的意见的机会。

（3）仲裁庭越权，即仲裁庭裁决的事项超出了当事人在仲裁协议中规定的事项。

（4）仲裁庭的组成与当事人约定的内容或适用的法律不符。当事人如果在仲裁协议中约定仲裁员应当由专职律师以外的技术人员担任，而事实上的仲裁庭组成人员均为专职律师，仲裁庭的组成违反了当事人之间的约定。

（5）该仲裁裁决所涉及的事项，依据法院地法，为不能通过仲裁解决的事项，或者该仲裁裁决违反了当地的公共政策。

在多数情况下，对仲裁实施监督的国家的法院，有权撤销国际商事仲裁裁决。此法院一般为裁决地的法院。如果当事人对仲裁裁决有异议，应当向裁决地的法院寻求救济。

（三）外国仲裁裁决的承认与执行

1. 承认与执行外国仲裁裁决的依据

仲裁庭就国际商事争议在一国境内做出的仲裁裁决，要到另一国执行的情况是很普遍的。执行地国的法院承认与执行外国仲裁裁决的依据有两个。

（1）执行地国的国内法。主要体现在这些国家的民事诉讼法或仲裁法中。在实践中，各国法院在承认与执行外国仲裁裁决时，一般不对仲裁裁决所涉及的实体问题进行司法复审，而只是依据本国法律或有关的国际公约对仲裁裁决所涉及的程序问题进行司法复审。如果仲裁裁决不存在法律规定的不予执行的理由，法院就会做出承认与执行该仲裁裁决的裁定。

（2）执行地国缔结或参加的双边或多边国际公约。执行地国缔结或参加的双边或多边国际公约，是这些国家承认与执行外国仲裁裁决的重要依据。联合国《纽约公约》具体规定了缔约国承认与执行外国仲裁裁决的义务，以及承认与执行外国仲裁裁决的方式、程序和条件，除了公约规定的情况外，不得拒绝承认与执行外国仲裁裁决。由于该公约的缔约国遍布世界，因此，该公约成为这些缔约国承认与执行外国仲裁裁决的重要的国际法依据。

如果缔约国的国内法与它所缔结或参加的国际公约的规定发生冲突时，该缔约国应当优先适用国际公约的规定，但该缔约国对公约中的规定做出保留的除外。

2．申请承认和执行外国仲裁裁决的程序和条件

按照国际商事仲裁立法与实践，申请承认与执行外国仲裁裁决，涉及一国的国家主权，同时也属于执行地国的民事诉讼程序法的问题，当然只能适用执行地国的法律。但是，如果是《纽约公约》项下的裁决，则只能依照公约第四条规定的条件执行，即申请人只要向执行地国的法院提交经公证或认证的仲裁协议和裁决书，执行地国的法院就应当承认与执行外国仲裁裁决。

3．我国法院对外国仲裁裁决的承认与执行

（1）我国执行外国仲裁裁决的依据。我国承认与执行外国仲裁裁决的依据是我国的《民事诉讼法》中的有关规定和我国缔结和参加的双边和多边国际公约。我国于1987年1月22日成为《纽约公约》的缔约国。我国在加入该公约时做出了两点公约允许的保留声明：一是互惠保留声明，即我国仅对在另一缔约国领土内做出的仲裁裁决承认与执行上适用公约；二是商事保留声明，即我国仅对我国法律属于契约性和非契约性商事关系所引起的争议适用该公约。

（2）执行机构与执行期限。我国《民事诉讼法》第269条规定，申请人申请执行外国仲裁裁决的，应当直接向被执行人住所地或者其他财产所在地的中级人民法院申请。在我国申请执行仲裁裁决的期限为：双方或一方当事人是公民的，申请执行的期限是1年，双方是法人或者其他组织的为6个月，自法律文书规定履行的最后1日起算。凡是向法院申请执行的仲裁裁决，经法院审查后准许执行的，由法院做出予以执行的裁定，并向被执行人发出执行通知，责令其在指定的期限内履行，逾期不履行的，由法院强制执行。

案例分析 9-4

1995年2月18日，德国的麦考公司与上海机械设备进出口有限公司签订了一份由机械公司提供钢质船舱盖的买卖协议。双方当事人约定了仲裁条款："由本合同产生或与本合同有关的任何争议，如果当事人未能通过友好协商的方式加以解决，则应当根据当事人均已声明了解的联合国欧洲经济委员会仲裁规则，通过仲裁方式予以最终解决……仲裁地为瑞士的苏黎世"。1995年8月，机械公司提供船舶舱盖。货物抵德后，

麦考公司发现货物存在质量缺陷，在德国进行了检验，并通知了机械公司。麦考公司为了履行其与船东的合约，从他处购买了船舶舱盖。1997年8月4日，麦考公司以机械公司所交货物与约定不符致其损失为由，提起仲裁。机械公司也于同年的9月提交答辩状。1998年7月31日，仲裁庭做出裁决，认为麦考公司在收到机械公司所提供不符合合同约定的货物的情况下，为减少损失，另以舱盖代替的行为应属于适当。而机械公司提供有缺陷的舱盖，结合机械公司在仲裁前交涉过程中的消极行为，已构成根本违约。1998年8月5日，该裁决书送达机械公司。但机械公司一直未执行该裁决。1999年1月29日，麦考公司向上海市第二中级人民法院申请承认和执行该仲裁裁决。

[问题思考]

作为仲裁中的一方，如何要求别国的法院承认仲裁裁决，保护自己的权利？

[分析提示]

德国、中国、瑞士均是1958年《纽约公约》的缔约国，根据公约我国只对符合以下条件的外国仲裁裁决予以承认和执行：①该申请承认和执行的仲裁裁决是在缔约国领土内做出的仲裁裁决，并且只承认和执行对属于契约和非契约性商事法律关系争议做成的仲裁裁决；②仲裁败诉方在仲裁书规定的期限内不自动履行义务；③该项申请应向有管辖权的中级人民法院提出；④该项申请必须在我国《民事诉讼法》规定的申请执行期限内提出。德国麦考公司的申请符合以上条件，所以，我国法院对该仲裁裁决予以承认并强制执行。

第二节　国际商事诉讼

一、国际商事诉讼概述

（一）国际商事诉讼的概念与立法

在国际商事争议的解决方式中，除了依据世界贸易组织争端解决机制、国际商事仲裁、调解解决争议外，还可以通过诉讼的方式解决。国际商事诉讼，从法院的角度看，是指一国法院为解决诉讼参加人之间的国际商事争议而进行的审判活动；从当事人的角度看，是指当事人及其他诉讼参与人将其国际商事诉讼争议提交到一国法院寻求司法解决的活动。

1. 国际商事诉讼的国际立法

目前有关国际商事诉讼的国际法有：1954年在海牙修订的《民事诉讼法公约》、1969年的《关于向国外送达民事、商事诉讼文件和非诉讼文件的公约》、1972年的《民商事国外调取证据公约》、1971 年的《关于承认和执行外国民商事判决的公约》以及 1968 年布鲁塞尔《关于民事商事管辖权及判决执行的公约》。这些国际公约涉及到问题有：①管辖权问题；②判决承认与执行问题；③司法文书送达问题；④调查取证问题。它们也构成国际商事诉讼的国际法渊源。各国法院在审理国际商事争议时，根据本国是否加入公约的具体情况执行。

在国际商事诉讼方面，我国积极缔结和参加了一些国际条约。在 1991 年加入了《关于向国外送达民事、商事诉讼文件和非诉讼文件的公约》，1997 年加入了《民商事国外调取证据公约》，此外，我国还跟法国、波兰、蒙古、比利时、罗马尼亚、意大利、西班牙、俄罗斯、土耳其、古巴、泰国、埃及、保加利亚等 40 余国签署了双边司法协助条约。

2. 国际商事诉讼国内立法

目前国际上没有受理国际民事、商事争议的专门法院（有国际刑事法院和国际商事仲裁机构），一般国际商事诉讼都是由某一国家内法院审理的，因此各国通常将商事诉讼纳入本国民事诉讼法的调整范围。我国《民事诉讼法》第四编，对涉外民事诉讼程序做了专门规定。诉讼程序问题依法院地法，已成为国际公认的原则。

（二）国际商事诉讼与国际商事仲裁的区别

虽然国际商事诉讼与国际商事仲裁同为解决国际商事争议的方式，但两者有显著不同。

1. 管辖权产生的依据不同

国际商事仲裁管辖权的产生基于当事人之间达成的仲裁协议或条款。当事人在仲裁协议中商定将其争议提交到某仲裁机构解决，该仲裁协议就赋予了该仲裁机构对当事人之间争议解决的管辖权。确定国际商事诉讼的管辖权的前提是：第一，当事人之间不存在仲裁协议；第二，当事人自行确定管辖的情形受到很大限制。通常情况下，以当事人国籍、被告住所、标的物所在地、争议的性质来确定管辖。

2. 审理机构的性质不同

国际商事仲裁机构属于国际民间性组织，而国际商事诉讼只能由一国司法机关（法院）来进行。

3. 反映当事人意志的程度不同

国际商事仲裁给予当事人自由选择的权利，如是否将争议提交仲裁解决、将争议提交什么仲裁机构解决、适用何种仲裁程序解决、由哪位仲裁员审理等，比较充分地反映当事人的意志。而国际商事诉讼更具有强制性，一旦管辖确定后，审理法院、诉讼程序及法官等，当事人无权选择。

4. 处理争议的范围不同

国际商事仲裁主要处理合同争议，而国际商事诉讼可以处理任何争议，如侵权纠纷就很少采用国际商事仲裁方式解决。

5. 审理程序不同

国际商事仲裁是一裁终局，没有所谓的第二次仲裁，当事人对裁决不服也不能到法院起诉或提起上诉；此外，仲裁机构通常没有执行权，如果一方当事人不执行裁决，另一方当事人只能申请有关法院强制执行。国际商事诉讼根据有管辖权的法院所在地国家的民事诉讼法的规定，可以实行"两审终审制"或"三审终审制"，当事人享有上诉权；同时法院对已生效的法院判决、裁定有直接的执行权。

（三）国际商事诉讼的基本原则

各国在国际商事诉讼中，一般遵循以下原则。

1. 国家主权原则

国家主权原则是各国审理国际商事诉讼的根本原则、核心原则。国家主权原则要求在国际民事诉讼中保持国家的司法独立，国家享有独立和完整的司法管辖权。在国际商事诉讼中，国家主权原则体现在以下三个方面。首先，表现为维护一国的司法管辖权。属于一国法院专属管辖的案件，任何外国法院都无权管辖，当事人也不能协议外国法院管辖。其次，还表现为在一国领域内进行的国际商事诉讼，应当适用当地国家的民事诉讼法。第三，外国法院的判决，非经本国法院依照本国法律或该国加入或缔结的国际条约进行审查并裁定予以承认，在该国境内不发生法律效力。

2. 对等原则与国民待遇原则

对等原则，在国际商事诉讼中体现为：有管辖权的法院所在国给予外国诉讼参加人的诉讼权利和待遇，是以该外国给予有管辖权的法院所在国公民、法人或其他社会组织在该外国诉讼所享有的诉讼权利和待遇为前提的。具体说来，本国诉讼参加人在外国诉讼享有什么待遇和权利，就给予该外国诉讼参加人什么待遇和权利。如果本国诉讼参加人在外国诉讼权利受到限制，该外国诉讼参加人在本国的诉讼权利也会受到限制。这一原则实际是主权原则的延伸，是各主权国家一贯奉行的原则。

国民待遇原则，在国际商事诉讼中体现为：一国给予外国诉讼参加人与本国诉讼参加人同等的待遇，即外国诉讼参加人与本国诉讼参加人的诉讼地位、诉讼权利相同。值得注意的是，国民待遇原则与对等原则紧密联系，受对等原则制约。如果外国不给予有管辖权的法院所在国诉讼参加人以国民待遇，则有管辖权的法院所在国也不会给予该外国诉讼参加人以国民待遇。

3. 遵守国际条约和尊重国际惯例原则

遵守缔结或参加的国际条约，履行条约中规定的义务，是国际上公认的基本原则（条约必须遵守）。遵守国际条约原则在国际商事诉讼中体现为：①条约必须是该国缔结或加入的国际条约，否则，对有管辖权的法院所在国无约束力；②国际条约的范围既包括有关国际商事诉讼的程序法条约，也包括作为解决争议的准据法的实体法条约；③当有管辖权的法院所在国的法律与国际条约相冲突时，应当优先适用国际条约；④在国际条约没有规定，法院所在国法律也无规定的情况下，可以适用国际惯例。

二、国际商事诉讼管辖权

（一）国际商事诉讼管辖权的含义

国际商事诉讼管辖权的确定具有十分重要的意义。这是因为：首先，管辖权的行使是维护国家司法主权的体现；其次，确定管辖权是受理案件的前提，因为管辖权决定应当由哪一国、哪一个法院对争议进行审理；第三，管辖权直接关系到案件的结局，因为不同国家的法院审理案件适用不同的法律，就有可能做出不同的判决；第四，管辖权的确定关系到对当事人的诉讼活动是否便利，裁决是否能够顺利执行。

国际商事诉讼的管辖权，是指一国法院受理商事争议案件的资格和权力；或者说，是一国法院受理国际商事争议案件的权限范围和法律依据。它所涉及的主要问题是，法院应当依据什么原则和标准，来确定其是否具有管辖权。确定国际商事诉讼管辖权的法律依据通常有三种：依有关国际条约、依一国国内法规定、依当事人协议选择。一般认为，除专属管辖外，由协议选择的管辖优先于法律规定的管辖。

（二）确定国际商事诉讼管辖权的原则

不管是国际条约、国内法、或是依当事人之间签订的协议，在确定国际商事诉讼管辖权时，一般都要遵循一定的原则。国际上通行的确定管辖权的原则主要有：属人主义原则、属地主义原则、实际控制原则和专属管辖原则。

1. 属人主义原则

属人主义原则，即以当事人的国籍为管辖权的依据。不管当事人是否居住在本国，也不管债务履行地是否在本国境内，只要有一方当事人的国籍属于本国，即便对方当事人为外国人，也应当由该国法院受理。实行这一原则的国家有法国、比利时、荷兰、卢森堡、西班牙、葡萄牙等。但是，在这些国家里，允许当事人订立协议约定由外国法院管辖，也有个别国家对协议管辖做了严格限制。

2. 属地主义原则

属地管辖原则，即以一定的地域作为确定管辖权的依据。不管当事人国籍属于哪个

国家，只要争议与一定地域有联系因素，就由该地域的所属国法院行使管辖权。与地域有关的联系因素有：当事人住所、居所、临时居所所在地、标的物所在地、被告财产所在地、诉讼原因发生地等。

（1）以被告的住所、居所、临时居所所在地为确定管辖权的依据。"原告就被告"是各国民事诉讼法的一般管辖原则，反映到国际商事诉讼中，原告应当在被告所在国法院起诉；如果被告住所不明，以其居住为住所；如果居所不明，以其最后住所为居所。实行这一原则的国家有德国和英美法系的国家。

（2）以标的物所在地和被告财产所在地为确定管辖权的依据。依据这一标准，诉讼标的在某一国家境内，或者被告有可供执行、抵押的财产在一国境内，那么，该国法院就享有管辖权。实行这一原则的有德国和日本，因为如果标的物或被告财产在一国境内，由该国法院管辖，便于审理，更重要的是判决便于执行，能够更好地保护当事人的合法权益。英美法系国家一般采用该原则确定管辖权。

（3）以诉讼原因发生地作为确定管辖权的依据。与诉讼原因发生有关的地点有：契约成立地、义务履行地、侵权行为地。通常情况下，因合同是否成立、是否有效而发生的争议，由合同成立地法院管辖；因合同履行发生争议，由合同履行地法院管辖；因侵权行为发生的争议，由侵权行为地或侵权行为结果发生地法院管辖。

3. 专属管辖原则

专属管辖原则，又称独占管辖原则，是指一国主张其法院对某类国际商事诉讼具有独占的、排他性的管辖权，不承认其他国家的法院对该类争议的管辖权。这种管辖的特点是具有强制性，不允许当事人协议变更管辖，也不允许法院擅自变更管辖。专属管辖关系到一个国家的主权问题，通常各国都以国内法的方式对专属管辖的范围加以规定。专属管辖的范围一般涉及一国国家主权、社会公共利益、不动产、自然资源、自然人及法人身份的确定。

案例分析 9-5

中国公民钱某，1992 年到日本留学。1995 年回国前夕，在上班途中，被运货卡车撞倒，经抢救无效死亡。钱某的妻子李某以全权代理人的身份在钱某弟弟的陪同下到日本料理后事。经协商，日本方面赔偿 500 万日元。回国后，为遗产分配一事，李某与钱某的家人发生争执，协商未果。钱某的家人以李某及其女儿为被告，起诉至当地人民法院。

[问题思考]

本案应如何适用法律？说明理由。

[分析提示]

本案应当适用日本法。钱某死亡前未留遗嘱，其继承属法定继承。根据《中华人民

276

共和国民法通则》第149条"遗产的法定继承，动产适用被继承人死亡时住所地法律"。

钱某有两处住所。一处是位于中国的法定住所，一处是位于日本的临时住所。因李某在日本已居住两年，日本的临时住所视为住所。根据中国有关法律规定，李某死亡时的住所是在日本的住所。

（三）我国对国际商事诉讼管辖权的规定

我国民事诉讼法对涉外民事、商事诉讼管辖权做了如下规定。

1. 根据属地管辖原则

对于因合同纠纷或其他财产权益纠纷提起的诉讼，如被告在中国境内无住所，但有下列情形之一的，中国法院可以根据属地主义原则对该诉讼实行管辖：

（1）合同签订地或合同履行地在中国境内。

（2）侵权行为地在中国境内。

（3）诉讼标的物在中国境内。

（4）被告有可供扣押的财产在中国境内。

（5）被告在中国境内有代表机构。

2. 根据协议管辖原则

涉外合同和涉外财产权益纠纷当事人可以在争议发生前或发生后，达成书面协议，将争议交由与争议有实际联系的地点的法院管辖。当事人可以选择中国法院，也可以选择外国法院。但必须注意以下几方面。

（1）必须是合同或财产权益纠纷引起的诉讼，涉及身份关系的诉讼，不允许协议选择管辖。

（2）所选择的法院应当是与案件有实际联系的地点的法院。

（3）不得违反中国关于专属管辖和级别管辖的规定。

3. 根据接受管辖原则

对于某个涉外民事、商事案件，我国法院本来没有管辖权，但原告向我国法院起诉后，被告在规定的时间内未提出异议，且出庭应诉、答辩或提出反诉的，视为被告接受并同意我国法院有管辖权。

4. 根据专属管辖原则

凡是因在我国履行的中外合资经营企业合同、中外合作经营企业合同、中外合作勘探开发自然资源合同发生纠纷提起的诉讼，只能由中国法院管辖。这是因为这三种合同涉及自然资源、劳动、税收、物资管理、外汇管理等复杂问题，所以只能由中国法院管辖。

三、诉讼当事人

（一）外国当事人的诉讼地位

外国当事人的诉讼地位，是指外国自然人、法人或其他社会组织在某一国境内诉讼，是否具有诉讼权利能力和诉讼行为能力，享受什么诉讼权利，承担什么诉讼义务。这就涉及两个问题：一是在诉讼中给予外国人何种待遇；二是依照什么标准来确定外国人的诉讼权利能力和诉讼行为能力。

1. 给予外国人国民待遇

国民待遇原则，最早是资本主义国家为追求国际商业自由而提出的，自从 1804 年《法国民法典》第 11 条率先在国内法中加以确认后，很多国家相继采用了国民待遇原则。在对外国人的民事诉讼地位方面，当今世界各国普遍采用国民待遇原则。在国际民事诉讼领域，国民待遇原则是指一国赋予在本国境内的外国人享有和本国公民同等的民事诉讼权利，它是调整外国人民事诉讼地位的最普遍采用的一般原则。世界各国立法及有关国际公约在规范外国人诉讼地位时，一般都在原则上给予外国人以国民待遇，即规定外国人享有与本国国民同等的诉讼权利承担同等的诉讼义务，不得低于本国国民的待遇，也不得高于本国国民的待遇。我国民事诉讼法规定，"外国人、无国籍人、外国企业和组织在人民法院起诉、应诉，同中华人民共和国公民、法人和其他组织有同等的诉讼权利义务。"

2. 属人法为主、属地法为辅确定外国自然人的诉讼行为能力

诉讼行为能力，是指自然人以自己的行为参加诉讼，享受诉讼权利，承担诉讼义务的能力。自然人行为能力问题是由各国国内法加以规定的。由于各国关于自然人行为能力的规定不同，就会出现外国人依国籍法律规定有行为能力，而依法院地国家法律规定无行为能力或限制行为能力。为了妥善解决该差异，保护善意对方当事人的合法权益，倾向于外国当事人有诉讼行为能力，故国际上普遍承认外国人的诉讼行为能力主要依照属人法原则确定。具体说来，外国人国籍法律规定该外国当事人有诉讼行为能力，而有管辖权的法院所在国法律认为无诉讼行为有力或限制诉讼行为能力的，则视为该外国诉讼当事人有诉讼行为能力；相反，如果外国当事人国籍国法律认为其无诉讼行为有力或限制行为能力，而有管辖权的法院所在国法律认为其有诉讼行为能力的，即视为其有行为能力。

案例分析 9-6

中国浙江某纺织品进出口公司在杭州市与一位年满 21 周岁的意大利商人签订一笔纺织品原料供货合同。合同签订后，这种纺织品原料的价格在国际市场上暴涨，意大利

商人如履行合同将造成巨大亏损。为达到不履行合同，又不承担违约责任的目的，该意大利商人按意大利法律，他是未成年人，不具有完全民事行为能力，不能成为合同主体，因而他与浙江某纺织品进出口公司签订的供货合同是无效的。浙江某纺织品进出口公司向法院提起诉讼，要求该意大利商人承担违约责任，赔偿损失。

[问题思考]

该名意大利商人是否有签订合同的能力？他应不应该承担违约责任？

[分析提示]

法院经过审理认为本案合同履行地在中国，应当适用中国法，根据我国法律规定 18 周岁为具有完全民事行为能力人。故该意大利人具有行为能力和诉讼行为能力。浙江某纺织品进出口公司与该意大利人签订的合同有效。

（二）诉讼代理制度

诉讼代理是保障当事人充分行使诉讼权利的一项制度，是指诉讼代理人根据当事人的委托，以当事人的名义代为进行诉讼活动的法律行为。律师代理诉讼制度是各国普遍承认和采用的一种制度，但是通常附有条件：①必须委托法院地国律师代理诉讼；②必须有书面委托书并经过认证后方为有效。之所以附有这样的条件是因为：一是如果允许外国律师出席本国法院参加诉讼有损本国司法主权；二是本国律师更精通法院地国家法律，便于诉讼的进行。

我国民事诉讼法规定，外国人、无国籍人、外国企业组织在人民法院起诉、应诉，需要委托律师代理诉讼的，必须委托中华人民共和国的律师。在中华人民共和国境内没有住所的外国人、无国籍人、外国企业和组织委托中华人民共和国律师或其他人代理诉讼，应当经所在国公证机关证明，并经中华人民共和国驻该国使领馆认证，或者履行中华人民共和国与该所在国订立的有关条约中规定的证明手续后，才具有效力。

四、司法协助

司法协助是指一国法院接受另一国法院的委托，代其进行诉讼行为。狭义的司法协助仅包括代为送达司法文件、传讯、询问证人和收集证据；广义的司法协助除上述内容外，还包括承认和执行外国法院的判决。本书的司法协助是从广义进行阐述的。

国际司法协助一般根据有关国家的国内立法、双边的司法互助协定或者有关的国际公约的规定执行。各国立法及有关国际条约一般规定，如果委托的事项有违反互惠、对等原则、或者违反被请求国法律和国际条约规定的程序或为其明文规定的行为、或对文件的真实性存在怀疑、或有损被请求国国家主权、安全和公共政策等情况，被请求国可以拒绝提供司法协助。

（一）诉讼文书和非诉讼文书的域外送达

诉讼文书和非诉讼文书的域外送达，是指一国法院根据国内立法、双边协定或有关国际条约，委托外国法院将诉讼文书或非诉讼文书送达给居住在该外国法院所在地的诉讼参加人的行为。诉讼文书与非诉讼文书的送达是一项非常重要的司法行为，是国家主权的体现。因此，一国法院如果想把诉讼文书或非诉讼文书送达到外国，必须征得该外国的同意。通常的做法是：各国诉讼法专章规定向境外送达诉讼文书途径和方式，以及外国向本国送达诉讼文书和非诉讼文书的情况；同时就该问题与其他国家签订双边或多边协定。

在司法实践中，依据是否缔结或参加有关国际公约、多边或双边条约，送达途径可以分为两大类：

1. 依条约规定的方式送达

即一国法院无须外国法院的协助，直接依据该国缔结或共同参加的有关国际条约、或者多边或双边协定确定的送达方式，将诉讼文书或非诉讼文书送达给居住国外的诉讼参加人。国际公约、多边或双边协定可以规定不同的送达方式，如①外交代表送达；②向司法机关送达；③公告送达；④邮寄送达；⑤向诉讼代理人或代表机构送达。采取何种具体方式，关键看公约、多边或双边条约如何规定。1969年生效的海牙《关于向国外送达民事或商事诉讼文书和非诉讼文书公约》在送达途径问题上规定：可以由领事途径送达、邮寄送达、司法或其他主管官员送达、案件利害关系人直接送达，也可以使用外交送达。该公约的参加国可以在上述途径中选择。

2. 依外交途径送达

如果被送达人所在国与送达国未订立司法协助条约，也不是有关国际公约的缔约国或参加国，可以通过外交途径送达。我国人民法院通过外交途径向在我国领域内无住所的外国当事人送达诉讼文书的程序和要求是：①要求送达的文书须经省级高级法院审查，由外交部领事司负责转递；②须附有送达委托书，如果对方法院名称不明，可以委托给当事人所在地区的主管法院；如果该国对委托书有公证、认证特殊要求的，将由外交部领事司逐案通知；③须准确注明被送达人的基本情况和地址，并将基本案情函告外交部领事司以便转递。

（二）域外取证

进行证据调查同样是国家司法主权的体现。未经有关国家的同意，不能在该国境内查询证人和调取证据，否则，即侵犯了该国的国家主权。1972年生效的海牙《民商事国外调取证据公约》规定了域外调取证据的途径。

1. 直接取证

即一国法院在征得有关国家同意的情况下,直接提取处于该有关国家境内的有关证据。直接取证,不需要当地国家法院的司法协助。其方式可以有:①委托外交和领事人员取证;②责令当事人或诉讼代理人自行取证;③派特派员取证等。

2. 间接取证

即一国法院通过司法协助的途径,委托外国法院或主管机关在该国境内提取证据。这种方式要求必须有正式的委托书,注明被委托调取证据的具体情况,且被委托的外国法院或主管机关接受委托,被委托调取的证据的内容和方式不得违反被委托方国家的法律和公共利益,不得有损被委托方国家的国家主权和安全。

(三)外国法院判决的承认与执行

承认与执行外国法院的判决,是指一国法院根据本国立法,或根据其缔结或参加的有关国际条约、多边或双边协定,承认外国法院的民商事判决在本国的效力,并在必要时强制执行。

承认与执行外国法院的判决,也是关系到一个国家司法主权的问题。通常情况下,一国法院做出的判决,仅在该国境内有效,不具有域外效力。当一国法院的判决涉及到的当事人、标的物或可执行的财产不在本国境内时,判决的效力和执行就会受到影响。为了解决这一问题,国际上通行的做法是:各国在互惠的基础上,签订国际条约或多边、双边协定,对缔结方或参加方各国法院的判决相互承认效力,并在必要时予以执行。

我国《民事诉讼法》规定,人民法院做出的发生法律效力的判决、裁定,如果被执行人或其财产不在我国领域内,当事人申请执行的,可以由当事人直接向有管辖权的外国法院申请承认与执行。同样,外国法院做出的发生法律效力的判决、裁定,需要我国人民法院承认与执行的,可以由当事人直接向我国有管辖权的中级人民法院申请承认和执行。我国《民事诉讼法》还规定,我国人民法院和外国法院还可以根据两国之间缔结或者参加的国际条约的规定,或者按照互惠的原则,请求缔约方法院承认和执行本国法院做出的发生法律效力的判决、裁定。到目前为止,我国已经与 32 个国家签订了司法协助协定,相互承认彼此国家法院的判决、裁定,并予以执行。

案例分析 9-7

1990 年,日本日中物产有限公司及其法定代表人宇佐邦夫因在中国投资的中国大连发日海产食品有限公司急需资金,向申请人五位晃借款 15 万日元,因到期未还,五位晃以日中物产有限公司及宇佐邦夫为被告,向日本横滨地方法院提起诉讼,要求两被告连带偿还借款并承担利息。日本横滨地方法院小田元分院于 1991 年做出判决,判令两被告偿还借款并承担利息。由于两被告在日本无可供执行的财产,生效判决无法执行。

1993 年 12 月 21 日，日本熊本县地方法院根据该生效判决，做出债权扣押令，追加中国大连发日海产食品有限公司为债务第三人，责令其将两被告在该公司的投资款人民币485 万元予以扣押，不得向两被告偿还。随后，熊本县地方法院又要求中国大连发日海产食品有限公司将扣押的 485 万元转让给五位晃，以替代两被告偿还五位晃的债务。1994年 2 月，日本熊本县地方法院依据《关于向国外送达民事商事司法文书和司法外文书公约》（即《海牙送达公约》），委托我国司法部将债权扣押令送达给中国大连发日海产食品有限公司。该公司认为日方自 1988 年后就未再投资，故日中物产有限公司此后在日本国内所负债务与本公司无关。且本公司为中国法人，只受中国法律的管辖和保护，故拒绝履行。为此，五位晃于 1994 年 5 月 27 日向中国大连市中级人民法院提出申请，要求承认并执行日本国有关法院的判决及扣押令、债权转让令。

[问题思考]

我国法院是否应该承认和执行日本法院的审理结果？

[分析提示]

我国法院认为中日两国之间，没有缔结或参加相互承认和执行法院判决、裁定的国际条约，也没有建立相应的互惠关系。日本横滨地方法院做出的判决，其当事人为日本国民，且双方借贷行为也发生在日本，与中国大连发日海产食品有限公司无任何法律关系。日本国熊本县地方法院在上述判决未获执行的情况下，没有通知中方，便追加中国大连发日海产食品有限公司为债务第三人，没有任何法律依据，是侵犯中华人民共和国司法主权的行为，所以驳回申请人五位晃的请求。

承认与执行外国法院判决、裁定的程序如下。

（1）请求的提出。提出请求的方式可以有两种：一是当事人直接向有管辖权的外国法院提出请求；二是当事人向做出判决、裁定的法院提出申请，由做出判决、裁定的法院向外国法院提出申请。在申请时，应当提供请求书、判决书或裁定书副本、法院证明等书证文件。

（2）审查确认。根据 1971 年海牙《关于承认和执行外国民商事判决的公约》的规定，承认和执行外国法院判决的程序，使用被申请国法律。以我国为例，我国《民事诉讼法》规定，我国人民法院对于当事人申请或外国法院请求承认和执行外国法院做出的发生法律效力的判决、裁定，应当依照我国缔结或参加的国际条约规定的条件，或者按照互惠的原则进行审查。经审查，认为承认和执行该判决、裁定不违反我国法律的基本原则，或者不违反我国国家主权、安全、社会公共利益的，应当做出裁定，承认其效力；需要执行的，发出执行命令，依照民事诉讼法有关执行的规定执行；如果认为违反我国法律的基本原则或者国家主权、安全、社会公共利益的，不予承认和执行。

我国与意大利签订的《中意民事司法协助条约》还具体规定了拒绝承认和执行的理由，具有一定代表性，如：①根据被请求一方法律或条约有关管辖权的共同规定，判决由无管辖权法院做出；②根据做出判决一方法律规定，该判决尚未生效或不能执行；③根据做出判决一方法律，败诉一方当事人未经合法传唤，或剥夺了应有代理的可能性；④被请求一方法院对相同当事人之间就同一诉讼标的案件，已经做出发生法律效力的判决，或已先予受理，或已承认了第三国法院对于相同当事人之间就同一的诉讼标的的案件所做出的发生法律效力的判决。

小　结

本章涉及到国际商事纠纷的解决方式，其中最常见的是国际商事仲裁和诉讼。通过学习，使学生能够了解国际商贸纠纷的解决方式，加深对国际商事仲裁的特点、仲裁机构、仲裁协议、仲裁程序等知识的理解，能够了解到国际商事诉讼的管辖权及受案范围，并能具备运用所学的知识，分析解决常见贸易争端问题。

课后阅读资料

中国贸促会仲裁委员会提供的仲裁协议样本

仲裁协议

当事人双方共同愿意提请 XX 仲裁委员会并同意按照该会仲裁暂行规则仲裁如下争议：

（1）……
（2）……
（3）……

当事人名称：　　　　　　　　　　　当事人名称：

地址：　　　　　　　　　　　　　　地址：

签字（盖章）：　　　　　　　　　　签字（盖章）：

年　月　日　　　　　　　　　　　　年　月　日

思考与练习

一、选择题

1. 解决国际商事争议的方法,主要有（　　）。
   A. 协商
   B. 仲裁
   C. 调解
   D. 诉讼

2. 仲裁的特点有（　　）。
   A. 终局性
   B. 对仲裁不服可以向法院提起上诉
   C. 仲裁机构是民间组织
   D. 一方不履行裁决可以请求法院强制执行

3. 仲裁机构或仲裁员受理争议案件的依据是（　　）。
   A. 仲裁规则
   B. 仲裁协议
   C. 书面协议
   D. 仲裁条款

4. 目前,有关承认和执行外国仲裁裁决最重要的国际公约是（　　）。
   A.《1923 年日内瓦仲裁条款议定书》
   B.《关于执行外国仲裁裁决的公约》
   C.《承认和执行外国仲裁裁决的公约》
   D.《国际商会仲裁规则》

5. 仲裁条款一般应包括（　　）方面的内容。
   A. 仲裁的效力
   B. 仲裁地点
   C. 仲裁机构
   D. 仲裁程序

6. 我国在对待外国人方面适用（　　）原则。
   A. 对等原则
   B. 国民待遇原则
   C. 差别待遇原则
   D. 互惠原则

二、判断题

1. 合同解除后,合同中的仲裁条款也就无效了。　　　　　　　　　（　　）

2. 仲裁采用一裁终裁,一般比司法诉讼更快捷,但是比诉讼的成本高。　（　　）

3. 订立仲裁协议的当事人需受该协议的约束,如果发生了争议,应以仲裁方式解决,也可以向法院起诉。　　　　　　　　　　　　　　　　　　　（　　）

4. 中国国际经济贸易仲裁委员会是一个政府性的常设仲裁机构。　　（　　）

5. 外国人在我国人民法院起诉、应诉,可以委托本国律师。　　　　（　　）

三、简答

1. 国际商事纠纷的解决方式及特点。
2. 国际商事仲裁协议的概念、特征。
3. 国际商事仲裁庭及其管辖权限。
4. 我国法院对外国仲裁裁决的承认和执行。
5. 国际商事诉讼中的管辖权。
6. 我国对于外国法院判决、裁定的承认和执行。

四、案例分析

1. 中国北京某公司和香港某公司签订了一份买卖合同，该合同中的仲裁条款规定："与本合同有关或与执行本合同有关的一切争议应通过协商友好解决。如协商不能解决，则应提交中国国际经济贸易仲裁委员会，按照该仲裁委员会公布的仲裁程序进行仲裁。仲裁应在北京进行。仲裁委员会的裁决是终局的对双方均有约束力，任何一方不得向法院或其他机构请求变更裁决。仲裁费用由败诉方承担。或者，仲裁也可以在双方同意的第三国进行。"

双方在合同的履行过程中发生争议，卖方北京某公司认为根据买卖合同中的仲裁条款在第三国进行，不应该在中国进行。

问题：本案应由哪国仲裁机构管辖？

2. 2001年4月19日，申请人中国仪器进出口公司与被申请人 Conares Metal Supply Ltd.（以下简称C公司）签订了两份钢材进口合同，合同签订以后，因钢材市场价格下跌，双方2001年6月22日订立协议。内容为：C公司同意钢材降价，申请人同意再购买5000吨钢材。新协议生效后，钢材降价的部分得到履行，但申请人新购买的钢材未实际履行。C公司根据原2001年4月19日签订的两份钢材进出口合同中的仲裁条款向中国国际经济贸易仲裁委员会提起仲裁，要求申请人退还降价部分的钢材款。申请人认为，双方之间的争议，是有关履行2001年6月22日协议的争议，而非原合同项下的争议。因此，本案不应按照仲裁解决。

问题：双方的争议是否应由中国国际经济贸易仲裁委员会解决？

3. 中化国际石油（巴哈马）有限公司（以下简称中化公司）与海南昌盛石油开发公司（以下简称昌盛公司）签订了购销合同，该合同的第15条规定："买卖双方在产生与该合同有关的分歧、争议时，应本着友好协商的原则共同协调解决，如果协调无效，应提交中国相关的国际贸易仲裁机构，根据相应的规则和程序进行仲裁。"后双方就合同履行产生争议。中化公司向海口市中级人民法院提起诉讼。海口市中级人民法院受理该案后，昌盛公司在提交答辩期间对管辖权提出异议。其异议理由是，根据合同第15条规定，双方在产生与该合同有关的分歧争议时应提交中国相关的国际贸易仲裁机构，根据相应的规则和程序进行仲裁。据此，昌盛公司认为海口市中级人民法院对本案没有管辖权，请求法院驳回起诉。

问题：（1）对本案争议谁有管辖权？

（2）在订立了仲裁协议后，是否还可以向法院起诉？

4. 甲公司为一中国公司，乙公司为一新加坡公司，两公司于1999年6月签订了合作经营企业的合同，在湖南长沙设立了双方合作经营的丙公司。该合同规定"与本合同履行有关的争议事项的解决应该在北京进行仲裁"。2000年4月两公司由于在公司利润的分配上产生了争议，乙公司将争议提交北京中国国际经济贸易仲裁委员会进行仲裁。甲公司在第一次开庭前对仲裁委员会的管辖权提出了异议，认为应该由法院进行管辖。

问题：甲公司的管辖权异议是否有理？为什么？

5. 1996年，19岁的法国人贝比特与中国某纺织品进出口公司在杭州签订一份纺织品原料购销合同，贝比特向中国某纺织品进出口公司出售纺织品原料。合同签订后，这种纺织品原料的价格在国际市场上大涨。贝比特是一个中间商人，并不生产这种产品，只是通过贸易方式赚取利润。国际市场纺织品原料价格大涨，使贝比特左右为难。履行合同，他要赔钱，不履行合同，要承担违约责任，也要赔钱。在这种情况下，贝比特选择了不履行合同。中国某纺织品进出口公司在中国法院提起诉讼，请求法院判令贝比特承担违约责任。贝比特进行了答辩，认为他不是合同的适格主体。签订合同时他19岁，而法国法律规定的成年人的年龄为21岁，签合同时他是未成年人，不具有完全的行为能力，所以不应承担违约责任。

问题：（1）案例中的法国人贝比特是否具有完全的行为能力？

（2）他是否应该承担违约责任？

6. 1995年，厦门的甲公司与香港的乙公司在厦门签订了一份买卖2000吨化学制品的中英文对照合同。但合同仲裁条款的中英文表述却不一致：中文写明争议应提交经双方同意的具有法律承认效力的美国仲裁机构按有关国际仲裁规则进行仲裁，仲裁地点在美国；英文则写明争议应提交中国国际经济贸易仲裁委员会仲裁，仲裁地点在北京。合同项下的2 000吨化学制品运达厦门后，经检验发现货物存在严重的质量问题。双方发生纠纷，但未达成新的、意思表示一致的仲裁协议。1996年，厦门的甲公司向中国国际经济贸易仲裁委员会申请仲裁。仲裁庭发现，在中英文对照合同中，中文的仲裁协议系手写，而英文的仲裁协议则采用打印的形式。因此，当被申请人香港的乙公司以中文仲裁条款系手写为由提出管辖权异议的答辩时，中国国际经济贸易仲裁委员会以仲裁协议手写条款高于格式条款支持了管辖权异议的答辩。

随后，厦门的甲公司隐瞒了仲裁委员会已就管辖权做出决定的事实，向厦门市中级人民法院申请确认合同仲裁条款中的中文条款无效，英文条款有效。

被申请人香港的乙公司经法院通知未答辩，也未出庭应诉。

案件审理过程中，申请人甲公司向法院提交了中国国际经济贸易仲裁委员会于1996年做出的管辖权决定书，以表明该仲裁委员会对该合同争议仲裁无管辖权。

厦门市中级人民法院经审查认为：本案仲裁协议效力问题与仲裁管辖权是同一法律问题。申请人在收到仲裁机构有关本案的管辖权决定后，又向法院申请确认仲裁协议的效力，该申请不符合《中华人民共和国仲裁法》第20条所规定的条件。根据《中华人民共和国民事诉讼法》第140条第1款第11项之规定，裁定驳回申请人请求确认仲裁协议效力的申请。

问题：（1）厦门市中级人民法院为什么认定申请人要求确认仲裁协议效力的请求不合法？

（2）中国国际经济贸易仲裁委员会为什么支持香港乙公司的管辖权异议？

（3）何种情形的仲裁协议无效？

7．中国公民夏某（男）与中国公民冯某（女）1997年在沈阳结婚。婚后夏某自费到加拿大留学，2001年获得硕士学位，后在美国纽约州一家公司找到工作。2002年8月，夏某以夫妻长期分居为由在纽约州提起离婚诉讼，离婚诉状由夏某的代理律师邮寄送达冯某。冯某在经过一番咨询后，在沈阳市中级人民法院提起离婚诉讼。

问题：在纽约州法院已经受理夏某离婚诉讼后，我国法院能否受理冯某的离婚诉讼？

附录1 倒签提单保函式样

致：_____（委托方或船东），并_____船代（仅作为前述当事人之代理人）关于_____

船名：_____航次：_____装货港：

货物：（写明货物品名，数量，唛头，集装箱号等）

提单：（写明提单号）

上述货物已由我们_____（托运人）于__年__月__日交上述船舶承运，但由于信用证上的装船期是__年　月　日，我们要求你们签发倒签提单，以使装船期与信用证上的装船期相符。

鉴于你们应我们上述要求签发了倒签提单，我们保证如下。

1. 若由于你们、你们的雇员或代理人根据我们的要求倒签提单而遭受任何性质的损失（包括司法及律师费用）或承担任何责任或义务，我们将负责全面、及时赔偿，并使你们不因上述行为而受到不便。在你们损失发生之日起九十日内我们将随时应你们的要求做出上述赔偿。

2. 如有人因为你们应我们要求倒签提单而对你们、你们的雇员或代理人提起诉讼或索赔，我们将随时提供足够的资金和所须证明材料，供你们抗辩之用。

3. 当事船舶，你们或你们的雇员或代理人属下其他船舶或财产为如上述倒签提单所累而遭扣押、查封或滞留，或有人威胁要对上述船舶或财产进行扣押、查封或滞留，我们将应你们要求随时提供足够的保释金或其他索要的担保以避免或解除扣押、查封、或滞留或威胁；同时，不论这种扣押、查封、滞留或威胁是否正当，我们将赔偿你们由此承受的责任、灭失、损害或费用。

4. 本保函中的保证人，不论是合约一方当事人或仅承担保证责任，将互相承担连带责任，该责任的承担不以你们向任何人提起诉讼为前提条件。

5. 本保函有效期三年。

6. 因本保函而产生的争议应适用中华人民共和国法律在厦门海事法院处理。

货运公司：（公章）　　　　　　　　托运人：（公章）

法定代表人或　　　　　　　　　　法定代表人或

授权人：（签名）　　　　　　　　授权人：（签名）

联系人：　　电话：　　传真：

年 月 日　　　　　　　　　年 月 日

我们_____公司同意托运人及货运公司的上述要求。

委托方或船东：（公章）

年 月 日

附录2 预借提单保函式样

_____船舶代理有限公司：

现在我们请求贵司预借下面所列的有关提单：

船名/航次：_____ 提单号：_____

目的港：_____ 货名：_____

货价（IN USD）：_____ 柜量：_____

集装箱号/箱封号：_____

我们_____公司将以上货物交上述船舶承运，但由于信用证结汇期限是_____年_____月_____日，我们要求贵司预借该提单，以使我司即时结汇。

鉴于贵司按我们要求预借了提单，在此我司做如下承诺：

1. 我司保证所要预借的提单已如实向海关申报，并经海关核准放行。

2. 由于贵司是按照我们请求预借了提单，对于贵司、贵司雇员及代理由此可能承担的责任、承受的任何性质的损失或损害，我公司都将给予赔偿，并保证你们不受任何损失。若由于我们的请求，贵司、贵司雇员及代理受理任何起诉，我司将随时向贵司提供足够的基金以对抗该起诉。

3. 如果贵司所有的该船舶或其他任何船舶及财产由此而受到扣留或扣押或者受到这种威胁，我司保证在被请求时，即时提供保释金或其他担保以解除对该船舶或财产的扣留或扣押。

4. 一旦发生索赔，我司将完全不涉及贵司而直接与索赔人解决该项索赔，并且赔偿贵司由此所支付的任何款项以及所产生的任何费用。

5. 该保函应由中国法律解释。

（企业公章） （企业法人或授权人签章）

日期：

（船代负责人签章）

日期：

附录3 中国人民保险公司
海洋货物运输保险单

中 国 人 民 保 险 公 司

（总公司设于北京 一九四九年创立）

发票号码 保险单号次

中国人民保险公司（以下简称本公司）根据

（以下简称为被保险人）的要求由被保险人向本公司缴付约定的保险费，按照本保险单承保险别和背后所载条款与下列条款承保下述货物运输保险，特立本保险单。

标 记	包装及数量	保险货物项目	保 险 金 额

总保险金额：

保 费＿＿＿＿＿＿＿＿费率＿＿＿＿＿＿装 载 工 具＿＿＿＿＿＿＿＿＿＿＿

开航日期＿＿＿＿＿＿＿＿＿＿＿自＿＿＿＿＿＿＿＿至＿＿＿＿＿＿＿＿＿＿＿

承保险别：

所保货物，如遇风险，本公司凭本保险单及其他有关证件给付赔款。

所保货物，如发生保险单项下负责赔偿的损失或事故，应立即通知本公司下述代理人查勘。

中国人民保险公司

赔款偿付地点＿＿＿＿＿＿＿＿＿＿＿＿＿＿＿＿＿＿＿＿＿＿＿＿＿＿＿＿＿＿＿

出单公司地址＿＿＿＿＿＿＿＿＿＿＿＿＿＿＿日 期＿＿＿＿＿＿＿＿＿

参 考 文 献

陈小君. 2003. 合同法学. 北京：中国政法大学出版社

范健. 2002. 商法. 北京：北京大学出版社，高等教育出版社

冯大同. 1993. 国际货物买卖法. 北京：中国对外经济贸易教育出版社

冯守华. 2002. 国际商法. 北京：中国对外经济贸易出版社

郭明瑞，张平华. 2006. 合同法学案例教程. 北京：知识产权出版社

韩立余. 2006. 国际经济学原理与案例教程. 北京：人民大学出版社

李双元. 2000. 国际私法学. 北京：北京大学出版社

刘惠荣. 2004. 国际商法学. 北京：北京大学出版社

宁雪娟. 2006. 财产保险. 北京：清华大学出版社

普德明. 1998. 国际经济贸易法. 长沙：湖南大学出版社

沈四宝. 1999. 国际商事法. 北京：中国对外经济贸易出版社

王利明. 2004. 合同法要义与案例析解. 北京：中国人民大学出版社

吴兴光. 1997. 国际商法. 广州：中山大学出版社

吴劲松，吴志攀. 2003. 国际经济法. 北京：北京大学出版社，高等教育出版社

肖伟. 2003. 国际经济法学案例教程. 北京：知识产权出版社

杨长春. 2002. 国际贸易欺诈案例集. 北京：对外经济贸易大学出版社

张卿，孟祥年. 2004. 新编进出口贸易实务. 北京：中国对外经济贸易出版社

张卿. 进出口贸易实务. 合肥：合肥工业大学出版社

邹建华等. 国际商法学习指导. 北京：中国金融出版社

左海聪. 2004. 国际贸易法. 北京：法律出版社

左海聪. 2004. 国际贸易法. 北京：法律出版社

www.china.court.cn

www.rmbxw.com

www.ccmt.org.cn